Марина

Ивановна

〔俄〕玛丽娜·茨维塔耶娃 著

李 暖 译

我体内的魔鬼

茨维塔耶娃回忆录

Цветаева

江苏凤凰文艺出版社
JIANGSU PHOENIX LITERATURE AND ART PUBLISHING, LTD

图书在版编目（CIP）数据

我体内的魔鬼：茨维塔耶娃回忆录 /（俄罗斯）玛丽娜·茨维塔耶娃著；李暖译. — 南京：江苏凤凰文艺出版社，2019.2（2024.3 重印）

ISBN 978-7-5594-1663-6

Ⅰ.①我… Ⅱ.①玛… ②李… Ⅲ.①茨维塔耶娃（Tsvetayeva, Marina 1892-1941）－回忆录 Ⅳ.①K835.125.6

中国版本图书馆 CIP 数据核字(2018)第 248178 号

书　　名	我体内的魔鬼：茨维塔耶娃回忆录
著　　者	（俄罗斯）玛丽娜·茨维塔耶娃
译　　者	李　暖
责任编辑	邹晓燕
出版发行	江苏凤凰文艺出版社
出版社地址	南京市中央路 165 号，邮编：210009
出版社网址	http://www.jswenyi.com
印　　刷	南京迅驰彩色印刷有限公司
开　　本	880×1230 毫米　1/32
印　　张	11
字　　数	250 千字
版　　次	2019 年 2 月第 1 版　2024 年 3 月第 2 次印刷
标准书号	ISBN 978-7-5594-1663-6
定　　价	42.00 元

（江苏文艺版图书凡印刷、装订错误可随时向承印厂调换）

目 录

自传 …………………………………………… 1

母亲与音乐 …………………………………… 6

魔鬼 …………………………………………… 44

我的普希金 …………………………………… 84

鞭笞派女教徒 ………………………………… 143

往事 …………………………………………… 153

老皮缅的房子 ………………………………… 162

爬满常春藤的塔楼 …………………………… 221

母亲的童话 …………………………………… 233

亚历山大三世博物馆 ………………………… 242

桂冠 …………………………………………… 252

博物馆揭幕 …………………………………… 259

父亲和他的博物馆 …………………………………… 266

未婚夫 ………………………………………………… 281

你的死 ………………………………………………… 291

中国人 ………………………………………………… 322

人身保险 ……………………………………………… 332

马的奇迹 ……………………………………………… 341

自 传

玛丽娜·伊万诺夫娜·茨维塔耶娃。

1892年9月26日生于莫斯科。父亲——伊万·弗拉基米罗维奇·茨维塔耶夫,是莫斯科大学的一名教授,美术博物馆(又名造型艺术博物馆)的创立者和收藏家,杰出的语言学家。母亲——玛利亚·亚历山德罗夫娜·梅因,是一位狂热的女音乐家,热爱诗歌,自己也写诗。我对诗歌的狂热遗传自母亲,对工作和大自然的热情则来自父母双方。

我最初接触的语言是德语和俄语,七岁左右,习得法语。母亲为我们出声朗读并演奏音乐。读《温蒂涅》[①]《鲁斯捷姆与佐拉布》[②]

[①] 《温蒂涅》:德国作家福凯(1777—1843)的小说,又名《涡堤孩》《水妖记》等,是茨维塔耶娃童年时期格外青睐的一部作品,在《母亲与音乐》《爬满常春藤的塔楼》等自传散文中多次提及。

[②] 《鲁斯捷姆与佐拉布》:俄国诗人瓦西里·茹科夫斯基(1783—1852)的叙事长诗,以古伊朗传说为蓝本。

《草丛中的女王》①。我独立阅读的,是《尼洛与帕特拉什》②。从四岁起我最喜欢做的事是阅读,五岁起则最爱写作。我爱这一切爱到七岁,之后别无他爱。四十七岁这年,我说:我应当认知的一切,在七岁以前都已认知完毕,接下来的这四十年,我一直在醒悟。

母亲本身多愁善感。我是她的长女,但她最宠爱的不是我。她为我感到自豪,爱的却是二女儿。幼年时我为母爱的缺乏懊恼万分。

十岁以前是我的童年。我家住在莫斯科三塘巷的一幢老房子里,在奥卡河畔还有一座孤零零的别墅,叫"佩索奇内",靠近卡卢加省的小城塔鲁萨。

我上的第一所中学是左格拉夫-普拉克辛娜③音乐学校,坐落在梅尔兹利亚科夫巷。入学时,我是年龄最小的学生,还不满六岁。第二所学校是第四中学,我在这儿读预科班。1902年秋天,我随生病的母亲前往意大利海滨疗养,住在热那亚附近的小城内尔维。在这里,我初次结识了一些俄罗斯革命者,接触到革命的概念。我写了一些革命诗歌,在日内瓦出版。1903年春天,我去了洛桑的一所法国寄宿学校,在那儿读了半年,写了一些法语诗。1904年夏,随母亲去德国的黑林山,秋天就读于弗莱堡的一所寄宿中学,写德语

---

① 《草丛中的女王》:法国作家安德烈·特里耶(1833—1907)的中篇小说。茨维塔耶娃1926年给帕斯捷尔纳克的书信中曾提及:"六岁时,我读了这本小书的译文。不是我读的,是母亲为我出声朗读。"

② 《尼洛与帕特拉什》:又名《弗兰德斯的狗》,英国作家奥维达(1839—1908)的小说。

③ 左格拉夫-普拉克辛娜(1866—1930):俄国著名钢琴家、教育家,1891年在莫斯科创立音乐学校,并担任钢琴课教师,茨维塔耶娃是她的学生。

2

诗。这段岁月里我最爱的书是豪夫的《列支敦士登》①。1906年夏,和母亲一同返回俄罗斯。还没到莫斯科,母亲就死去了,死在佩索奇内别墅,靠近小城塔鲁萨。

1906年秋,我以寄宿生的身份进入莫斯科冯-戴尔维兹中学,写革命诗。冯-戴尔维兹中学之后,在阿尔菲罗夫中学寄宿,随后在布留霍年科中学读六、七年级。夏季,我前往国外,去了巴黎和德累斯顿。在此与诗人埃利斯②和语文学家尼伦德尔③建立了友谊。1910年还在读中学时,我出版了第一本诗集——《黄昏纪念册》,收录我十五岁至十七岁写的诗。同年结识诗人沃罗申,他写了第一篇(如果没记错的话)关于我的长篇随笔。1911年夏,我前去科克捷别尔拜访他,遇到未来的丈夫谢尔盖·埃夫隆④,那时他才十七岁,我就已经无法与他分离。我嫁给他是在1912年。1912年,我出版了第二本诗集《魔灯》,我的第一个女儿阿丽阿德娜⑤也是在这一年出生。1913年,我父亲去世。

1912年至1922年间,我写诗从未间断,但没有出版诗集,只在杂志《北方纪事》上发表过几次。

从革命开始到1922年,我住在莫斯科。1920年,我的二女儿伊丽娜在孤儿院夭折,时年三岁。我1922年出国,在国外待了十七年,三年半在捷克,十四年在法国。1939年,我回到苏联——为了

---

① 《列支敦士登》:德国作家威廉·豪夫(1802—1827)的历史小说。
② 埃利斯:俄国诗人、象征主义诗论家列夫·柯贝林斯基(1879—1947)的笔名,茨维塔耶娃称其为"生命中遇到的第一位诗人"。
③ 弗·奥·尼伦德尔(1883—1965):俄国语文学家、翻译家。
④ 谢尔盖·埃夫隆(1893—1941):政论家、文学家。
⑤ 阿丽阿德娜·埃夫隆(1912—1975):茨维塔耶娃与埃夫隆的长女,翻译家、传记作家、诗人。著有回忆录《缅怀玛丽娜·茨维塔耶娃:女儿的回忆》等。

追随自己的家人,同时也为给儿子格奥尔吉①(他1925年出生)一个祖国。

我最喜爱的作家是:西尔玛·拉格洛芙②、西格利德·温赛特③、玛丽·韦伯④。

1922年至1928年,我的诗集陆续出版:1916年,《少女国王》《俄里》由国家出版社出版,柏林和其他出版社出版了长诗《少女国王》,诗集《别离》《给勃洛克的诗》《手艺》《普绪刻》,但1912年至1922年间写的很多诗,这些诗集都没有收录。1924年,我在布拉格出版了长诗《勇士》,1928年在巴黎出版诗集《俄罗斯之后》。除此之外没有其他诗集。

我在国外期刊发表作品如下:从莫斯科就开始写的抒情诗剧——《命运》《奇遇》《卡桑诺瓦之死》《暴风雪》,长诗——《山之诗》《终结之诗》《阶梯》《来自大海》《房间的尝试》《空气之诗》,《忒休斯》三部曲中的前两部——《阿丽阿德娜》和《费德拉》,还有《新年问候》《红色小公牛》《西伯利亚》。我的法语译著有:《勇士》(按照原诗格律翻译的自己的长诗),书中配有冈察洛娃⑤绘制的插图,还翻译了普希金的部分诗歌、俄国和德国革命者的诗歌,以及一些苏联歌曲。在回莫斯科的路上我翻译了莱蒙托夫的诗。其他译作未能出版。

---

① 格奥尔吉·埃夫隆(1925—1944):小名穆尔(关于名字的来历,见《你的死》),茨维塔耶娃与埃夫隆之子。1944年2月应征入伍,6月战死沙场。

② 西尔玛·拉格洛芙(1858—1940):瑞典女作家,1909年凭《尼尔斯骑鹅旅行记》获诺贝尔文学奖。

③ 西格利德·温赛特(1882—1949):挪威女作家,代表作为长篇小说《新娘·主人·十字架》,1928年获诺贝尔文学奖。

④ 玛丽·韦伯(1881—1927):英国女作家,浪漫主义小说家、诗人。

⑤ 娜塔莉亚·谢尔盖耶夫娜·冈察洛娃(1881—1962):俄国先锋派画家,其祖父是普希金之妻娜塔莉·冈察洛娃的侄子。

我的散文有《劳动英雄》(记与布留索夫的会面)、《关于生者的生动印象》(记与沃罗申的会面)、《被俘的灵魂》(记与安德烈·别雷的会面)、《娜塔莉亚·冈察洛娃》(记生活与创作)。关于童年的中篇小说有《老皮缅的房子》《母亲与音乐》《魔鬼》等。随笔有《良心之光照亮的艺术》《森林之王》。短篇小说有《鞭笞派女教徒》《博物馆揭幕》《爬满常春藤的塔楼》《未婚夫》《中国人》《母亲的童话》等等。我所有的文章都是自传。

1940 年 1 月
戈利奇诺

母亲与音乐

母亲①那个盼望已久、几乎是命中注定的儿子亚历山大并未出世,出生的是我。母亲怀着强烈的自尊吞下一口气,说:"至少,她还能当个女音乐家。"我在满周岁之前发出的第一个词就是"嘎玛"②,这词显然毫无意义,但发音相当清晰,于是母亲更加坚定:"我早就知道。"她立刻着手教我音乐,没完没了地唱着同一组音阶:"哆,穆霞,哆,这个呢,是咪,哆——咪……"这个"哆——咪"很快在我脑海中化作一本巨大的书,有我半个身体那么大。那时我把"书"说成"苏",脑海中浮现的也只不过是这"苏"的封面,然而由于一股强大的力量和恐惧感,它又宛如从一团雪青颜色中冒出来的黄金,使我

---

① 玛利亚·亚历山德罗夫娜·梅因(1886—1906):父亲有塞尔维亚和德国血统,母亲是波兰人。热爱音乐,师从音乐家鲁宾施坦之徒穆洛姆采娃,但遭到父亲反对,始终未能公开演奏。17岁时与一名已婚男子相爱,21岁时嫁给伊·弗·茨维塔耶夫。茨维塔耶夫与前妻瓦·德·伊洛瓦伊斯卡娅育有两个子女——瓦列里娅(即廖拉)与安德烈(即安德留沙)。玛利亚·亚历山德罗夫娜婚后育有两女——玛丽娜(即穆霞)与安娜斯塔西娅(即阿霞)。1902年患肺结核,1906年在塔鲁萨的别墅去世。

② 俄语"音阶"一词的音译。

至今在心灵某个温蒂涅①般孤独的角落还存留着炽热的恐惧,仿佛这阴郁的金子已经熔化,沉落到心底。然而只要稍有触动,它就会蓦地涌起,将我整个身心淹没,涌到眼睛边缘,淬出我的泪水。这就是"哆——咪"(它是多雷②)。而"咪——咪",是雷米,《苦儿流浪记》③中的小男孩雷米。他本是个幸福的小男孩,可养母那凶恶的丈夫——残废人佩雷·巴伯兰一下子把他变得非常不幸。先是把饼做得面目全非,第二天又把雷米卖给了流浪乐师维塔利斯,卖给了他和他的三条狗——加比、泽尔比诺和多尔契,还有他唯一的猴子约里·克尔。它是个可怕的酒鬼,后来患了痨病,死在雷米怀中。这是"咪——咪"。将这些音符分开来看也很有趣:"哆"——显然是白的,空的,先于一切存在④,"咪"是天蓝色的,"咪"是黄色的(也许是因为"正午"⑤这个词),"发"是棕色的(也许是由于像母亲外出时穿的那件罗缎连衣裙,而天蓝色的"咪"是因为河流⑥),如此等等。被我省略的这些"等等"可不是虚指,我只是不想为读者堆砌太多。读者心中自有独特的颜色和理由。

母亲为我灵敏的听觉感到欣喜,常常情不自禁地夸奖起来,然而,每当一句"好样的!"脱口而出,总是冷冰冰地补充道:"不过,这不关你什么事。听觉是上帝给的。"这样一来,我便永远铭记在心:

---

① 温蒂涅:传说中的水之精灵,德国作家福凯的小说《温蒂涅》中的主人公。

② 古斯塔夫·多雷(1832—1883):法国画家。孩提时期的茨维塔耶娃由"哆——咪"这组音阶想到家庭藏书中多雷插图版的《圣经》,该书为紫色封面,烫金大字;另,"doré"在法语中的本义为"镀金、烫金",故而有上文的联想。

③ 《苦儿流浪记》:法国作家马洛(1830—1907)的长篇小说。

④ 俄文中的"哆"同时是前置词,有"在……之前"之意。

⑤ 原文为法语,"正午"(midi)与音符"mi"音形相近。

⑥ 俄语中"罗缎"一词第一个音节与"发"相同。而"咪"与"河流"的第一个音节相同。

我与之毫不相干，而听觉——来自上帝。这让我免于自负，免于自我怀疑以及艺术上的一切自我迷恋，因为听觉是上帝给的。"你要做的只有努力，因为上帝赐予你的每样天赋都可能被毁掉。"母亲在我头顶上方说道。我四岁的头脑显然弄不明白，也恰恰因此我反而将这番话牢记在心，无论如何也忘不掉。如果说我没有毁掉自己敏锐的听觉，不但没有自毁，而且也没允许生活将其断送和扼杀（可生活曾多么努力地试图这么做！），那么我要把这一切再次归功于我母亲。假如天下的母亲能够常给孩子们说些费解的话，那么孩子长大后不仅会理解得更深，还会更加坚定地去做。无须对孩子解释什么，孩子需要的是魔咒般的话语。咒语越晦涩，在孩子心中扎根就越深，对行为产生的作用也越发不容置疑："我们在天之父……"

在钢琴上用琴键弹奏"哆——咪——咪"我也是手到擒来。令人惊奇的是，我的手竟然有极强的伸展性。"五岁，就已经差不多能弹一个八度，差……差一点就够着了！"母亲说，似乎想用声音去填补那段够不着的距离，而且，为了防止我自命不凡，她还说："不过，她的脚也很灵活呀！"这话让我有了一种强烈不安的欲望，仿佛有一天我会蠢蠢欲动，试图用脚去弹八度音（况且在所有孩子当中，只有我能成功地把脚趾铺成一个扇形！）。然而，我从来不敢这么做，甚至不敢多想，因为"钢琴就是圣物"，任何东西都不允许摆放在上面，不单是脚，连书也不行。每天早晨，母亲都带着受难者般高傲而固执的神情，将父亲的报纸从钢琴上拿开，扔在报纸堆上。她一句话也不和父亲讲，父亲仍每天雷打不动地把报纸放在那里，毫无负罪感。谁知道呢？是否因为镜子般洁净的钢琴和那杂乱的灰扑扑的报纸堆形成的强烈对比？是否因为母亲那带着学究气和惩罚意味的夸张的手势？总之，我心中滋生了一种公理般坚定、无论如何也无法消除的信念：报纸是不洁之物，我对它唯有厌恶，整个报界也对我恨之入骨①。假如有一天我在街头凄然死去,至少我知道自己因何而死。

除了手掌硕大,我的"触键也饱满而力度强劲","指法对于这么小的小姑娘来说灵活得令人惊奇"。这活泼的触键听起来像天鹅绒一般温柔,它是棕色的,因为"触键"这个词,意思就是触摸,就好像我在触摸钢琴,如同触摸一块天鹅绒,又仿佛用天鹅绒在琴键上抚过,用棕色的天鹅绒,用小猫那天鹅绒般的小爪子。

关于脚的故事我还没有讲完。我代替亚历山大出生的两年后,阿霞②取代了尽人皆知的基里尔,来到这个世上。类似的情形母亲经历过一次,显然已经习惯,她说:"也好,又一个女音乐家。"可是,当这个被蓝色帐子困在床上的阿霞说出的第一个含义清楚的词是"巧"("脚")时,母亲已不只是伤心,而且感到义愤填膺:"脚?也就是说,想跳芭蕾?我的女儿,去跳芭蕾?你们的外公会有个跳芭蕾的外孙女?天哪,我们这个家可没人跳过舞!"(这一点她错了:在她母亲的一生中有过一次要命的舞会,一切都因之而起:她的音乐,我的诗歌,还有我们之间因多愁善感而无法摆脱的共同的不幸。可她对此一无所知——从来都是。明白真相的是我。她做出这个傲慢论断之后差不多过去了四十年,我在日涅维耶夫俄罗斯之家③知晓

---

① 茨维塔耶娃对报纸和报业的厌恶集中体现在《报纸读者》(1935)这首诗中。此外,1926年茨维塔耶娃以《诗人论批评》一文对巴黎的俄语报刊发出挑战,陷入论战的风波。

② 安娜斯塔西娅·茨维塔耶娃(1894—1993):茨维塔耶娃的妹妹,作家,著有《饥饿的史诗》等。

③ 日涅维耶夫俄罗斯之家:一座为俄罗斯人建的养老院,位于巴黎近郊。1933年茨维塔耶娃曾前往这里探望母亲的亲戚,得知关于其外祖母、曾外祖母的一些往事,并在此基础上创作了《博物馆揭幕》《桂冠》《未婚夫》等。

了一切——至于如何,我到时候再讲。)

时光流逝。关于"脚"的预言似乎在一点点应验。不管怎么说,阿霞的腿脚异常轻盈,钢琴却弹得糟糕——完全走了调。所幸声音很轻,躲到旁边的客厅就一点也听不到了。就算现在有可能记错,可说实话,她即便把手张开到极限,也不见得能从"哆"够到"发"之后的琴键。她的手(脚也一样)有些短,弹奏点到为止,触键之声有如蚊蝇。这一切融合在一起,传入耳中有撕裂之势,如剃刀切割耳垂一般。

"也就是说,她更像伊万·弗拉基米罗维奇①,"母亲悲痛地说,似乎已与事实妥协,"他毫无音感,实属罕见。不过小阿霞似乎还有那么点音感,要是能听清楚她唱的是什么就好了,或许,唱得还挺准的?可她弹钢琴为什么总是走调呢?"

母亲不知道,阿霞由于年纪太小,坐在钢琴前简直无聊得要命。她弹不准音符纯粹是因为打起了瞌睡,就像瞎眼睛小狗找不准自己的小盘子。或许还因为她把两个音符并作一个弹,想着这样会快一点把规定的练习弹完。又或许,是因为她触键的手就像一只落在键盘上的小苍蝇,力度不够,根本按不准那个要弹的琴键。不管怎样,她弹琴的时候闷闷不乐,甚至泪流满面,两行泪水像小溪一样淌过脏兮兮的小脸,伴随着蚊子般令人厌烦的抽泣声:"咿——咿,咿——咿,咿——咿。"这哭声让家里所有人,甚至连同看院子的用人,都抱着脑袋绝望地叫起来:"哎呀,又来了!"阿霞每天坚持不懈地练习,这反而让母亲从内心深处对她的音乐生涯愈发感到绝望。

---

① 伊万·弗拉基米罗维奇·茨维塔耶夫(1847—1913):茨维塔耶娃之父,俄罗斯著名语文学家,亚历山大三世博物馆(今普希金造型艺术博物馆的前身)创始人和第一任馆长。

于是渐渐地,母亲将一切希望都寄托在了有着修长手指而且从不落泪的我的身上。

"脚,脚。"母亲若有所思地说。她和我们一同走在卡卢加①秋天的草地上。秋天的草地已经剪平。我们长大了一些,剪了一头短发。"脚又怎样,说到底芭蕾舞演员也能成为正派女人哪。我就认识一个,住在索科利尼基,甚至还生了六个孩子,是个出色的母亲。她真是完美,有一回就连你们外公都允许我去参加她的洗礼宴……"接下来很明显开起了玩笑(这只是玩笑,我们都心知肚明):"穆霞,可以当个著名的钢琴家,阿霞呢(边说边仿佛咽了一口气)……当个著名的芭蕾舞演员,我就会自豪得连双下巴都长出来啦。"再接下来,便已全然不是玩笑,而是充满了发自内心的喜悦和苦楚:"看吧,我的两个女儿也会成为'自由艺术家',当年我多么渴望成为这样的人啊。"(她父亲家教甚严,不让她抛头露面。她只上过一次舞台,和年迈的波萨特②一起,那是他和她去世的前一年。)

……然而对于乐谱,起先我是一窍不通。琴键可以去按,可音符呢?琴键是实实在在的,它就在那儿,黑白分明,音符则不然,音符在乐谱的格子上(谁能认清是哪个)。此外,琴键按之有声,音符却无法入耳。琴键切实存在,音符却是乌有。既然有了琴键,还要音符做什么?我一点也不明白,直到有一天,为了给母亲祝贺,奥古斯塔·伊万诺夫娜给了我一封贺信,在信纸的标头上,我看到落在五线谱格子上的不再是音符,而是一只只小麻雀!那时我才明白,

---

① 卡卢加:俄罗斯的卡卢加州,位于东欧平原中部。佩索奇内别墅所在的小城塔鲁萨属卡卢加州。

② 埃米尔·波萨特:德国演员、导演,1905 年在弗莱堡巡演时,茨维塔耶娃的母亲曾在其合唱团中演出。

音符栖居在树枝上,每个音符都有属于自己的那根树枝,它们从枝头纷纷跳落,落到琴键上,每一个都有属于自己的那个琴键。这样一来,音符才会发出声响。有些音符会迟到(就像《晚间闲暇》中的小姑娘卡佳:火车远远地开走了,迟到的卡佳和保姆哭起来……),照我说,那些迟到的音符住得比树枝还要高,它们栖身在高空中,不过终究还是会跳下来(而且并不总是能落得恰到好处,这就出现了走调)。当我完全停止弹奏,音符就会飞回枝头,像鸟儿一样。它们也像鸟儿一样睡觉,从来不会失足落下。二十五年后,它们在我面前纷纷坠落,甚至是猛地扑将过来:

　　　所有音符都从乐谱涌出,
　　　一切灵感都从唇间迸发……

　　尽管我很快就能够熟练地读谱(比"读脸"[1]好多了,"读脸"时,观察许久仍一头雾水——总之是好多了!),却从来没喜欢过乐谱。乐谱处处妨碍着我。妨碍我看琴键,确切地说,是妨碍我达到不看琴键就能弹奏的境界。乐谱使我拿不准调子,使我头脑混乱,使音乐丧失了神秘感,使我筋疲力尽,双手也同样疲惫不堪,几乎失去知觉。它像一个第三者,插足我的音乐,就像我的诗歌中那个"爱情永恒的第三者"[2]一样(它是那么浅显,于我而言却那么繁复,谁也没有读懂)。因而我从未能够如默诵般沉稳地演奏过什么曲子。

　　上述情形不仅于我如此,对每个初学者都是一样。然而除这些之外,现在我才明白,我只是接触乐谱太早了。唉,母亲是多么操之

---

　　① 俄语中,"读谱"与"读脸"读音近似。
　　② 茨维塔耶娃诗歌《水仙女》(1930)中的诗句。

过急！急着让我学乐谱，学字母，读《温蒂涅》，读《简·爱》，读《不幸的安东》，急着教我学会蔑视肉体的痛苦，给我讲圣赫勒拿岛①，让我学会独自与所有人为敌，独自一人，别无所有。她清楚地知道，一切都是徒劳，反正都是徒劳，反正做什么都无济于事，如此，倒不如再做一件，还有一件，还有这件……这样总归还能有些值得回忆的东西！这样一下子把我喂饱，我或许便能终身受益！自始至终的每一刻，她都在给予，甚至是压迫！不准自己放松，不准自己颓丧（也不准我们休息），居高临下地灌输一个又一个见闻，一段又一段回忆，仿佛塞进一个已经容不下半点东西的箱子（顺便说一句，这箱子其实是无底的），这是无心之举还是有意为之？她将最宝贵的东西藏在最深处，以便避开眼目，珍藏得更久，以备不时之需，至少在一切都"售卖一空"之时，去箱子深处翻看，原来，一切都安然无恙。直到生命最后一刻，珍藏在箱底的东西仍哺育着我们（哦，母亲的"箱子"取之不尽，给予我们的也源源不绝！）。母亲仿佛将全部自我都埋藏在我们心中了。在这里她是永生的。母亲用一些看似无形的、极轻的东西将我们填得满满的，同时将沉重的杂物和虚妄的假象挤出了我们的生命。何况，她教给我们的不是科学，而是抒情曲，这又是何等幸福！抒情曲在这世上总是缺乏，就算多出一倍也还是缺乏。就像于饥饿者而言世上总是缺少面包，就像无比稀少的镭，其存在本身就意味着缺乏，意味着不足，也正因如此才如天上的星星般珍贵而非凡！它无法变得过于充足，因为它本身就太过充足，全然是过度的忧思和过剩的能量，而那过剩的能量又时刻唤起悲伤。那悲伤能撼动群山。

　　母亲并非在教育，而是在考验我们的抵抗力。我们的胸腔是否

----

① 圣赫勒拿岛：拿破仑的流放之地。

会承受不住？哦，承受住了。然而却裂出一个口子，以至于后来，还有现在，已经再也喂不饱，再也填不满了。母亲剖开抒情曲的血管，滋养着我们。我们后来亦是如此，我们无情地剖开血管，企图用浸满悲伤的血液去哺育自己的儿女。他们是幸福的，因为这企图并未实现；我们同样幸福，因为成功被这血液滋养！

经过母亲这般培育，我能做的只有一件事了：成为一个诗人。这样才能摆脱她馈赠给我的礼物。这份礼物要么将我扼杀，要么将我变成触犯人类一切规则的越轨者。

母亲了解我吗（这个作为诗人的我）？不，她只是押了一注，赌在未知的事情上，赌在深深隐藏的那个自我上，赌在将来，还有那个未出世的儿子亚历山大——他想必无所不能。

然而无论如何，我接触乐谱还是太早了。不满五岁学认字并不算早——我四岁就能熟练阅读，我还认识很多这样的孩子；但让未满五岁的孩子学习乐谱无疑是太早了，而且有害无益。在琴键上识谱的过程比认读字母的过程复杂得多，正如琴键本身比人的发声更为复杂。形象地说，从乐谱到琴键很可能会对应不上，但字母绝不可能脱离声音。说得再简单一点：我和键盘之间横着个乐谱，音符和我之间又横着个键盘，这键盘由于乐谱的干扰而常常变得云遮雾罩。阅读时，词汇的意义浅显明了，弹奏乐曲时，节拍的意义却全靠猜测，个中差别自不待言。阅读时，我将词汇转化为意义，弹奏乐曲时，我将音符转化为声音，而声音本身又理应被赋予某种意义，否则，这声音就是空洞的。可是，五岁的我又能如何感受声音并将其表达出来呢？我能做的只有一遍遍地寻找。起先用眼睛在五线谱的格子上寻找标记，然后在脑子里搜寻这个记号对应的音符，接着，用手指找到音符对应的琴键。每次弹奏，我都得面对三样陌生的东西。而对于五岁的孩子来说，一样就已经足够麻烦了。一样应付完毕之后,后面永远还跟着另一样,随后又引来更多未知,它们隐藏在种种意义和音响之中,通向那个最为巨大的未知——灵魂。要想理解这一切,大概得成为莫扎特才行!

不过,我喜爱琴键,喜爱它的乌黑和洁白(还微微泛黄!),它的黑色是那么明亮,它微微泛黄的洁白带着那样神秘的忧伤。我喜爱它的宽窄相间,有些那么宽阔,有些却那样狭窄(仿佛受了委屈一般!)。我喜爱它,还因为留在原地就能像走楼梯一样上上下下,而且这楼梯就在手指下方。沿着台阶,几条冰凉的小溪奔流而下。溪水像在冰凉的阶梯上一样顺着脊背向下流淌,而热气在眼眸中升腾,就像安德留沙[①]的文选读本中达吉斯坦峡谷的热浪[②]。

我喜爱琴键,还因为在按下的那一刻,那些白色的琴键会明显欢乐起来,黑色的却立刻充满忧伤。是的,很是忧伤,千真万确。因为当我按下黑色琴键,就好比在自己的眸子上揿了一下,泪水立刻沁出眼眶。

我喜爱琴键,还因为按键这个动作本身。只要按下琴键,我就能立刻陷入沉醉,而且,只要不松手,就会无止境地沉醉下去,仿佛沉入无底深渊,即使将琴键松开,沉醉之境也不会消失。

我喜爱琴键,还因为它虽看似平静,内里却无比深邃。像水,像奥卡河,但比奥卡河更为静谧,更为深远。我喜爱它,因为指尖之下就是深渊,因为这深渊在我手掌之下,因为身在原地,却能永恒地坠落。

[①] 安德烈·茨维塔耶夫(1890—1933):茨维塔耶娃之父伊·弗·茨维塔耶夫与前妻瓦·德·伊洛瓦伊斯卡娅之子。

[②] 这里指的是莱蒙托夫的诗歌《梦》,诗中有"梦在正午烈日下的达吉斯坦峡谷"的诗句。1939年,茨维塔耶娃将这首诗翻译成法语。

我爱这琴键平静表面下的云诡波谲,轻轻一触,它便会立即奏响,如同宁静的水面张开巨口,将你吞噬。

我爱按键时的激情,也爱按键时的恐惧。按下琴键,就会唤醒一切。(1918年,庄园里的每一位士兵都有这样的感觉。)

我爱琴键,因为它是一种哀悼。它是母亲那件条纹上衣。一个夏末,来了一封电报:"外公安然辞世。"紧接着出现的是母亲本人,穿着那件上衣,满面泪痕,却依旧带着笑,第一句话便是对我说:"穆霞,你外公非常非常爱你。"

我爱它,因为它是凉凉的"ivoire"①,是闪光的"Elfenbein",是神话传说中的"象牙"(然而大象和埃尔芙②又是如何结为一体的呢?)。

(再讲一点,纯属孩童的发现。要是一不留神忘记了这是钢琴,那么在孩子看来它不过就是一排牙齿,一排巨大的牙齿,长在冰冷的巨口之中,一直长到耳际。这个钢琴常常笑得龇牙咧嘴。不过,它和安德留沙的家庭教师亚历山大·帕夫洛维奇·古里亚耶夫一点也不像。他总是快活地哈哈大笑,才被母亲叫作"爱咧嘴笑的人"。而龇着牙大笑不止的钢琴一点也不快乐,它是个可怕的家伙。)

我爱它,还因为"键盘"这个词,它是多么强劲啊!直到今天,在我心目中唯有雄鹰展开的翅膀才配与之比拟,而在以前,任何事物都不能和它相提并论。

我爱它,因为"半音音阶"这个词听起来像水晶般的瀑布,还因

---

① 法语,同后文的 Elfenbein(德语)同为象牙之意。在这里,作者赋予不同语言中"象牙"这个词的音响以不同的联想。

② 埃尔芙:神话传说中的精灵。德语的"象牙"(Elfenbein)前三个字母意为"精灵"。

为我对半音音阶掌握得很好,比文法①好得多。无论如何,直至今日我对文法还是一知半解,后来也就不求甚解了。比起普通音阶,我更喜欢半音音阶。普通音阶呆板、臃肿,像是为某个胖保姆和小傻瓜万卡准备的。我喜爱琴键,还因为半音音阶干脆利落,不偏不倚,径直向上方跳跃,比普通音阶更悠长,更神奇,就像我们塔鲁萨城那条悠长而神奇的"大道"②。在那儿,走到每棵树后都可能迷失方向,它比特维尔林荫道从普希金纪念像再回到普希金纪念像的那段路长得多,也神奇得多。

我喜爱它,因为按照我现在的理解,半音阶系统是一个完整的心灵体系,这个体系只属于我。我喜爱它,还因为半音阶系统与文法全然相反,它是浪漫曲,它是戏剧。

这个半音音阶就这样留在了我的脊背上。

我要说的是,半音音阶就是我的脊骨,是一道有生命的阶梯。沿着这道阶梯,我内心潜藏的一切所有之物猛然迸发,不断奔涌,不断嬉戏。当我听到人们弹奏钢琴,我的脊柱就仿佛被奏响。

……我爱琴键,因为我爱这个语词。
我爱琴键,因为我爱它的躯体。
我爱琴键,因为我爱与它有关的一切。

我还喜爱"降音符号"。它是雪青色的,凉丝丝的,带着些许棱

---

① 俄语中,"半音阶"与"文法"发音近似。
② "大道":佩索奇内别墅附近的一条路,通往松林、山谷和草地,茨维塔耶娃一家常在这条路上散步。

角,就像瓦列里娅①的香水小瓶。在我心中它与"桂竹香"②押韵,这种小花我从未见过,它出现在《一个小女孩的故事》的第一页,开在女孩母亲的墓地上。还有"升音符号",这个词如此耿直,如此犀利,就像我映在镜子中的鼻梁。"降音符号"这个词对我来说是雪青色调的极限,它的色泽胜过塔鲁萨的鸢尾花,胜过斯特拉霍夫村上空的阴云,胜过塞居尔夫人③的《浅紫色的小树林》。

降音符号画在纸上以后,我总觉得像一个神秘的记号。就像客人在场时,母亲冲我扬起眉毛,又即刻收拢,这个动作将我的某些念头驱赶到内心最深处。眼睛符号的上方,上扬的眉头被收拢。

本位号则完全是空洞的,它代表着无关紧要,是空无一物的化身;而它本身也微不足道,仿佛并不存在。我对它报以宽容,就像对待一个头脑空洞的傻瓜。此外,它还娶了贝克尔为妻。

起初我还弄混了"上部"和"下部"④。我一直觉得"上部"应该低沉浑厚,在键盘的左边,"下部"呢,是缥缈的童高音,在键盘的最右端。它几近无声,几近破碎,是声响的终结,光泽的开始。(上方,是山峦和雷鸣;下方,是微小之物的世界——小甲虫、小苍蝇,再比如,小铃铛、小蒲公英、蚊蚋、小狗鱼……)现在我明白了,当初的判断其实是对的,因为我们阅读便是从左往右,也就是从头到尾,起始之处无论如何也不能位于低处,开始本身就意味着从高处下行至虚无。(细微的声响过后便是虚无,而浑厚低沉的声音通向世间万物,通向钢琴的光泽,通往市井的嘈杂。)键盘和声乐对"上部"和"下部"的规

---

① 瓦列里娅·茨维塔耶娃(1883—1966):茨维塔耶娃之父与前妻瓦·德之女。

② "降音符号"与"桂竹香"押尾韵。

③ 塞居尔夫人(1799—1874):法国儿童作家。她的作品《新童话》1857年版配有古斯塔夫·多雷的插图。

④ 俄文中"高音区"和"上部"、"低音区"和"下部"分别对应同一个词。

定与希伯来文字的顺序倒是吻合。

不过,在童年关于钢琴的一切事物中,我最喜爱的要数高音谱号①。这个词是多么神奇,多么悠长啊!正是这个语词本身的费解之处(既然它是"小提琴的",为什么又用于钢琴的演奏?)使它深深根植于我的心灵,宛如一枚钥匙,打开整个上了锁的小提琴世界。这个世界彻头彻尾的黑暗中,帕格尼尼的悲切之声渐渐响起,萨拉萨蒂这个名字也如水晶般闪烁,鸣响。在这个世界,为了演奏可以把灵魂出卖给魔鬼。这一点我早已知晓。一见到这个词,我立刻觉得自己变成了一个小提琴手。此外,这个词还有其他所指:是泉水②、是枯尔庞男爵③、是清泉叔叔④——他从一条珍珠般清亮的小溪膨胀为夺人性命的洪流……此外,还有另外一股泉水:

……寂灭的寒流,
它最甘美地止熄心灵之火⑤。

这是安德留沙文选读本里的诗句,里面有两个词我不认识:"寂灭"与"止熄"。还有两个词我认识:"火"与"心灵"。在我看来这二者同义。

我喜爱这个词,也爱它的姿态——像一只天鹅。我怀着浓浓的爱意在乐谱纸上画了一遍又一遍,觉得自己让天鹅落在了电报

---

① 该词的俄文字面意思为"小提琴的钥匙"。
② 原文为德语。俄语中"钥匙"一词还有泉水之意。
③ 原文为德语。枯尔庞男爵是小说《温蒂涅》中的泉水之神。
④ 清泉叔叔:《温蒂涅》俄文译本(译者为瓦西里·茹科夫斯基)中对"枯尔庞男爵"的称呼。
⑤ 出自普希金的诗歌《三条泉水》。

线上。

低音谱号却一言不发,不论是外形,还是音响,都无法向我传达任何东西。因此我暗自对它充满鄙夷。首先,它的外形好似一只耳朵,一只带着两个小洞的粗俗的耳朵,两个完全穿透的小洞——真是愚蠢!——它们穿透的不是耳朵,而是耳朵旁边的位置。一个还不够,足足有两个,就好像要在一只耳朵上佩戴两只耳环,好像这人的耳朵总共只剩一只。(我对与耳朵有关的问题非常感兴趣,因为母亲的耳朵就被打了耳洞,还挂上了耳环,母亲认为这是一种野蛮残暴的行为,她的继女、大学生瓦列里娅却以之为美。然而她一直也没能成功打出耳洞,要么肿起来,要么封住了,只好挂着根丝线气冲冲地走来走去。)"低音谱号"这个词简直是一面大鼓,是男低音,是夏里亚宾[①]。夏里亚宾有一个癫狂的崇拜者(她仿佛丢了一半的魂,一个劲儿地鞠躬!),她半夜十二点钟让自己三岁的儿子萨沙坐在桌上,强迫他唱歌,"像夏里亚宾一样唱"。因为这事,这个孩子有了一对黑眼圈,而且再也长不高了。算了,上帝保佑低音谱号!为了自娱自乐,我常常用膝盖敲打着椅子,用手肘敲打着桌面,画出一连串神奇的高音谱号,它们的下身一个比一个更饱满,上身一个比一个更匀称,简直是一整排天鹅,如小提琴般引吭高歌!

然而,这些想象都是来源于文字,来源于一个写手、一个作家的热忱。而对音乐本身的热忱——是时候谈及这一点了——我从未拥有过。这其中的罪过,更确切地说是缘由,在于我母亲用力过猛,从不允许我量力而行,而是要求我将音乐视为与生俱来的天赋,超越一切标准,跨越年龄的藩篱。她甚至要求我成为她自己!我生下来就已经是个作家,我,永远也不会成为音乐家。"你要是能好好坐

[①] 费·伊·夏里亚宾(1873—1938):俄罗斯著名歌唱家。

上两个小时,我该多么高兴!我四岁的时候,坐在钢琴前拽都拽不走!我会说:'再坐一小会儿!'哪怕你能向我做一次这样的恳求也好呀!"我从来没有这样恳求过。那时我是个坦诚的孩子,无论她怎样故作欣喜,怎样夸奖,都不能让我提出这样言不由衷的请求(母亲用音乐让我备受煎熬)。不过,在练琴这件事上我同样坦诚,每天清晨一个小时,傍晚两个小时(这是上音乐学校之前,也就是说六岁之前的事),我都将规定的时间老老实实练满,从不耍花招,甚至很少分神去看那救命的时钟(其实十岁之前,我根本不会用钟表看时间,同样的机会倒不如看看乐谱架子上方的《恺撒之死》[①],不过,那深沉的钟鸣却让我欣喜若狂!无论母亲是否在一旁看管,我都始终如一地练习,对别人的诱惑视而不见。那个与母亲交恶的德国女教师和富有同情心的保姆常常想引诱我分神,说:"简直是折磨小孩!"就连看院子的仆人在客厅生炉子的时候都会对我说:"去吧,小穆霞,跑着玩儿去吧!"有时,甚至连父亲都会从书房里钻出来,不无胆怯地说:"好像两个小时已经过了吧?我听你弹了足足有三个钟头了……"可怜的爸爸!问题在于,他根本没有听到,没有听到我们练琴,没有听到我们弹音阶,弹卡农和加洛普舞曲,没听到母亲小溪般奔流的弹奏,也没听到瓦列里娅唱的花腔女高音。他一点儿也听不到,甚至想不到去关书房的门。要知道我若不弹琴,阿霞就会弹,阿霞不弹的时候,瓦列里娅又开始练习,而母亲一直伴随左右,不停地教导,这样折腾一整天,甚至一整夜。父亲只知道一个曲调,那是

[①] 《恺撒之死》:意大利画家文森佐·卡穆奇尼的油画。《我的普希金》中再次提到了这幅画。

《阿依达》中的选段,是他第一个妻子[1]留给他的,她的歌喉如鸟儿的歌声一般美丽,却过早地沉寂了。"就连《天佑沙皇》这首歌你都不会唱!"母亲带着一丝戏谑的责备对他说。"怎么就不会?我会!(说着胸有成竹地唱起来)上——帝——啊!"然而他从没唱到过"沙皇"这个词,因为母亲总是立刻捂住耳朵,露出发自内心的饱受折磨和屈辱的表情,显然已经没心思开玩笑了,父亲便赶紧住了口。他的嗓门很高。

后来,母亲死后,他常对阿霞说:"你怎么回事,小阿霞,怎么跟走调了似的?"为了抚慰自己的良心,他代替了母亲的角色。

总之,我对一切诱惑、同情和呼唤视而不见。我弹奏着。坚如磐石地弹奏着。

酷暑。蓝天。蚊蝇般刺耳的音乐,还有痛苦。钢琴就立在窗前,它笨拙得像一头大象,却总想做无望的逃离,逃到窗外去。窗外那丛茉莉却已似人影般探进了半个身子。汗水在流淌,手指变得通红,我仿佛在用整个身体弹奏,使尽全身力气,倾尽全身的重量、全部的指力,最重要的是,倾尽了自己对练琴的满腔仇恨。我看着自己的手腕。母亲童年时候得将手腕、肘部和手指第一关节伸平,保持一条直线(而且要绷紧!),上面放一个塞夫勒瓷[2]的茶碗,碗中盛着滚烫的咖啡(这主意真是下作!),咖啡一点也不能洒出来;或者放一枚银币,不能让其滚下。而如今,在我的童年,我得从不间断地保持着自由运动,要交替地俯身和后仰,以便使我弹琴的手臂,包括肘部、腕部和指尖,模仿出一只饮水的天鹅。这样一来,天鹅的转头处

---

[1] 瓦尔瓦拉·德米特里耶夫娜·伊洛瓦伊斯卡娅(1858—1890):歌唱家,茨维塔耶娃父亲的前妻,历史学家伊洛瓦伊斯基之女。

[2] 塞夫勒瓷:法国塞夫勒瓷器厂生产的一种瓷器。

(也就是腕部)会凸起青色的血管,轻轻一按,就会显出字母"H"的形状。根据那个德国女教师的说法,这个字母代表着"尼古拉"①,意味着十二年之后我会嫁给他。按照一个法国女人的说法,是"亨利"。家里所有人都去室外活动。安德留沙和爸爸一起去游泳,妈妈和阿霞"去小树桩上坐坐",瓦列里娅去塔鲁萨寄信,只有厨娘在家里做肉饼,把刀敲得咚咚响,还有我,敲打着钢琴的琴键。还有就是秋天。安德留沙削着一根木棍,阿霞吐着舌头画房子,妈妈读《埃克哈特》,瓦列里娅给薇拉·穆洛姆采娃写信,只有我自己在弹钢琴"玩儿"。(凭什么??)

"不,你不爱音乐!"母亲气愤地说(确确实实是满腔怒火!)。两个小时的练习刚一完毕,我就带着不知羞耻、不加遮掩、无上幸福的神情,从琴凳上一跃而起。"不,你一点也不爱音乐!"

不,我爱音乐。我其实爱音乐。只是,不爱自己弹奏的这些东西。对于小孩子而言,未来的概念并不存在,有的只是当下(于孩童,当下便意味着永远)。而我的"当下"充斥着音阶、卡农曲,充斥着不起眼的"小调",它们让我意识到自己弹奏不够精准,让我倍感屈辱。而且,即便未来我的琴技能炉火纯青,在当时的我的心目中,这种境界也总与那个叫尼古拉或亨利的丈夫画上等号。可她,却能尽情地热爱音乐。她,在钢琴面前无所不能;她,手指抚在琴键上,宛如天鹅落在水面;她,在我的记忆中,上了三次课就学会了弹吉他,并且能达到演奏级别;她,识读乐谱像读书认字一样娴熟。她才能尽情地"热爱音乐"啊!她身上流淌着两股音乐之血,父母二人的天赋融为一体,才赋予了她拥有的全部才华!她自身的血液优美如歌,像抒情诗,充满着自然之力。可她却忘了,她用自己的婚姻在我

---

① 俄语中,"H"是"尼古拉"的首字母。

体内注入了一种与之截然相反的血液,一种语文学家特有的、颇具欧陆气质的血液。这两股血液无法汇合,也无法相融。

　　母亲用音乐将我们湮没。(这音乐后来化身为抒情诗,使我们永远无法浮上水面,再也不能重见天日!)母亲像洪水一般吞噬了我们。她的孩子们,仿佛乞丐藏身的木板棚,在每一条大河的岸边摇摇欲坠,自打出生起就注定被洪水吞噬。母亲用她天赋未竟、人生未满的苦楚将我们淹没,用音乐把我们浇灌,就像用血,赋予我们新生的血。可以说,我并非降生在人世,而是生在音乐之中。一切可听的美妙声音,自出生起我都聆听过了(包括未来的)。每个傍晚,在那些美妙的溪流(正是《温蒂涅》中森林之王那"珍珠般的溪流")施展了令人无法承受的魔力之后,再听自己那诚恳而低落、跟着节拍器费了九牛二虎之力才完成的"弹奏",该是何等折磨!我又如何不对此心生反感?一个天生的音乐家会成功克服这一切。可我生来不是当音乐家的料。(顺便说一句,我记得,母亲最喜爱的俄语书籍当中,有一本《盲人音乐家》,她经常拿这本书的主人公为榜样来责备我,此外还用莫扎特三岁时的事迹,用她本人四岁时的经历,后来,又拿穆霞·波塔波娃琴技超过我这件事来做文章。还有谁没被拿来做过榜样?又能有谁!……)

　　节拍器咔哒作响。我生命中有几种不可动摇的欢乐。不用去上学,醒来时发现自己身处的地点并非1919年的莫斯科,还有就是不必去听节拍器的声音。蒙受了音乐洗礼的双耳又怎能忍受节拍器的声响?(或许,较之被音乐洗礼的灵魂,聆听音乐的双耳又是截然不同的东西。)四岁之前,我对节拍器甚至还挺喜欢,就像喜爱一座布谷鸟时钟。是的,我喜爱它是因为,节拍器里也住着一个房客,住的具体是谁我并不清楚,是我赋予了他生命。节拍器是一座房子,我自己也很想搬进去住。(孩子们总想住在一些不可思议的地方,比如,我儿子六岁的时候梦想住在街边的路灯里,因为那里又明亮,又温暖,居高临下,一切尽收眼底。"要是有人朝你的房子扔石头呢?""那我就朝他们扔火球!")然而,当我一旦被它那机械的咔哒声掌控,就立刻心生厌恶,并且由于恐惧而心跳加剧,丧失知觉,全身冰冷,正如现在每天夜晚都害怕闹钟,害怕夜里一切单调均匀的声响。这种声响简直是在击打我的灵魂。就像有个人踩在你的心头,不停地催促着你,挟持着你,不给你任何喘息的机会。当你起身离开,它依旧在催促着,挟持着。它独自留在空荡荡的大厅里,站在光秃秃的琴凳上方,俯视着紧闭的钢琴盖子。人们忘了把它关上,它就一直咔哒作响,直到发条松开。一件死物,催促着一个生命。子虚乌有之物,挟持着切实存在的一切。万一这发条永不松开,万一我从琴凳上再也无法起身,再也不能逃离这"滴答"之声……这便是死亡了。死神俯瞰着我的灵魂,我充满生命的灵魂。这灵魂终会死去。这便是永恒的死亡,早就死去了的死亡。节拍器就是一口棺椁,里面住的,是死亡。它的声音是如此可怖,以至于让我险些忽略它骇人的外形:一根钢铁材质的杆子,仿佛伸出来一根手指,以一种狂躁而呆板的节奏在你的背后摆个不停。这是我与机械的第一次会面,它导致了我对其他所有机械的偏见。它是那么新鲜,散发着钢铁气息,向我绽放第一朵钢铁的蓓蕾。哦,我从未被节拍器落在后面!它控制着我的节拍,将我的身体也钉在琴凳上。若想防止我回头看时钟,打开节拍器就是最好的保障。不过幸运的是,母亲有时会忘记把节拍器打开,那么我身上任何新教徒的诚实品质(换作母亲的也是一样)都不能使我延续这种痛苦。如果说有时会产生杀人的念头,那么我要杀死的一定是这个节拍器。每当我在这场战斗中赢回一局,都会带着最为安然自得的神气从架子旁走过,眼睛忍不住闪烁着复仇的喜悦,这感觉炽热而甜蜜。我向它投以这样的目光,并送它一句话:"我走了,你——在那儿站着吧!"

　　我不仅得意扬扬地从架子旁走过,还会久久地伫立在它面前。这个架子就是一座图书馆。它是哑然无声的,正如我突然间失明,突然间头脑发昏。抑或是一堵墙,是用父亲的拉丁文书籍和母亲的英文书籍砌成的,难以穿透。我读着一个个字母,却什么也不明白。我足够聪明,知道这一本本厚重而庞大、令人心驰神往的棕色书籍里全都是"珍珠般的溪流"和母亲那音乐的海洋。可是我却听不到,宛如一个聋子。真是可望而不可即[①]!于是我便不再尝试理解,径自读下去:

　　"作品号——小调——鲁宾施坦——小说家[②]……"

　　放乐谱的架子分为两部分,一部分是"妈妈专用",一部分是"廖拉专用"。妈妈专用的这部分有:贝多芬、舒曼、音乐作品、大调、小调、奏鸣曲、交响曲、不太快的快板。廖拉专用的这部分只有《小说家》。《小说家》+浪漫曲(是法语,词尾得读成"an")。当然,我更偏爱这些浪漫曲。首先,乐谱上的文字要比音符多一倍(每行音符都对应着两行文字);其次,廖拉这部分乐谱我全部都能逐字读出来——当然得把音符跳过。(后来,我写诗需要自己的韵律体系,于是开始将词语拆分成一个个音节,用诗歌中不常见的破折号把它们连起来,多少年来,我都为此而饱受诟病,只有少数人会加以赞扬。无论褒贬,他们评判的缘由都是"现代性"。这让我无言以对,只能说:"用得着。"有一回我蓦地亲眼看见,幼年时那些记着浪漫曲的乐谱上,密密麻麻都是破折号,使用得合情合理,于是立刻觉得自己洗脱了罪名。音乐将我身上有关现代性的一切罪名洗刷干净,我得以

[①] 引自克雷洛夫寓言诗《狐狸与葡萄》。
[②] 《小说家》:彼得堡一家音乐杂志,1840年首次发行。

平反,得到了支持和认可,得到了法则的保护,就像一个孩子因为身上一块秘密胎记与双亲相认,终于得到了生存的权利。不过,或许巴尔蒙特是对的,他颇为赞许又不无责备地对我说:"你向诗歌索取的一切,唯有音乐才能给予!")浪漫曲同样是书籍,只是布满音符。乐谱的表象下隐藏着它们书籍的本质。只可惜,它们太过简短。刚一翻开,就到了结尾。

看,《奇妙的楼宇》[①]。上面画着个别墅一样的东西,下方有小木桩,仿佛踩着高跷一般。还有一排隐秘的、笔迹倾斜的题词:"献给尊贵的公爵小姐阁下(我不记得是哪位公爵小姐了),纪念其至尊的新郎——王子阁下(我忘了是哪位王子)返还之日(也有可能是动身之日)。""一座奇妙的楼宇矗立,里面许多富丽堂皇的房间……"我还记得那句欢呼:"新郎,他定会回返!"这欢乐的情绪在我心中如燃烧的烈火,又如奔涌的洪水。仿佛新郎回到身边,世界便可得到救赎。这句承诺由于音乐的渲染而成为庄严的宣誓,听上去全然是:"奉耶和华之名而来的人,是蒙福的!"[②]与此同时,它让我的心灵充满忧愁,仿佛新郎再不会回来一般。《奇妙的楼宇》给予我的魔法般的一击,实则是如陡峭山峰般凌厉的哀愁。后来我在《尼伯龙根之歌》中也感受到同样的冲击。还有西格丽德·温赛特[③]那不朽的史诗,读来忧愁袭上心头,才发现已经过去整整一辈子。这是我与北方的斯堪的纳维亚的第一次邂逅。不知为何,我总觉得歌词中的那个"新郎"在乘着飞毯疾驰,抑或他本人就是飞翔的恶龙卡里内奇,

----

[①] 《奇妙的楼宇》:俄国音乐家格林卡的浪漫曲《婚礼之歌》(首句为"一座奇妙的楼宇矗立……")。

[②] 出自《圣经》,《路加福音》,13:35。

[③] 西格丽德·温赛特(1882—1949):挪威女作家。茨维塔耶娃在《自传》中提及这位作家,称其为"自己最喜欢的作家"。

总之飞在空中,又从天空坠落到那座山上。而且,恍如这座山的延续,另一首浪漫曲中出现了这样的歌词:"亲爱的群——山,我们终将回——返……"这又意味着什么?是谁创作了这些可怕的歌词?除了它们,我什么也不记得。或许,除了它们,什么都不曾有过。是谁(还说是"我们",竟然用复数!)在安慰这群山,告诉它们"终将回返"?或许,正是公爵小姐阁下乘着恶龙卡里内奇,飞离了自己那座山,去远方统治新的国度。无论如何,浪漫曲的歌词总是颇为怪异,正如斯维亚托波尔克-米尔斯基所说,"全然揣摩不透"。只有一点确凿无疑:我对群山的无限热望,以及在平原上感到的忧伤——所有这些对于一个生长在俄罗斯中部平原的人来说荒诞不经的想法,全都来源于此。在我心中,群山的绵延始于我对它们的无限思念,甚至始于它们对我的思念。要知道,我曾用歌声把它们安慰,我对它们唱:"我们终将回返!"

看,还有一册乐谱,也带着插图。好几回,瓦列里娅都照着这幅画的样子,用水彩颜料画在自己大学同学的纪念册上。画上有个黑褐色皮肤的老太婆,戴着一只耳环,披着一块大大的方格头巾,和母亲那块很是相似。她的长鼻子垂到尖下巴上,贴得那么紧,似乎只够放进一片薄薄的刀片。这首歌谣是《女占卜师》。

  老婆婆,给我算一卦,
  我等你已经好久啦。
  说着走来个茨冈女人,
  衣衫褴褛,披头散发。

"衣衫褴褛,披头散发!"安德留沙扯着嗓子唱。每次听歌,他都迫切希望歌手赶紧唱到这一行。歌曲追着赶着般匆匆唱完了,这首歌他仍是喜欢。"是的,花儿对她说。那神秘的语言,只有心儿能懂。她唇上绽放着微笑,心中是欢乐,是雷雨……"

我怀着满心的狂喜读了整整一天,将廖拉整个书架的歌词都熟记在心,甚至有时当着母亲的面都会忘乎所以。"你又在说什么?再说一遍,再说一遍!""心中是欢乐,是雷雨。""这是什么意思?"我小声说:"就是说,心中是欢乐和雷雨。""什么?什么?"母亲步步紧逼。我已经完全不敢大声说话(但依然坚定):"雷雨,还有欢乐。""什么雷雨?雷雨是什么意思?""因为她感到害怕。""这个她又是谁?""那个朝老太婆走过去的姑娘,因为老太婆很可怕。不,是老太婆朝她走过来的。""什么老太婆?你疯了吗!""廖拉的歌里唱的。有个小姐在撕雏菊花瓣占卜,忽然看见一个老太婆拄着拐杖……这首歌叫《女占卜师》。"我把"女占卜师"的重音落在了倒数第二个音节上,于是母亲接着问道:"那什么是女占卜师?""不知道。"母亲终于占了上风:"你看看,你不知道,却说了出来!我跟你说过几千遍,不要去读廖拉的乐谱。我总不能为了不让她看而给书架上把锁!"母亲转头对夹着公文包急匆匆从前厅走过的父亲说。父亲做出听得专注却一头雾水的样子。趁着母亲分神的机会,我藏到楼梯上母亲够不到的地方,可刚上了一半楼梯就忍不住唱起来:"她唇上绽放着微笑,心中是欢乐,是雷雨……嗒——嗒,嗒——嗒,嗒——嗒,嗒——嗒……他凝视着她的眼睛……"就这样,从节拍器的下方,从它那光溜溜的鼻子底下,那毫无节拍感的抒情曲如水流般朝我奔淌过来。有时恰巧被母亲发现,我就干脆撒谎。(按照母亲的说法,四岁之前,我只会讲真话,后来,显然是醒悟过来了……)"你又在那儿做什么?""我在看节拍器呢。""看节拍器,是什么意思?"我一反常态,充满喜悦地说:"它多么漂亮啊!看……(随后顿了顿,因为根本想不出充分的理由,只好说:)它是黄的!"母亲的语气已经软了下来："节拍器不是用来看的,你得听才行。"这时我已经爬到了那救命的楼梯顶端。我抑制不住自己的冲动,又害怕被母亲听到,于是提高声音,却还是低语："妈妈,其实我翻了翻廖拉的乐谱!其实节拍器——是个丑八怪!"

廖拉的曲目还包括她母亲留下来的所有乐谱,全是些歌剧、咏叹调,还有些改编曲目,上面也有歌词,可是我看不懂(她是在那不勒斯学的声乐)。此外,那些令我十分讨厌的音符数量奇多,很多音符上面都打了三四个叉号,让我十分沮丧。至于《小说家》,它那孩童般简单的记谱法,即便是能力有限的年幼的我也能完全弄懂,因此我对它十分鄙视。那么多空白,一个叉号都没有,就如同把母亲的乐谱拿来一张,把上面的音符撒在了一整年的《小说家》杂志上(就像给鸡喂食!),这样一来,至少每页纸上都能有几个音符,简直就像我的《莱贝特与史塔克》[①],只不过多了些持续音[②]罢了。顺便说一句,母亲严格禁止我使用脚踏板。"你这么个小不点,还用脚踏板呢!你想成为什么样的人呢?音乐家,还是(把'廖拉'吞进肚)……那种只会一边打瞌睡一边踩脚踏板的娇小姐?不准碰脚踏板,用手碰也不行!"我倒是常会用脚碰一碰,不过专挑母亲不在的时候,我碰了好长时间,以至于无法分辨发出那呜呜声响的是我还是脚踏板(此外,我总是把脚踏板想象成一双脚底扁平的金鞋子——灰姑娘的金鞋子!)。不过,脚踏板在文字上还有一个近亲——学监[③],就是那个出现在大学生集会上的学监,那个学监在集会上把安德留沙的家庭教师——我们挚爱的阿尔卡季·亚历山德

---

① 《莱贝特与史塔克》:音乐家莱贝特与史塔克合编的一系列音乐教材。
② 持续音在钢琴上弹奏时需要用到踏板,因此有下文关于脚踏板的联想。
③ "脚踏板"对应的俄文,同"学监"一词的俄文形近。

罗维奇①(简称"阿尔卡艾克萨内奇")给抓走了,使我和阿霞悲伤地号啕大哭。就是在这个学监的刺激下,我写了人生中的第二首诗:

　　所有人都向集会跑去:
　　集会在哪里?集会——在哪里?
　　集会即将召开在院子里。

　　在我的印象中,这个学监个头特别高,高出整个院墙,伸出巨大的爪子,张开五指,把大学生们(就是阿尔卡艾克萨内奇他们)高高抓起,就像一个食人魔抓起只有他指头大小的小男孩。虽说是食人魔,可他毕竟是大学的职员,因此全身挂满奖章。而且,他当然总是独自行动,正如脚踏板永远两两成双。说起学监一词,不能不提它在文字上的近亲:卷毛狗②——《苦儿流浪记》里那只有学问的白毛狗卡比。卡比咬着学监的裤腿不放,这样学监就会放了阿尔卡艾克萨内奇。还得提一提学监与脚踏板共同的近亲——他们的堂姐"落在地上的果实",就是那个散发着香气落在地上的果实,每次落下的每个瞬间都散发着芳香,如果是接骨木树的果实,那么更会无比芬芳。我们塔鲁萨城别墅的入口处就有很多落在地上的野果。这来自童年、来自塔鲁萨的果实是那么亲切。每当听到这个词,我仿佛也变成了一枚落地的野果。
　　我们还是先回头说说我那受苦受难的琴凳吧。或许,这个琴凳和其他的琴凳一样普通,不过当时我并不知道所有琴凳都是这个样子,甚至不知道世界上还有其他这样的琴凳。这就是我的琴凳,它

---

　　①　见《往事·神奇的颜色》。
　　②　"卷毛狗"的俄文与"学监"一词词形相近。

在家中独一无二，而且富有魔力，因为家里这么多东西，只有它要求我安安静静地坐着，而它自己呢，却转个不停！它绕着自己布满一道道深沟的脖子转动，像一只拔了毛的火鸡。把它旋转到极限，然后不无激动地等着瞧，它的"头"会完全松动，摇晃一下便会彻底掉下来。不过我还记得另一件关于"头"的事——是我自己高兴地过了头。当时，我双手紧紧扒住座位，在两脚的帮助下使劲儿地拧，拧了可不止一两下，把整个螺丝都上上下下拧个不停。整个过程中，一种甜蜜的眩晕向我逼近，几乎让我迷失。直到凳子的脑袋从脖子上脱落，像一只皮球从飞旋的棍子上滚下来。

"啊——啊——啊！你又转起来了！"安德留沙幸灾乐祸地盯着我那张铁青的脸，其实他早就悄悄走进来，默不作声地观察着这一切。"把铅笔刀给我，否则我就告诉妈妈，让她知道你背着她是怎么弹莱贝特和史塔克的。（顿了顿）给不给？""不给。""那好，看你怎么弹莱贝特！看你怎么弹史塔克！"这下我敢肯定，等待我的惩罚绝不会像"断奏"①那么干脆利落。

安德留沙没有学过钢琴，因为他是另外一个母亲生的。他母亲唱歌，因此学了钢琴就仿佛是背叛。我们全家被整整齐齐划分成了两个部分，唱歌的（父亲第一次婚姻的家庭成员）和弹钢琴的（父亲第二次婚姻的家庭成员）。有时，在塔鲁萨城的入夜时分，或是在田野漫步的时候，这两种声音会融合在一起，融合成瓦列里娅和我母亲的二重唱。直到现在，我仿佛还能听到母亲用强压怒火的叹息回应着瓦列里娅一连几个小时的"吊嗓子"和"哼唱"；直到现在，我仿佛还能看到母亲那扭曲的脸庞和变形的手指。她借助踏板，弹出一个极具表现力的和弦，或者微闭着双眼，扬起下颚，弹出一个极高的

---

① 原文为德语。该词为名词"断奏"与俄语形容词词尾的合成词，为作者生造。

音符；而这之后就会响起一声可怕的吼叫，嗓音干瘪难听，不堪入耳，大概只有当舌头下方的牙神经突然活跃、突然闹腾起来的时候，才能发出与之媲美的声音。听了这吼声，简直难过得想杀人。

不过，还是让我们回头说说那个游手好闲的安德留沙。他既不会唱歌，也不会弹钢琴。安德留沙的外公伊洛瓦伊斯基[①]本人就反对他弹钢琴，说："家里那么多搞音乐的，伊万·弗拉基米罗维奇已经受够了。"可怜的安德留沙，被两次婚姻、两种命运夹在中间：人们本来就不教男孩子唱歌，而钢琴呢，是梅因家才学的（是父亲第二个妻子带来的东西）。可怜的安德留沙，他欠缺什么？是耳朵不够灵敏，还是不能流畅自如地弹琴？是抽不出半个钟头的时间，还是头脑不够健全？到底欠缺什么？他唯一缺乏的最为重要的东西，是音感。然而一切都像预料的那样：不论是瓦列里娅那漱口水般的嗓音，还是我那诚挚的触键声，还是阿霞那"嘀哩嘀哩"的声音，全都一无所成。我们拥有的所有天赋，经历的所有痛苦，还有学习过的所有东西，都是枉然。成才的只有安德留沙。他生来就未被我们这艘高傲的音乐之船选中，在我们家中坠入了一个音乐之外的空间，一个为客人们、仆人们，或许还有窗外巡逻的警察准备的空间。在这里他们得以休息——这里寂静无声。然而他按照自己独特的方式成长。那两道禁令都得以落实：他不唱歌，也不弹钢琴。但是，安德留沙成长为安德烈，自学成才，全靠自己，靠自己的双手和耳朵。他先是学会了手风琴，接着学会了巴拉莱卡[②]，然后又学会了曼陀铃，学会了吉他。他靠听觉学会了一切。不但自己学会了，还教阿霞弹

[①] 德·伊·伊洛瓦伊斯基（1832—1920）：俄罗斯著名历史学家，见《老皮缅的房子》。

[②] 巴拉莱卡：俄罗斯的民族乐器，琴身呈三角形，有三根琴弦。

奏巴拉莱卡,效果比母亲的钢琴教学成功得多。阿霞弹的声音很大,也很精准。母亲的这个继子,这个高大英俊、带着腼腆微笑的那不勒斯少年(她去世时,他还是个剃着平头的中学生),他的欢乐竟然成了母亲人生最后的欢乐。他手里拿着她的吉他,坐在她临终前的病榻边缘,腼腆而自信地为她弹奏自己知道的所有曲子。所有的曲子他都会弹。她把自己的吉他留给了他,并亲自递到他手里:"你弹得真好,给你正合适……"又有谁知道呢,那时母亲是否感到懊悔,后悔当初听从了年迈的外公伊洛瓦伊斯基,听从了年轻的自己作为第二任妻子该保持的分寸,却没有遵从自己充满智慧、狂放不羁的内心。她本该把什么外公、什么妻子都抛在脑后,不管是父亲的第一任妻子,还是那个作为第二任妻子的自己,不管是我和阿霞那个懂音乐的外公,还是安德留沙那个当历史学家的外公,统统抛在脑后。她本该让我在写字桌前读读写写,让阿霞吃她的燕麦片,让安德留沙去弹钢琴:"哆,安德留沙,哆,这个是咪,哆——咪……"(而这两个音符没有给我带来任何帮助,除了让我想起古斯塔夫·多雷……)

  说了这么多,我才发现,关于我童年故事的主人公——钢琴(上面有几个烫金的大字"贝克尔"——皇家三角钢琴),我还只字未提。不过这钢琴可不止一架。对于每个学琴的孩子来说都有:一架,两架,三架——总共四架钢琴。第一架,是你坐下来弹奏的那个(你为它饱受折磨,却很少为之骄傲)。第二架,是别人弹奏的那个,比如说,母亲坐在钢琴前,那就意味着她的弹奏会让你自豪,让你陶醉。我"现在仿佛看见"……不,那样的情景现在已然无缘得见了。那时,我看见她高昂的头颅,短发,微微有些波浪。钢琴可滑动的侧板上摆着两支蜡烛,它们同样刚毅不屈。我在两支蜡烛之间看见她高高昂起的头颅和高而直的脖颈。她的头从不低下,即便是写信和弹奏钢琴时也保持着上扬的姿态。还有一次,我在大厅的一对镜子里看见她的头颅。钢琴是水平的,而镜子是它的垂直线。母亲的头部在镜子中展现出我们从未见到过的一面(这神秘的侧影使镜子的奥秘更加深邃):在垂直的镜面构成的空间里,母亲的头部离我们远去,不可思议的镜子将它带到了遥不可及的远处,它在烛光与镜子的魔力之中仿佛化作了一株圣诞树。

第三架,或许是陪伴你最长久的一架。你坐在下面,自下而上仰视你的钢琴。于是你看见整个世界,一个沉在水下的世界,一个钢琴下方的世界。你之所以觉得这个世界沉在水底,并不仅仅因为音乐在你的头顶流淌。我们家的钢琴后面,在它与窗子之间,摆着花儿、棕榈树和蓬莱蕉。它们被钢琴幽暗的阴影笼罩、隔离,它们映在琴身上,就像倒映在一片黑沉沉的湖泊之中。在这些植物的映衬下,钢琴下方的木质地板变成了真正的水底,绿色的幽光闪烁,映在脸颊上、手指上。这里还有真正的植物根茎,触手可及。这里母亲的双脚无声地踩动踏板,好似一个巨大的奇迹。

现在让我头脑清醒地提一个问题:为什么花儿一定要摆在钢琴后面?难道是为了给浇水带来不便?(按照母亲的脾气,确实有这个可能!)水,钢琴下方的水,浇花用的水。母亲的手,弹钢琴的手,浇灌植物的手,时而抚弄着清水,时而流淌出音乐。这一切融合在一起,使钢琴在我心中永远等同于水,等同于水和绿色的植物。流水喧响,绿叶婆娑。

这就是母亲的双手。现在再来看看母亲的双脚。母亲的双脚是独立的,充溢着生命,与她黑色长裙的裙摆没有一点牵连。我时常看见它们,确切地说,是踩在钢琴踏板上的那只。它纤细而硕大,被黑色的平底便鞋包裹,鞋上钉着扣子。我们管这些扣子叫哈巴狗的眼睛,因为它们是缎面的(就像眸子①——哈巴狗的眸子)。黑色的脚,金色的踏板。为何这只踏板对于母亲来说在右,在我看来却是在左?它怎会同时出现在左侧和右侧?如果从我的角度踩踏板,也就是从钢琴下方,面对母亲的膝盖,那么它就在左侧,是短促的那只(就声音而言)②。为什么在母亲那里它又成了右侧,也就是说,它的声音就延长了?如果在母亲用脚踩踏板的同时,我用手也按上去,那么结果会怎样?或许,它会变得既长又短?不过,既长又短无论如何都是不可能的,那么也就是说,不会有任何结果。不过母亲的脚我可不敢碰,这个念头,我连想都不敢想。

"这再次证明了你没有音乐天赋!"母亲喊道。她已经弹了整整一小时(这一小时使她变得不知所措,就像一个泅水者激烈地游了很久,上岸后已经头脑发晕,不辨东西)。在弹了一个小时之后,猛然发现,我们在钢琴下面也坐了整整一个小时。阿霞用纸板剪出若干小姑娘的形状,还有她们一件件的嫁妆;我则在思考右和左的问题,不过更多时候什么也不想,就像在奥卡河里漂泊。安德留沙很快就不再去钢琴底下玩耍了。他的腿突然长长了一截,于是常常不可避免地撞在母亲腿上。每当这时,母亲就会站起身,打发他去看书。他讨厌看书,因为人们把书当礼物送给他,是为了达到让他爱书的目的。也正因为他讨厌书,大家才总是送书给他。他讨厌看书,还因为一看书就会流鼻血。于是,出于自我保护的本能,他再也不往钢琴下面爬了,而是一动不动地坐在大厅拱门处的小木马上,向我和阿霞挥舞拳头,吐着舌头。"但凡有乐感的耳朵都受不了这

---

① 法语"眸子、眼珠"一词与俄文"缎面的"一词近音近形,故而有此联想。

② 俄语中"左边"一词比"右边"一词少一个辅音字母,故而有声音延长和缩短的联想。

么大的声音!"母亲的情绪已经激动起来,她的喊声几乎把我震聋了,"这样会把耳朵震聋的!"(我在心里说:"我就喜欢这样!"嘴上却说:)"这样听得更清楚!""听得更清楚! 它会震破你的鼓膜!""可是妈妈,我什么也没听到呀,真的!"阿霞连忙夸口说,"我一直在思考这个小小的,小小的,小——小的小锯齿呢!"说着,她满脸真诚地将纸娃娃塞到母亲鼻子底下,让她看娃娃裤子上那完美无缺的锯齿形花边。"怎么,你还用了锋利的小剪刀!"母亲完全震惊了,"我的小姐,你们到底在哪儿? 一个想听得更清楚,一个什么也听不见。这就是你们外公的外孙女,这就是我的女儿……噢,上帝呀!"这时,她看到自己最宠爱的小女儿的嘴唇已经开始颤抖,于是说道:"小阿霞还可以原谅,小阿霞还小……可你呢? 到圣约翰日①就满六岁了!"

可怜的母亲,我是多么令她伤心! 可她从来不曾知道,我身上"乐感的缺乏"其实暗示着另外一种音乐!

第四架钢琴,是你居高临下俯视着的那架。你俯视着它,随后就走了进去;而它,随着时间的推移,会违背沉入深渊时应遵循的所有规律。同进入一条河流的过程截然相反,它起先淹没你的头部,后来只高过喉咙(仿佛用它那比利刃还要冰冷的黑色边缘将你的头颅活活切下!),接下来高过胸膛,然后是你的腰部。你凝视着它,也凝视着自己:先是鼻尖,再是嘴巴,然后是额头,你的整个面部都贴上了它那坚硬而冰冷的黑色表面。(它为何这样深邃,这样坚硬? 为何深邃得像水,又坚硬得像冰? 为何接纳着你,同时又将你拒绝?)不过,除了试图把脸伸进钢琴内部,还有一个简单的小把戏:对着钢琴使劲呵一口气,就像对着窗玻璃呵气那样,然后钢琴便失去

---

① 圣约翰日恰好是茨维塔耶娃的命名日。

了光泽,取而代之的是一个银白色的椭圆形印记,趁着这层水汽还没消失,赶紧将鼻子和嘴巴印上去。这样印出来的鼻子活像熊的鼻子,嘴巴呢,会完全肿起来,就像被蜜蜂狠狠叮了个遍!这张嘴布满了深深的纵向条纹,就像一朵小花,尺寸却比现实生活中的花短了一半,也宽出一倍,它很快就消失了,与钢琴黑色的表面融为一体,仿佛钢琴将我的嘴巴吞下了肚。有时,我担心时间不够,便频繁地朝大厅的各个出口张望:朝前厅看一眼,朝餐厅看一眼,向卧室瞅一瞅,又朝阁楼望一望。无论哪个出口,母亲都可能突然走出来。这时候我只会吻一下钢琴,冰一冰自己的嘴唇。不,人完全可以两次踏进同一条河流。看,从最幽暗的河底,一个五岁小女孩向我走来,她有一张圆圆的脸,带着好奇的神情,却没有笑容。即使透过钢琴的黑色,她的脸依旧是粉红的,宛如一个映着霞光的小黑人,又像一束落入墨色池塘的玫瑰花。钢琴是我的第一面镜子。透过黑色的琴面,我第一次意识到自己的面庞。我将它印在一片漆黑之中,就像用幽暗而明晰的语言将它描述了一番。于是此后的一生,即便是那些最简单的东西,我若想弄明白,都要先将它浸入诗歌的河流,然后再从中窥见一切。

末了,是最后一架钢琴。这架钢琴,你常常窥探它的内部。内在的钢琴,钢琴的内在。它那布满琴弦的内在,与一切物体的内核一样,充满了神秘。钢琴就像潘多拉的盒子:"那里面藏了些什么?"里面隐藏的是费特在诗句中描绘的东西,那画面感令人震惊,只有诗人和音乐家能懂:

钢琴整个打开着,琴弦在里面颤抖……

这并非带有寓喻色彩的"心弦",而是真正的琴弦,能工巧匠的手将它们展开在琴轴上,你可以伸手触碰,也可以细细审视,观察那一个个银色的弦轴钉,还有裹着红色天鹅绒的音锤——那些小房子里的小锤子①,就像格林童话里的,像侏儒怪拿在手里的那个。钢琴是盛大的节日,是四轮马车,是圆形大厅,是星宿般壮丽的大枝形吊灯,是大型的四手联弹赛,是古罗马的四套马车。哦,钢琴!它的姿态是多么绝妙,当那琴盖竖着支起,它立刻变成一架竖琴,湖水般波澜不惊的表面被一根根琴弦取代,仿佛囚禁着火鸟②的栅栏被风暴或勇士掀翻,轻轻一触,鸟儿便振翅高飞。这钢琴就像一切发生在夜间的奇迹,天一亮便消失得无影无踪。

  为了不得罪我那似敌似友的老伙计——乐谱架,我对它也得细细描绘一番:这个堆满乐谱的谱架,阻挡在我与自由之间,就像一道假花砌成的栅栏。在野蜂飞舞、蛇儿爬行、马林果花盛开的日子,我的世界只有这些涂了黑漆的木质花朵,唉,它们完全取代了田野中的烂漫春花!乐谱架的摆放方式有很多种,可以横着摆,让乐谱本子躺在上面,就像晕厥了一般;还可以竖着摆,在你的头顶垂挂下来,好似一座峭壁,每分每秒都威胁着你,仿佛会从键盘中突然迸射出糨糊一般恐怖的声音。当你终于将这钢琴谱架收起,它会咔哒作响,这声音真是令人无比轻松。

  此外还得谈谈钢琴本身的形态。小时候,我总觉得它是一只石化了的野兽般的庞然巨怪,一头大河马。我清楚地记得,我之所以这么觉得,并不是因为它的外形——我从来都没见过河马——而是

---

① 原文为德语,德语中的"小锤子"和"小房子"仅有首字母不同。
② 火鸟:俄罗斯民间传说中的神鸟。

由于声音,钢琴有节奏的声响宛如河马的躯干,而尾巴——就在"那边"①。此外,如果用拟人的方法来形容,那么钢琴就是三十年代那种上了年纪的男性:虽然有些发胖,却依然体态匀称;虽然臃肿笨拙,却不失优雅。比如那种已不再年轻的舞蹈家,阅历丰富,而且一定穿着燕尾服,比飞行员和军人更能让姑娘们一见倾心。再比如,指挥家,这就更棒了!身着靓丽的黑衣,从容不迫,看不到他的面容,因为他总是背对观众,魅力四射。当那琴盖竖着支起,它就变成了一位指挥家。还是暂且不提舞蹈家和指挥家了吧。只有离得太近,钢琴才会显得过度笨拙。你只要走得远些,让钢琴和你之间留出必不可少的空间,让声音自由伸展,让钢琴和一切庞然大物一样拥有属于自己的天地,它就会变得精致优雅,丝毫不逊于空中飞舞的蜻蜓。只有立在山脚,群山才会让你感到压抑,将山峦从你心头卸下的唯一方法,便是离开,或者攀登。你不妨也在钢琴上攀登,用你的双手。正如母亲,她曾登上峰顶。

  还是要谈一谈她的演奏,哪怕只说上只言片语。在这里我只回忆三件事。当时她肺结核第一次发作,发作得很厉害,我们陪她去内尔维,到那儿已是深夜,不能弹钢琴了。我和阿霞没有看到海,她没有摸到钢琴,于是我们只好入睡。然而第二天一早她就爬起来,坐在钢琴前。那时她病得厉害,来时一路都卧病不起。几分钟后,有人敲门。门外站着个皮肤黝黑的黑发男子,戴着圆礼帽,满脸谄媚的笑。"请允许我做个自我介绍:我是曼吉尼大夫。而您,要是没弄错的话,就是那位夫人,即将由我来负责的病人?(他说着很吃力的法语。)我正好路过,听到您弹钢琴的声音。我应当给您提个醒,

---

  ① 作者的文字游戏,俄文中"河马"(гиппопотам)一词可拆分成 гиппопо 和 там 两部分,там 意为"那边、那里"。

要是您一直这么弹下去,您不仅会毁了自己,还会毁了整个俄罗斯旅馆①呀。"随后,他带着莫名其妙的欢快语气用意大利语说:"天才……天才……"当然,他始终都禁止她弹琴。

　　第二件事发生在返回俄罗斯的途中,那时她已行将就木。我们途经某地,大概是慕尼黑,她不顾一路的风尘,只洗了把脸,连衣服都没换,就立刻向钢琴走去。事实上,我们不论到达什么地方,她始终这样迫不及待。随后,我和阿霞看见一个小男孩,他看上去比我们大,可能十四岁左右,脸颊是鲜亮的粉色,满头金发,格外显眼。他坐在椅子上一个劲儿朝她靠拢过来,朝着她的双手,还有手指下方奔涌而出的音乐,最后,像完全睡着了似的,一个趔趄,连人带椅子跌倒在她脚下,也就是说,径直跌到了钢琴下。母亲起先未有丝毫察觉,此时立刻明白了发生的一切。她脸上没有一丝微笑,将他扶起来之后,把手放在他头上,她并没有立即将手移开,而是在他额头上轻轻抚摸了一下,仿佛想从他身上读出些什么。(也许是想到了自己未出世的儿子亚历山大。)值得一提的是,在场的所有人——不管我们走到哪里,在场的总是这几个——所有人,谁也没有发出笑声。(想必是因为任何一个像这样半张着嘴、骑在椅子上的男孩,都有可能跌倒,要么跌进燃烧的火炉,要么跌进狮子的血盆大口。)我和阿霞从小就懂得,在别人摔倒时发笑是很粗鲁的行为,就连拿破仑也会摔倒呀!(关于这个问题,我甚至会走向另一个极端:一个人若是从不摔倒,那才叫蠢呢。走路却不摔跟头——真是傻瓜!)我永远也不会忘记自己的母亲与陌生男孩的这一幕。这是我平生所见的最深的鞠躬礼。

----

　　① 俄罗斯旅馆:位于意大利海滨内尔维,1902年茨维塔耶娃的母亲因病来此疗养,居住在这家旅馆。

"妈妈(这是她生命中的最后一个夏天,最后一个夏天的最后一个月),为什么你的《为什么》跟别人弹的完全不一样?"

"为什么——《为什么》?"母亲在病榻上开了个玩笑。随后,她敛起微笑,"当你长大了,回顾往事的时候再问自己,为什么事情会是这般这般,又为什么万事都落了空,不仅你的一生如此,其他所有人也是一样,不管是你爱过的人,还是你弹奏过的那些曲子的作者,都是一无所有。当你懂得了这些,才敢去弹《为什么》。而现在,你得先努力。"

最后一件事,是母亲的死。那是 1906 年 6 月。还未到达莫斯科,我们停留在塔鲁萨车站。从雅尔塔到塔鲁萨,一路上母亲都让人抬着。("我登上的是客车,到站了却变成了货车。"母亲打趣道。)随后又被抱上一辆四轮马车,但她拒绝被人抬进家门。她拒绝了别人的搀扶,站起身,从目瞪口呆的我们面前走过,独自走完了从台阶到钢琴的那几步。卧病在床几个月之后,站起身来的她显得格外高大,让人几乎辨认不出。她披着那件路上穿的驼色斗篷。这斗篷是她特意定做的,没有袖子。

"让我们看看,我还中不中用?"她笑了笑,显然是自言自语。她坐下来。其他所有人都站在一旁。从那双已经生疏的双手下立刻流淌出音乐。但我并不想说出这乐曲的名字,这是我和她之间的秘密……

这是她最后一次弹奏。在那间弥漫着新鲜松木板条的气息、被茉莉花丛的阴翳笼罩着的侧屋,她留下了最后一句话:

"让我感到遗憾的只有音乐和阳光。"

母亲死后,我不再弹琴。我并非立即停止了弹奏,而是渐渐远离,直到再也不弹。之后又来了几个女教师。但母亲在世时我弹奏的那些曲子,已经是我一生最后的曲目。她过世后我再也没有学过新曲。在她面前我弹得那么尽力，仅仅是因为畏惧她，因为想要取悦她。而现在，需要我用琴声来取悦的人已不复存在，对其他人来说，一切都无所谓。更确切地说，唯有她一人会为我的懈怠感到痛苦。而恐惧，恐惧已逐渐消失，因为我意识到，在那个世界，我的一切遭际她都看得更清楚……我身上的一切，包括我现在这副样子，或许她都会原谅呢？

我去过许许多多的学校，那些女教师们起先都会对我的演奏惊叹不已，不过很快就停止了惊叹，随后又发出另外一种叹息。我渐渐弃绝了我的音乐，默默无言，无比固执。就像海水退潮，留下许多水洼，起先很深，随后变得清浅，最后只剩下几许水渍。这些音乐的水洼，是母亲的大海的痕迹，它们永远留在了我的生命里。

母亲若是能够一直活下去，或许，我会从音乐学校毕业，成为一个不错的钢琴家，因为确实有这个条件。然而我身上还有另外一种东西：一种命定的天赋。它无法与音乐比拟，却使音乐返回到我身上，回到它真正的位置：那就是对普遍的音乐性的感知以及"鲜有的"（确实太少了！）掌控能力。

即便是我这样的孩童，身上也存在着一股力量；即便是这样的母亲，也还是无法将它扼制。

1934 年

魔 鬼

魔鬼总与婴孩结交①

  魔鬼住在姐姐瓦列里娅的房间,就在我们头顶上,出了楼梯就是。这是一个布满绫罗绸缎的红房间,强烈的阳光总是倾斜着照进屋内,光柱之中灰尘不断飞旋,乍一看去又仿佛静止不动。

  一切是这样开始的。总有人唤我到那儿去:"快去,穆霞,有人在那儿等着你呢。"或是:"快点,快点,穆霞!那儿有一个惊——喜(拖长了声音)等着你。"话语之中的神秘纯粹是我的幻想,因为我清楚地知道等待我的是谁,知道那惊喜的真面目。那些呼唤我的人当然也知道我对一切都心知肚明。楼上等着我的无非是奥古斯塔·伊万诺夫娜,要么就是阿霞的保姆亚历山德拉·穆欣娜,有时还会是某位女客。不管怎样,等待我的总是个女人,而且不是母亲,也不是瓦列里娅本人。

  我被人推着,同时又被这房间吸引,于是像做客的乡下人一般

---

  ① 俄罗斯谚语,有"友人之间差异很大""以强凌弱"等意思。

站在门前忸怩作态,之后才微微侧起身子,带着些许敌意走进房间。

魔鬼就坐在瓦列里娅的床上,浑身赤裸,皮肤灰白,像一条大丹犬。眼睛是浅蓝色的,酷似大丹犬的眼珠,又像波罗的海贵族那浅色的眼睛。他双臂前伸,手放在膝盖上,好似梁赞的老婆子们摆姿势照相,又如卢浮宫的法老,怀着无法摆脱的隐忍和冷漠,始终保持着同一个姿势。魔鬼温顺地坐在那里,仿佛有人在给他拍照。他身上没有毛发,相反,身体表面很是平滑,甚至像被剃了个溜光,钢铁一般光滑闪亮。现在我看明白了,我的这个魔鬼有着理想的运动员般的身材,如雄狮般强健,而毛色像烈犬。二十年后,革命爆发,有人送来一条大狗让我暂时借用,我立刻认出,这就是我的魔鬼,我的梅莎特①。

我不记得他是否长了角,如果有,也是非常小的角,更像是一对耳朵。尾巴倒是有一条,像狮子的大尾巴,光溜溜的,很是强劲,又仿佛有生命似的,蛇一般优雅地缠在静穆如雕像的腿上,缠了一圈又一圈,缠到最后一圈,刚好露出一绺毛缨。他没有脚丫,也没有蹄子②。双腿和人的很像,甚至像运动健将的腿,支撑在一对脚爪上。那脚掌像雄狮的,像烈犬的,长着带有灰色尖角的灰色巨爪。他走起路来总是敲打地面。不过当着我的面他从不走动。他最引人注目的不是爪子,也不是尾巴。这些特征都不重要,最重要的是眼睛。这双眼睛淡然,冷漠,残酷无情。透过眼睛,我一下子认出了他的全部。即便只看眼睛,我也能将他认出。

我们什么也没做。他坐着,我站着。于是,我爱上了他。

---

① 梅莎特:茨维塔耶娃童年时给自己幻想中的魔鬼取的名字。"梅莎特"与"肌肉"一词同根,形容"魔鬼"强健的身躯。

② 西方传说中的魔鬼形象通常有蹄子,状如山羊蹄。

每逢夏天，我们就迁往别墅，魔鬼也随我们同去。确切地说，他已经坐在了瓦列里娅的床上，像一棵被移植过去的小树，连根带果实，备受呵护。他坐在瓦列里娅的小房间，坐在塔鲁萨的别墅里。那个房间狭窄逼仄，有一个巨大的铁炉子，在七月里显得十分怪异，垂直的烟囱飞出屋子，伸进屋外的茉莉花丛。魔鬼就与它为伴。魔鬼坐在瓦列里娅的床上，房间里便仿佛出现了另一个铁炉子；而他不在床上坐着的时候，墙角的铁炉子就映现出他的模样。炉子和魔鬼有许多共同之处。铁铸的表面映着夏季灰蓝色的光泽，即便在盛夏也全然是冰凉的，高高的个子，直冲天花板，而且一动不动。炉子温顺地站在那里，仿佛有人在给它拍照。它用自己冰凉的身躯替代了魔鬼。我暗中发现了这个秘密，便带着极大的乐趣，将剪成短发的、因暑热而发烫的后脑勺贴在它的身体上，为瓦列里娅大声朗读《死魂灵》[①]。母亲禁止我们读这本书，因此瓦列里娅才允许我读，并把它递到我手里。不过，关于死者和魂灵的部分，我一直都没读到过。因为每每在死者和魂灵即将出现的最后一刻，总会响起母亲的脚步声，仿佛存心与我们作对（不过，她从来都没走进这个房间，永远都是在最关键的时刻从门前走过，就像上了发条一般）。而我，会感到另一种活生生的恐惧，吓得呆若木鸡，连忙将那本大书塞到床底下（就是魔鬼坐着的那张床）。下一次，我用目光在书页中扫视，回到我被母亲的脚步声赶走的那个地方，发现死者和魂灵已经不见了，他们已经跑到了前面的某处，而在这里，我恰好又会被母亲的脚步声赶走。于是我一直都没读到死者和魂灵的部分，当时没有，后来仍然没有。因为在我心中，果戈理笔下的人物任何一种道德上的可怖（同时也是肉体的安逸）都无法与书名本身那纯粹的恐怖相匹

[①] 《死魂灵》：俄国作家果戈理（1809—1852）的长篇小说。

及,也不能满足这可怖的书名在我心中点燃的恐怖激情。

我丢下手中的书,重新靠在炉子上。红通通的脸颊贴着深蓝色的铁皮,发烫的脸庞贴着冰凉的身躯。然而,只有当他变成炉子的模样,我才将脸颊贴上去。当他露出本来面目,我却敬而远之。不过,我终究还是投入了他的怀抱,那一回他将我双手抱起,抱我过河。

夜晚,我在奥卡河游泳。其实不算是游泳,而是独自一人,不知不觉来到奥卡河中央。夜晚的河水不是黑的,而是泛着灰白的光。我不单是来到河中央,而且径自下沉。我已经沉落下去。还是让我们从头说起:我在奥卡河中央下沉,我完全被淹没,似乎是已经死了,却突然飞了起来(我第一时间就知道了是怎么回事)——我被托举着,高高地悬在奥卡河上空,头顶连着天穹。将我带出河面的是一群"溺死鬼",不,不是一群,只有一个。他当然不算是溺死鬼(溺水的人是我!),因为我疯狂地爱着他,毫无惧色,他不像溺死鬼那样全身青紫。他是灰白色的。于是,我利用了一个溺水者的特权,将湿淋淋的脸颊和湿漉漉的裙子贴在他身上,双手抱住他的颈子。

我和他在水上行走。确切地说,迈步前行的是他,而我,乘坐在他身上。其他的鬼(不知是"溺死鬼"还是什么,总之是他的仆从)在水下高声欢呼,放声嗥叫!我们踏上了河对岸,就是波列诺夫家和别霍沃村那边,他有力地将我放在地上,发出震耳欲聋的笑声,比雷鸣声更震人心魄。他说:

"总有一天我们会结婚,见鬼!"

哦,孩童时候的我是多么喜爱这句"见鬼",而且是出自他的口中!这大胆的言辞简直让我的胸腔深处灼烧起来!他托着我涉水过河,然后像一个最最普通的庄稼汉或是大学生一样,说一句"见鬼!",仿佛他会害怕见到鬼,或是渴望与鬼相见,仿佛他,或是他怀中的我,都可能被魔鬼掳走。对于我来说,这句话就像"identié"①这个词里字母 i 上那一点,点名了他的身份。我从不怀疑,他说这话是出于对我年幼无知的宽容,为了打消一切误会,让我知道他——确实就是他。此时,他只是在扮演,扮演一个普通死者的鬼魂,就像那句谚语里说的:"我不是我,马也不是我的。"②

需要说明的是,"见鬼"这句话从他口中说出,让我震惊不已,而隐藏在这句话背后的"总有一天我们会结婚"的承诺反而退居其次。不过,当我沉醉于他的呼喊,沉醉于这喊声在我心中激起的阵阵回响时,我自身也不禁有些退却了。哦,这辉煌的胜利真让人难以承受! 他,在我还未开口请求的情况下,竟然主动……他会娶我为妻! 会迎娶这个浑身湿淋淋、身躯瘦小的我……

于是,有一天,我再也无法独自一人承受这胜利的喜悦,虽然受尽折磨,难以启齿,却还是无法阻挡心中奔腾的洪流:

"妈妈!今天我梦见一群溺死鬼……他们似乎把我抱了起来,把我带到了河对岸,那个领头的溺死鬼对我说:'总有一天我们会结婚,见鬼!'"

"那真是恭喜!"母亲说,"我不是一直跟你说,带好孩子过河的是天使,而你这种孩子……"

我担心她已猜到事情的真相,马上就会公之于众,并且会断然禁止,于是急忙说道:

"不过,他们其实是些溺死鬼,真的,如假包换,浑身发青,就像诗里说的:

---

① 法语,意为"同一性;身份"。
② 俄罗斯谚语,意为对别人施加给自己的看法完全予以否认。

几只黑虾紧紧抓住,

他那泡得发胀的躯体!"①

"你是觉得这样更好?"母亲用讥讽的口吻说,"多恶心哪!"

我和他之间除却上述这些千篇一律的会面外,还有一次独一无二、不可复制的相会。和往常一样,我被引诱到三塘巷瓦列里娅的那个房间,但这次引诱我的不是一个人,而是很多个,整整一群人在那里窃窃私语,指指点点。在场的有保姆,有奥古斯塔·伊万诺夫娜,有春天里和发芽的青草一同出现在我们面前的胖裁缝玛利亚·瓦西里耶夫娜,还有另外一个玛利亚·瓦西里耶夫娜,她长着鱼一样的脸,姓氏特别奇怪,叫松布尔,甚至还有那个浑身上下散发着蓖麻油气味(大概是红布衣服的气味)的女裁缝。在场的所有人都异口同声地说:

"快点,小穆霞,快点,有人在那儿等着你呢……"

和往常一样,我带着些许抗拒,又带着一丝微笑,犹豫片刻,最终还是走了进去。哦,可怕!里面空无一人。床上一个人都没有。他并没有坐在上面等我。只有孤零零的红房间,满是阳光和尘埃。房间空荡荡的,我也是孤身一人,没有了他的陪伴。

我呆住了。随后将目光从空荡荡的床移到画着火鸟的屏风(他想必也不会躲在后面,因为他从来都不玩捉迷藏的游戏),再从屏风移到书柜。这书柜很是怪异,在它上面看到的不是书,而是你自己。我甚至还看了看那个摆满被保姆称为"小玩意儿"的小柜子,然后又将视线从那些"小玩意儿"身上移开,去看那个空空如也的红沙发。沙发被马林果和锦葵颜色的绸缎覆盖,上面缀满了纽扣。随后我又

---

① 普希金的诗歌《溺鬼》(1828)中的诗句。

看了看那个带有蓝色方格的白炉子,炉子上装饰着乌拉尔水晶和针茅,仿佛戴着一顶桂冠……我仍然处在惊愕之中,迈步向窗前走去。我看到了窗外的那些树[①]。灰蒙蒙的柳树环绕着绿色的小教堂,灰色的垂柳,我思念的化身。我从不晓得它们生长在莫斯科的何处,不晓得它们生长在怎样的土地上,也从没试图弄清这个问题。

我的心中隐隐作痛,他欺骗了我!我呆立着,额头贴在最下方的那块窗玻璃上,强忍泪水,眼泪灼烧着我的眼睛。最终,我还是垂下眼帘,让眼泪簌簌落下……窗下那软绵绵的地面上,两个窗扇之间,还有泛着些许绿色的窗玻璃上,都洒满了我的泪水,宛如浸在烈酒之中!这时出现了一群灰色的小鬼,它们长着角和腿,跳来跳去,满是狂喜,就像复活节狂欢的人群,将整个窗子变成了复活节魔鬼的瓶子[②]。

我礼貌地笑了笑,就像对待一件过于幼稚的玩具,并在那里站了一会儿,为了不使对方感到难受。对方,当然不是指那些无缘无故跳来跳去的小鬼,它们根本不认识我,而是他。我得到了些许安慰,仍怀有一丝委屈,最后一次环视这个空空如也的房间,走出门去。

"怎么啦?怎么啦?"保姆挤眉弄眼,装腔作势地问。奥古斯塔·伊万诺夫娜、那两个玛利亚·瓦西里耶夫娜、女裁缝玛利亚·伊格纳奇耶夫娜都围了上来,此外还有三个老态龙钟的老修女。她们常常在特定的时间和特定的场合,举止粗野地在我身上呵痒,一个劲儿地把我往隔板后面瓦列里娅的红箱子里面塞。

[①] 斯拉夫传统中,复活节前的一个星期叫"柳树周",不同于其他西方国家用棕榈叶庆祝复活节的传统,俄罗斯人视柳树为健康、长寿的象征。

[②] 魔鬼的瓶子:复活节市场上卖的一种复活节儿童玩具。

"没事。谢谢。我很好。"我有意拖慢了语速,故作从容地从她们面前走过。她们伸出的双手怯生生地僵在了那里。(我目不斜视地走过,瞥见奥古斯塔·伊万诺夫娜的神态有些异样,而保姆的舌头不知为何从嘴角垂了下来……)

窗边的小鬼和门边的鬼怪再也没有出现过。这到底是怎么一回事呢?或许只是因为自己不能赴约而找了一个替身,抑或是一个考验,考验我是否成熟,是否忠诚,看看五岁的我是否会用真正的、独一无二的他去换取复活节狂欢的群魔,是否会站起身,背对着那张在他们看来空无一物的床,径自开始玩耍。

不,我已经不再玩耍了。我孩提时期的魔鬼给我留下了许多东西,其中最难以摆脱的一样便是:一提到玩耍,就会发自内心地感到厌烦,像狗打哈欠一样说:"真——无——聊!"

为什么魔鬼会住在瓦列里娅的房间?当时我从未思考过这个问题(而瓦列里娅对此一无所知)。其实很简单,魔鬼住在这里,就像我住在儿童房里一样自然。爸爸住在书房,奶奶住在她的肖像里,妈妈住在琴凳上,瓦列里娅住在叶卡捷琳娜学院,而魔鬼呢,住在瓦列里娅的房间里。事实就是如此。

现在我明白了。魔鬼之所以住在瓦列里娅的房间,是因为房间里有个大书柜,它化身为一株善恶之树,树上结满了果实,有卢赫曼诺娃的《小女孩》,有斯塔纽科维奇的《骑鹰环球旅行记》,叶甫盖尼·图尔的《地下走廊》,还有《玻尔-拉缅斯基之家》,以及《源泉》全年的杂志。我贪婪而匆忙地吞食着这些果实,充满负罪感,却又难以自持,频频回头,向房门望去,正如那些贪食禁果的人往往提防上帝,却从不出卖身边的蛇。("这书是廖拉给你的吗?""不,我自己拿的。")在瓦列里娅的房间,魔鬼总是恰逢时机地出现在特定场合,那是我的犯罪现场,也是母亲划定的禁忌之地。

不过还不止这些。七岁之前,我在瓦列里娅的房间里如饥似渴地偷读了很多书,一边阅读一边竖起耳朵,回头张望,生怕被母亲发现。我读了《叶甫盖尼·奥涅金》《马塞帕》《人鱼》《村姑小姐》《茨冈人》,还有平生读完的第一部长篇小说《阿娜伊丝》。她的房间弥漫着爱情,爱情在这里生活。这不仅仅是她心中的爱情,也不仅仅是别人对十七岁的她表达出的爱意。这里的一切,所有这些纪念册、日记本和广藿香水,都散发着爱的气息。这儿还有招魂仪式,有密写药水。家庭教师来这里排演舞剧,她们化装成侯爵,给睫毛涂上凡士林……不过等一等,瞧,从五斗柜深处,在那一堆天鹅绒、珊瑚首饰、梳好的假发和纸花里,一双眼睛正窥探着我。原来是些银色的小药丸。

乍一看它们好似糖果,却比糖果可怕得多。它们确实是药丸,却通体银白,像可以食用的银色小珠子。不知何故,她总是神秘地背过身去,额头伸进五斗柜,将它们吞下肚,正如我把前额伸进书柜,贪婪地阅读那本《俄罗斯诗海拾珠》。有一天我恍然大悟,原来这是些毒药,原来她想寻死。这当然是爱情之故。是不是因为人们不许她嫁给鲍里斯·伊万内奇或者阿尔桑·帕尔奇?究竟是不准她嫁给斯特拉托诺夫,还是艾那洛夫?对了,准是因为人们打算把她嫁给米哈伊尔·伊万内奇·波克洛夫斯基。

"廖拉,我能吃一粒药丸吗?""不行。""为什么?""因为你用不着。""我要是吃了呢,会不会死?""至少你会得病。"后来我发现(为了让读者放心,还是要告诉大家),这些药丸全然无害,只不过是些类似镇静剂的东西。年轻小姐们都会服用,再寻常不过了。然而,不管服用这种药丸是多么正常的事,一个古怪的形象依然留在我的脑海中,挥之不去:一位面色蜡黄的年轻姑娘,悄悄从五斗柜里拿出许多甜甜的银色毒药,如数吞进肚中。

这房间里弥漫的不仅是她那十七岁少女特有的女性气息,还有她身上渴望爱欲的特质。这种特质来源于她的家族,来自她那美丽的母亲——她未熬过爱情的折磨,于是将心中的爱埋藏进满屋的绫罗绸缎之中。它们永远散发着浓郁的香水气味,永远那么炽热,红得像马林果。

魔鬼是否也闯入过瓦列里娅的心房?既然她不知道魔鬼常来找我,那么,魔鬼拜访她时,我同样不会知晓。(她面色黝黑,没有血色,浓黑的睫毛,大大的眼睛好似蛇的眸子,又像一对宝石。小巧的嘴巴色泽黯淡,总是紧紧地抿在一起,尖尖的鼻子迎着下巴。这张脸看不出民族,也看不出年龄。这张脸既不美丽,也不难看。这是一张女巫的脸。)不过魔鬼终究没有来。他没有来过,因为她从叶卡捷琳娜学院毕业便去了梅尔兹利亚科夫巷的妇女培训班,之后加入社会民主党,随后去科兹洛夫中学当教师,后来加入舞蹈团。总之,她一生都在人群中跳来跳去。而他宠爱的人,最大的特点便是完全与世隔绝,生来如此,无论走到何处都与人群格格不入。

不,魔鬼并不认识什么瓦列里娅。可他也不认识我母亲,尽管她是如此孤独。他甚至不知道我还有个母亲。与他独处时,我便是他的小姑娘,是属于他、属于魔鬼的小孤女。魔鬼走进我的心房,就像走进那个房间,命中注定。他单纯地喜爱这个房间,这个神秘的红房间,喜爱这个神秘而美好的小姑娘。她因爱情魂不守舍,久久地伫立在门槛上。

然而奇怪的是,我和他的一次会面恰恰是通过母亲来实现的,通过……

"红色的红榴石[①],"母亲大声说,"什么是'红色的红榴石'?喏,

---

① 《红色的红榴石》是俄罗斯诗人茹科夫斯基的一首童话诗。

你来说，安德留沙！""不知道。"他斩钉截铁地回答。"那么，你觉得该是什么？""什么也觉不出来！"他再次斩钉截铁地回答。"怎么可能什么都觉不出来呢？总能觉出点什么！你也能感觉出来！红——榴——石。试试看！""石碳酸？"安德留沙一脸漠然地给出一个答案。母亲摆了摆手。"那么你来说说，小阿霞！你只管仔细听：红——榴——石。难道想不出来吗？""想、想得出来！"她最宠爱的小阿霞一下子口吃起来，但依然信心百倍，脱口而出。"喏，说说看？"母亲急切地紧追不舍。"我只是不知道自己想出来的是什么！"阿霞依旧信心百倍地快速答道。"唉，算了。小阿霞，你确实还太小，不适合读这些东西。外公给我读这本书的时候，我都七岁了，可你才五岁。""妈妈，我也七岁了！"我终于按捺不住了。"那又怎样？"我无言以对，害羞起来。"好吧，那你觉得红榴石是什么？红色的红榴石？""是不是一种红色的长颈玻璃瓶？"我压低了声音问道，答完之后怅然若失，几乎不抱希望（玻璃瓶、闪闪发光[①]，"红榴石"让我联想到这两个词）。"不对。但是也差不多。红榴石，是一种红色的宝石，表面带棱。明白了？"

在"绿衣人"出场之前一切都很顺利。读到某一段，来了一个人，不知是去了小酒馆，还是去了岩洞。"而绿衣人已经坐在那儿，他坐在那儿洗牌。""绿衣人是谁？"母亲问，"谁会总是穿着绿衣服，而且还打猎？""猎人呗。"安德留沙漫不经心地说。"什么样的猎人？"母亲追问道。

狐狸，你偷了一只鹅，

[①] 原文为德语：Karaffe（玻璃瓶）、Funkeln（闪闪发光），两个词合在一起的读音与俄文"红榴石"的读音接近。

马上把它还给我！

马上把它还给我！

否则猎人会端起猎枪，

立刻送你上天堂，

否则猎人会端起猎枪，

立刻送你上天堂！①

　　安德留沙胸有成竹地唱了一段。"嗯……"母亲故意忽略了我，尽管我在一旁跃跃欲试，几乎要脱口而出。"你说呢，阿霞？""就是那个偷了鹅、狐狸和兔子的猎人。"母亲宠爱的小宝贝快速地归纳了一番，她从小就以剽窃为生。"也就是说，你们都不知道。那我干吗还要给你们读书呢？""妈妈！"我看到她已经带着果断的神情准备合上书本了，于是在绝望中声嘶力竭地喊道，"我知道！""你说。"母亲已经全然丧失了热情，不过还是伸出右手，抵住了快要合上的书。"绿衣人就是——魔鬼！""哈——哈——哈！"安德留沙哈哈大笑。他猛然挺起身子，四肢侵占了所有空间，立刻没了他的容身之地。"嘿——嘿——嘿！"阿霞无比殷勤地跟着他窃笑起来。"没什么好笑的，她说的是对的。"母亲冷冷地制止了他们，"不过为什么是魔鬼，而不是……为什么我给你们三个读书，却总是你什么都知道？！"

＊　＊　＊　＊　＊　＊

　　我七岁的时候便如醉如痴地迷上了纸牌。这是因为绿衣人的缘故，因为他"在洗牌"，多半还因为母亲那个裁缝玛莎·克拉斯诺娃。从她手里总是掉下各种各样的东西，托盘啦，餐具啦，玻璃瓶啦，有时甚至会掉下一条条涂满调味汁的鲈鱼。她手里什么也拿不

---

①　原文为德语。这段诗歌是当时流行的一首德国歌谣。

住,除了纸牌。不过我迷恋的不是玩牌,而是纸牌本身。令我着迷的是纸牌上那些稀奇古怪的形象:他们有的没有腿,却有两个头;有的不仅没腿,还缺一条胳膊,头和胳膊一上一下朝向两个相反的方向,就连他的整个身体都是拧着的,自己与自己相悖,自己同自己脚对着脚,却好像与自己素不相识,一脸高傲;他们没有住址,可是同一种花色的三四张牌却能组成整整一个王国。这些纸牌隐藏着什么奥秘?怎样才能和阿霞一样与它们游戏?要知道它们本身就在自娱自乐,本身就是一种游戏。它们自己和自己玩乐,自己玩耍自己。这是一个完整的半身人的部落,它们有生命,却与人类迥异。它们有着可怕的权力欲,并不完全善良,既无子孙,也无先祖。它们无以为家,只能在桌子上、在手掌的庇护下存活,然而正是在这里,它们却有着无穷的力量。长久以来,大人们教我数字时都说,一打有十二个鸡蛋,可是在扑克牌的世界里,每种花色都有十三张牌,十三是"魔鬼的一打",这一点我即便在睡梦中也牢记在心。哦,我慢吞吞地消化着四则运算,却如此之快地掌握了纸牌的四种花色!直到今天我都弄不清副动词的意义,对语法的用途也一知半解,可是只一次便明白了每张纸牌的含义。所有这些前途、金钱、诽谤、谣言、琐事、后王成对、班房①,都是纸牌的含义和用途。不过,在所有扑克牌当中,我最爱的还是黑桃爱司②!我爱它,胜过爱单身的红方块国王——那个九年后即将与我结婚的未婚夫,胜过残暴而神秘的黑桃国王——我称呼他为"林中之王",甚至胜过象征着内心的红桃杰克,还有那个象征着前途和流言的红方块杰克(而王后我一点也不喜欢,她们总是瞪着一双双邪恶冰冷的眼睛,用目光打量我,责备

---

① 以上列举的这些是纸牌占卜时,牌相和花色所包含的意义。
② 扑克牌中的爱司、国王、王后、杰克分别对应字母 A、K、Q、J。

我,就像熟识的那些太太用目光责备我的母亲)。

照玛莎的说法,黑桃爱司意味着打击。它是直击心灵的不幸,来自纸牌上斧钺末端那颗向上凝视的黑色的心。黑桃爱司象征着魔鬼!玛莎为我布好牌,"心牌"[①]是红方块王后,因为我还未婚。然后将牌一张张取走,直到翻开最后一张画着心的底牌,一脸惊骇:"哎呀呀,小穆霞,你的牌可真糟糕,最后一张竟然是——打击!不过没关系,兴许谁都不会死呢。谁会死呢?爷爷已经过世了,咱们家已经没老人了,也就是说,你可能只是会被妈妈骂上一顿,或者又会和古斯提瓦娜吵架。"我其实再清楚不过了,坚守着心中的秘密:"这并非意味着打击,而是意味着秘密。"这打击其实是问候,是问候给心灵带来的震颤,是喜悦与恐惧敲打在心房,是爱情的悸动。于是,几年后,在热那亚的内尔维,我从"美丽海滨"旅馆的窗子不经意间瞥见他,这个绰号"老虎"的革命者朝旅馆走来,走向幽禁在旅馆之中的我和阿霞。我既是欢乐,又是惊恐,把门房的老奶奶都吓了一大跳:"你怎么啦?你的脸都白了!你究竟怎么啦?"我暗自说道:"是他。"

是的,黑桃爱司就是他。他周身的气息深沉地聚拢在一处,以至皮肤黝黑;他身材短小精悍,宛如一把利刃。他的气质聚在一起,随时准备给人重重一击,就像老虎随时准备腾空跃起。后来,这样的感觉渐渐多了。后来,这悸动脱离了纸牌上的那颗心,来到我的心中。它在我的心灵深处碰撞,怂恿我无所不为。

对我来说,除了黑桃爱司,还有一张牌代表着"他"。这一回,这

[①] 俄罗斯纸牌占卜游戏中,需在画有人物的几张牌中取一张"心牌",用于占卜询问,未婚男女一般取红方块国王和王后。

张牌不是来自俄罗斯人玛莎,而是来自杰尔普特[①]人奥古斯塔·伊万诺夫娜,来自波罗的海贵族的故乡。这一回我们不再占卜,而是做一个众所周知的儿童游戏,这种游戏有个颇为亲切的名称:"黑彼得"。

　　游戏是这样玩儿的:你得把手中的黑桃杰克甩出去——把黑彼得甩掉,就像古时候把热病传给邻居,换作今天的话,把伤风传染给别人。甩出去了,你自己就能逃脱。一开始,牌也多,玩的人也多,简直算不上是游戏,只不过是把手里的纸牌握成小扇子的形状,一圈一圈轮流出牌,黑彼得也混在里面。不过,随着运气与偶然的威力渐渐显露,不少人成功摆脱了黑彼得,牌桌上的玩家越来越少,直至剩下最后两人,游戏这才真正开始。此时的输赢完全取决于玩家那张脸,谁的脸上不动声色,谁的胜算就越大。首先要注意的是呼吸。必须纹丝不动地面对每一个决定以及每一次决定的改变,不管你的对手是抓到了好牌,还是幡然醒悟,忽然失算,还是重新镇静下来,你都要面不改色。摸牌的人得设法绕开黑彼得,出牌的人得赶紧将瘟神送走。摸牌的人要能嗅得出蛛丝马迹,出牌的人则学会立即脱手,学会干扰对方的判断力,使出一切骗术迷惑对方,使其黑白不分,真假难断。比如,一脸无辜地拿着黑彼得,就像拿着一张红方块 6。

　　这是一种多么奇妙的游戏啊!它充满魔力,虚幻无形,心对心,手对手,面对面,一切都坦然相对,只是,牌与牌不能交换和碰撞。我从小就学会了承受最为炽热灼人的秘密,自然是这种游戏的行家里手。

　　我不讲无中生有的东西,因为我写这些札记的目的和价值,在

[①] 杰尔普特:爱沙尼亚首都塔尔图。

于它们与往昔的事实全然一致。我坦然地承认,它们几乎等同于那个有些古怪、却真实存在过的孩子,等同于我。说出来很简单,而且你们大可相信,我玩牌的时候根本就不会把黑彼得偷偷塞给旁边的人。不!恰恰相反,我总是执着地将它据为己有。在这场游戏中,我变成了名副其实的魔鬼之女,游戏的激情和炽热的秘密在我心中显得比爱情的热望更为强烈。这是我和他之间的又一个秘密。当我巧妙而华丽地将他这张牌打出,脱手,便是再一次隐藏了我们的秘密。或许更重要的是,纵使在没有他陪伴的情况下,我也能再一次在别人面前应对自如。每当这时,他便能感觉到我属于他,这感觉前所未有。说到底,黑彼得的游戏其实就是在众目睽睽之下与自己热恋的秘密恋人约会。表面越冷淡,心中就越炽烈;身体离得越远,心贴得就越近;外表越是生疏,内心就越是贴近;表面越是难以忍受,心中就越感到无上的幸福。对于阿霞、安德留沙、玛莎和奥古斯塔·伊万诺夫娜来说,这一切只是游戏罢了,他们尖叫着,伸出手指在我的肚子上戳来戳去,在我周围拿腔作势,群魔乱舞,不停地号叫:"黑彼得!黑彼得!"每当这时,我便无法摆脱窘境,甚至连敷衍了事都无能为力,因为即便是一个浅浅的微笑都会出卖我内心荡漾着的秘密喜悦。拼命遏制的狂喜最终涌向我的手臂,于是我动了手。不过,我因某种坚定的信念而获得了高高在上的优越感,内心则无比充实,激荡的情感几乎涌动出来。战斗完毕,我便居高临下地冲着他们得意扬扬的脸说:"我是黑彼得,可你们,是一群傻瓜。"

  手持黑彼得,我很难掩饰自己的笑靥。不过,当我与黑彼得失之交臂,若想掩饰陡然阴沉下来的脸色,则更是难上加难。试想我摸到的那张牌竟然不是黑彼得,而是红方块 6,它恰恰与手中已有的牌凑成一对,这就意味着我必须出掉这对牌,意味着我正在被挤出这个游戏,而黑彼得必将落入他人之手。于是我带着犯罪的心情和背叛的情绪,在摸到黑彼得的奥古斯塔·伊万诺夫娜周围手舞足蹈,带着挖苦的口吻大喊大叫:"黑彼得!黑彼得!"或许,这比像根石柱似的立在一群发狂的"胜利者"中间随时准备大打出手要更有英雄气概(也更令人愉快)。

或许,我是否将这个游戏讲述得太虚幻?可我又能说些什么呢?其实几乎没有任何外在行动,整个游戏都在内心世界里进行。有的只是些手势,还有纷飞的纸牌。这里唯一重要的是让纸牌成对,以便将它们抛出。这里没有王牌,没有赌注,没有大牌吃小,更无所谓国王,无所谓王后和杰克。所有纸牌都失去了本来的意义,整整一副纸牌,有意义的只有一张,那就是他!可他却是被人们屡屡回避的那一个。这游戏需要的不是拿,而是给。这游戏虚幻无形,又有些可怕,它确实暗藏着某些来自地狱和冥土的恐怖。双手逃过敌人的围捕。人们在地狱狂笑、战栗,互相躲避那灼烧的煤炭。

这游戏的含义很是深刻。所有的牌都成对,唯有他形单影只,因为与他成对的那张牌在游戏开始之前就被踢出了局。每张牌都要找到与自己成对的那张,同它一道离去,就像一位美人或女冒险家最终出嫁,悻悻退出自己的舞台。它们离开了牌桌,离开了一切机遇和可能,避开了独自一人的未来,更或者,避开了历史的遭际。它们静静地退到一旁,退到人们不再关注,也不再需要的那堆纸牌中间。这是多么可怕的一堆纸牌,它们的游戏已经终止,它们成双成对。而他得到了整张牌桌,他成为唯一的存在。

我与黑彼得之间隐秘的交往还有另外一种方式,那就是通过一种叫作"魔鬼——魔鬼,玩儿一会儿就交出来!"的游戏。之所以称其为游戏,是因为"玩儿一会儿"这个词,而且玩儿的人是他,求他把东西"交出来"的那个人却没什么可玩儿的。他拿去玩儿的都是些珍藏已久的东西,比如,爸爸的眼镜,妈妈的戒指,我的铅笔刀。"只有一种可能,那就是魔鬼把它们拿走啦！小穆霞,快把手帕系在桌子腿上,然后说三遍,像这样——可不能凶巴巴的,要温柔地说:'魔鬼——魔鬼,玩儿一会儿就交出来吧,魔鬼——魔鬼,玩儿一会儿就交出来吧！'"

扎成结的手帕翘起两个角,就像两个犄角。年幼的我向魔鬼发出请求,像被催了眠似的在空荡荡的大厅里徘徊,我什么也不寻找,全部希望都寄托在魔鬼身上,只顾一个劲儿地念叨:"魔鬼——魔鬼,玩儿一会儿就交出来吧……魔鬼——魔鬼……"于是便交出来了。仿佛有人亲手递了过来,放在洁净的镜台上,要知道那里刚刚还是空无一物,我在那儿绝望地寻找了很多次都一无所获。或者偶然将手伸进口袋,发现东西原来就在口袋里！更神奇的是,他会将爸爸丢失的眼镜直接挂在爸爸的鼻梁上,而妈妈丢失的戒指又重新戴在了那个手指上。

可是为什么魔鬼不会把在大街上丢失的东西还回来呢？一定是因为街上没有桌腿,没法把手帕绑在上面。总不能系在路灯的灯柱上吧！别人总是拿着手帕到处乱绑（这可真可怕！比如,有一回,阿霞由于太匆忙,就把手帕系在了坐浴盆的山羊腿上[①]）,我却有属于自己的秘密场所,一把无比珍爱的安乐椅……不过还是不提椅子了吧,因为我们三塘巷的这所房子里,每一样家具都说来话长！

自从家里来了个叫阿尔芳辛·迪荣的巴黎女人,"魔鬼——魔鬼,玩儿一会儿"这句话就被带有天主教色彩的彬彬有礼的冗长话语代替:"圣安东尼·德·巴杜,请帮我找回我的丢失之物。"此情此景之下,这句话让我感到颇为不悦,因为在喊了三次既不用停顿也

---

① 坐浴盆:法国人发明的一种盥洗用具,旧式坐浴盆有四条腿支撑,状似山羊腿。

不用吞音的"魔鬼"之后，突然来了一句"圣安东尼·德·巴杜"，如同强加在后面似的，令人难受。况且，我的东西当然是魔鬼找到的，而不是安东尼（保姆则满腹狐疑地说："安、安东？圣、圣人？这个法国妞！这种小孩子把戏还用得着烦劳圣人？"）。直到现在，一提起我们的圣人——安东尼·巴杜安斯基①的名字，我的眼前都不能不浮现出两角翘起的魔鬼的手帕，耳畔则回响起自己那无比平静、充满安慰的细语："魔鬼——魔鬼，玩儿一会儿就交出来吧，魔鬼——魔鬼……"仿佛我已经找到了丢失的心爱之物，仿佛无论何时丢掉什么，魔鬼都会把它们找回。

可是有一样东西魔鬼始终没有还回来，那就是我自己。

此时已经无关瓦列里娅的诡计，无关母亲的"红榴石"，无关玛莎的纸牌，无关那个来自波罗的海的游戏。这些只不过是促成联系的媒介。我和魔鬼有着直接的、与生俱来的联系，它只属于我自己，是一根我和他之间直接相连的引线。我童年时（或者说幼年时）最早经历的隐秘的恐惧和可怖的秘密，便是："上帝——魔鬼！"魔鬼总是一成不变地跟在上帝后面，悄无声息，迅疾如闪电。在此瓦列里娅已经无关紧要，话说回来，这又能与谁相关呢？这与书籍和扑克牌又有什么关系？与之相关的只有我，自出生起它便埋藏在我心中，如同在摇篮里被赐予了某种天赋。"上帝——魔鬼，上帝——魔鬼，上帝——魔鬼。"我曾无数次呢喃，因为亵渎神灵的恐惧而浑身发冷，却不能自已，只能等那个仿佛有着独立思维的舌头自动停止下来。"上帝保佑，别再让我祈祷'上帝——魔鬼'了。"然而仿佛从链条上脱落下来，撕扯下来，出口的仍是："上帝——魔鬼！上帝——魔鬼！上帝——魔鬼！"随后，又像《卡农》似的将六个音符倒

---

① 圣安东尼·德·巴杜的俄文译音。

过来弹:"魔鬼——上帝!魔鬼——上帝!魔鬼——上帝!"钢琴的键盘是我的脊背,我的脊骨,流淌着冰凉的恐惧。

　　上帝与魔鬼之间没有一丝裂隙,你无法将自己的意志灌注其中;也没有丝毫间隔,可以让你像伸进一根手指一般导入自己的意识。你无法以这种方式制止这恐怖的结合。上帝身上可以飞出魔鬼,魔鬼也可以闯进上帝的身体——"上帝"的词尾便孕育着魔鬼的开端①。(唉,假如当初我能想到,这句亵渎神明的"上帝——魔鬼"完全可以用"烈犬——魔鬼"②来代替,该会免去多少无谓的折磨啊!)啊,这真是上帝的惩罚和折磨,就像笼罩埃及的黑暗!

　　或许,事情其实更简单。或许,一切只是源于我与生俱来的诗人习气——对比和对照的关系总能激起我炽烈的热情。我从小就爱玩儿"黑的白的别买账,是与不是都别讲"③。只不过我的玩法和这个游戏恰恰相反,我只说"是——不是","黑——白","我——大家",还有"上帝——魔鬼"。

　　十一岁那年,我在洛桑做了平生第一次也是唯一一次真正的忏悔,我对天主教神父讲述了这一切。在忏悔者面前,神父总是隐形的,因而我始终没有见到这位神父。他,确切地说,是藏在黑栅栏后的那个家伙,是黑栅栏后面那双黑眼睛,对我说:"可是,斯拉夫小女孩,这只不过是魔鬼最平常的引诱!"可他忘了,对于他这样世故而老练的人来说,可能是"平常的",可对于我来说,又是何种感受呢?

　　这平生第一次忏悔发生在陌生的教堂,陌生的国度,使用的是陌生的语言,然而在这之前,我还规规矩矩地做了平生第一次东正

---

① 俄文中"上帝"(бог)一词以 г 结尾,而"魔鬼"(черт)一词以 ч 开头,二者形近。
② 俄文中"烈犬"(дог)一词与"上帝"(бог)形近,只有首字母不同。
③ 俄罗斯民间游戏,需要念这句顺口溜,然后快速回答问题。

教的忏悔。我当时七岁,在莫斯科大学的教堂,对着父亲熟识的神父,一个"学院教授"进行了忏悔。

"等你做完忏悔,就把这个卢布交给神父……"有生以来,我还从没将一个卢布攥在手里,自己没拥有过,也没摸过别人的。在布赫捷耶夫家的铺子,用一个可怜的铜戈比就能换两块牛奶糖,那么一个银光闪闪的卢布该能换多少牛奶糖呀!兴许不止能换牛奶糖,还能换好几本小人书,比如《阿克修特卡奶妈》,或是《小鼓手》(这些都是两戈比一本)。难道仅仅为了减轻负罪感和隐瞒罪过带来的不快,我就要把这一切,把牛奶糖和阿克修特卡,都交与别人吗?我总不能对着爸爸这位体面的熟人,这位明显对我颇有好感的院士,说我经常念叨"上帝——魔鬼"!我总不能说自己常常去瓦列里娅的房间,去和一个全身赤裸的大狗约会。更不能说总有一天我会和这个全身赤裸的大狗——和溺死鬼的首领结为夫妻。难道仅仅为了避开那些致命的危险,或者说,避开死亡("有个小女孩在忏悔时隐瞒了自己的罪过,第二天,她去领取圣餐,忽然倒地身亡……"),我就要把这笔财富一并交到这个"院士"手中?!

崭新的卢布凉丝丝,圆滚滚,就像一个浑圆的数字零。它的边缘被打磨得很锋利,牙齿一般嵌入我的掌心。我坚定不移地攥紧拳头,整个忏悔的过程中都坚守着一个信念,那就是:不给!最后一秒我才交出手中的卢布,在即将离开的那一刻,我做出巨大的努力,强迫自己放手。我之所以这么做,完全不是因为不给钱的行为很恶劣,而是出于恐惧。万一神父穿过整个教堂,从我身后追上来可怎么办?真是没得说,我满脑子都是卢布,而且压根儿不敢把我那些阴暗的、不光彩的事情告诉神父。神父问一句,我答一句。他又怎么可能知道需要向我提出这样的问题:"你有没有说过,比如说,上帝——魔鬼之类的话?"

他没有这样问,而是提出了另一个问题。他提出的第一个问题,也就是我人生中第一次忏悔面临的第一个问题是:"你有没有用'鬼'这个字骂过人?"我没有听懂,然而由于我一直是大家公认的聪明女孩,隐约感到这个问题有辱于我的自尊,于是不无傲慢地答道:"当然了,我总是这么做。""哎呀呀呀,真羞人!"神父深表遗憾地摇着头,"亏你还有一对敬神信神的好父母。要知道只有男孩子们在街上才会这么说呀……"

　　这桩加在我头上的不知名的罪过令我感到些许不安,不过多半还是因为好奇——我总是这么做的那件事到底是什么？于是几天后,我问母亲:"妈妈,用'鬼'骂人是什么意思?""用'鬼'——什么?"母亲问。"用'鬼'骂人。""不知道。"母亲沉吟片刻,"可能是替鬼祈祷吧。话说回来,你到底是从哪儿听说的?""男孩子们经常这样在街上骂人。"

　　神父提出的第二个问题性质完全不同,却更加令我惊讶:"和男孩子接过吻吗?""有过,但不经常。""和哪些男孩子呢?""瓦洛佳·茨维塔耶夫,还有安德烈耶夫家的鲍利亚。""你妈妈允许你这么做吗?""和瓦洛佳是可以的,但是鲍利亚不行,因为他上的是科米萨罗夫中学,那儿经常有人得猩红热。""既然妈妈不允许,那就不应当接吻。可这个瓦洛佳·茨维塔耶夫又是谁呢?""是米佳叔叔的儿子。不过我和他很少接吻。只吻过一次。因为他住在华沙。"

　　(哦,瓦洛佳·茨维塔耶夫,这个穿红色绸缎衬衫的小男孩!他和我一样长着一颗大头,但这不是他的错。这个瓦洛佳,他在我家待了三天,整整三天都在地板上滑个不停,从前厅滑到镜子,就像从来没见过镶木地板似的。这个瓦洛佳,他总是把"乌斯宾斯基教堂"说成"乌斯宾斯基栅栏",还一遍遍帮我纠正。瓦洛佳,母亲是多么喜欢他呀,他竟对母亲宣布,我要是去华沙,就让我住在他的房间,睡在他的小床上。

不过这同魔鬼有什么关系呢？唉，其实这些都是魔鬼，魔鬼便是隐秘的热情。）

我没有出卖我的魔鬼，并隐瞒了所有重要的秘密，第二天领圣餐时自然郁郁寡欢，而且不无胆怯。因为母亲的话还萦绕在耳际，这番话描述的情景仍栩栩如生地浮现在眼前："有个小女孩在忏悔时隐瞒了自己的罪过……"当然了，打心底里我一点也不相信会有这种死法，因为人们通常死于糖尿病啦，盲肠炎啦，还有一回，塔鲁萨的一个农夫被雷电劈死了。如果非得是荞麦粥，那就可能是由于一个荞麦粒。荞麦粒没有咽进食道，而是进了气管，自然会呛死。再不然就是踩到了一条蝰蛇……这些都会让人死掉，可是……

因此，我并没有倒地，也没有感到惊愕，而是畅饮了圣餐酒，安然无恙地回到家人中间。随后，大家都向我祝贺，也祝贺母亲"女儿领了圣餐"。要是他们知道这个领圣餐的我是个怎样的人，要是母亲知道我的真面目，真不知会做何感想。我心中没有一丝喜悦，无论是大家的祝贺，还是身上漂亮的白裙子和巴尔特斯铺子①里的点心，都无法令我开心，因为我觉得自己完全受之有愧，然而心中也并无一丝懊悔，有的只是秘密伴随的孤独感。一直是那同一个秘密，伴随着同一种孤独。当我在耶稣救世主教堂冰冷的大堂里无止无休地做着祷告，我便经历着这种孤独。不经意间昂起头，在教堂的穹顶望见可怖的上帝，我既清晰又模糊地看到自己的影像，感到自己离开了教堂华丽的地面，飞升到半空中，划着双臂，就像一只泅水的小狗。我飞过祈祷人群的头顶，甚至还用手脚碰到他们的身体。然后我飞得更远，更高，已经直起身子，像鱼一样游着。看，我穿上

---

① 巴尔特斯铺子：茨维塔耶娃姐妹童年时期钟爱的一家点心店。

了玫瑰色的花朵形状的芭蕾舞裙,在教堂穹顶的下方,轻盈地飞来飞去。

"奇迹!奇迹!"下方的人群呼喊着。我报以微笑,就像《睡美人》里那些贵族小姐,清楚地意识到自己卓尔不群,高不可攀。哈,就连警察伊格纳季耶夫都够不到我!甚至是大学里的学监也无法将我抓住!我独自一人脱颖而出,独自一人高高在上,与那可怖的上帝比肩,穿着裙摆宛如花瓣的玫瑰色衣裙,自在地飞舞。

怎么,难道这些也应当讲给那个"院士"听吗?

我之所以一再隐瞒,还由于另外一样东西。在我的生活里,它常常是缺失的,因此仿佛是第二性的,然而它一旦在场,却比所有第一性的东西——恐惧、欲望乃至死亡有着更为巨大的威力。这就是分寸感。用魔鬼来吓唬神父,用大丹犬来引他发笑,再扮成跳芭蕾的,让他感到惊骇,这些显然都有失体面。在神父看来,一切与习惯不符的行径都是有失体面的。做忏悔时,我的举止应当和大家一样。

分寸感之中还包含着另外一种情绪——怜悯。不知为何,我总觉得神父们虽然可怕,却与孩童有些许相似。这一点和老爷爷们一模一样。怎么能给孩子或者老爷爷们讲这些令人作呕、骇人听闻的事呢?

此外,嘴上讲着他的事,常常一口一个"他",但在我心里,他却应当用"那一个",用"你"来指代。口中称其为魔鬼,可对我来说他却是梅莎特,是"你"。这是个多么隐秘的名字啊!即便独自一人,我也不敢讲得太大声,只有躺在床上或是躲在寂静无人的林间草地上,才敢轻声呢喃:"梅莎特!""梅莎特"这个词的音响便是我对他爱的私语。若不是悄声细语地说出,这个词便不存在。它是"爱情"的呼格,而且只是呼格,不做别的成分。

道理很简单,假如我现在写一篇关于你的故事,并将"你"称呼为"他",那么就意味着我在写关于你的事,而不是在对你述说。这便说明,爱情小说都是谎言。真正的爱情必须用第二人称来书写,第二人称最能敞开心扉,它融合了许多,甚至将"我"也包含了进去。"他"则使心上人变得客观,客观化的爱情是不存在的。因为我们从来都不会去爱"他",也从未爱过什么"他",只有面对"你",才会发出一声惊叹!

说到这里,我恍然大悟。只有对你,我才能真正地、发自心底地忏悔和倾诉。只有在你面前,我才能忏悔我心中的你(确切地说,忏悔那些由于你盘桓在我的内心才引发的所有"罪过"),忏悔关于我的一切。

……黑暗不是罪恶,它只是夜的漆黑,是万物的本质。黑暗,意味着黑暗本身。正因为如此,我什么都没忏悔。因为这是我的黑暗,我最亲爱的黑暗!

* * * * * *

不,我和神父们(包括那些院士学者)的往来从来都没好结果。我尤其排斥东正教的神父,他们披金戴银,冷冰冰的,就像祷告结束时塞到你嘴唇底下让你亲吻的冰冷的十字架。我对神父的这种恐惧最初是来自对自己亲祖父的畏惧,他是我父亲的父亲,舒亚县的大祭司弗拉基米尔·茨维塔耶夫(巴尔蒙特学过的那本神学历史课本上就是这样记载的)。他已经是个很老的老人了,花白的胡须微微向四周翘着,手里托着个小盒子,里面站着一个洋娃娃。不过,我最终还是没有朝他走去。

"太太!神父们来了!是否要见见他们?"

一瞬间,一块块银币便开始在手掌里翻动,银色的钱币从这只手溢出来,流到另一只手里,又从另一只手流到纸上,一份份包好。

这些给神父,这些给助祭员,这些给诵经员,这些给烤圣饼的厨娘……分银币可不能当着小孩子的面进行,因为,让我们这些白银时代的孩子去见识出卖耶稣的那三十个银币,的确有些不妥。银币叮叮当当的声音混合着长链香炉的声响,银币的冰凉混合着绸缎与十字架的冰凉,神香的烟雾与内心云山雾罩的不舒适感融在一处,汇成沉重的一团,费力地爬上大厅的天花板。大厅四壁贴着雾凇一般冰冷的白色墙纸,看上去白花花一片。伴随着这一切的是一声声令人费解的呼喊,带着命令的语气,令人厌恶:

"祝福吧,大主教!"

"噢——噢——噢……"

在场的一切似乎都变成了那"噢噢"的喊声,大厅里回荡的是"噢",天花板上浮游着的是"噢",神香里燃着的是"噢",手提香炉里飘出来的还是"噢"。神父走了,什么也没留下,只有一丛丛蓬莱蕉上似乎还缭绕着"噢"的声音,那是神香的气息。

这些礼拜活动对我来说简直是嚎叫。在我听起来,"神父们来了"完全像是"死人们来了"一般。

"太太,死人们来了,是否要见见他们?"

> 中间是漆黑的棺椁,
> 牧师拖长了声音说:
> 让坟墓带它去吧!

在我的童年里,这个黑色的棺材就停放在每一位神父的身后,静悄悄地,从那披着锦缎的身躯后面好奇地窥探着我,威胁着我。哪里有神父,哪里就有棺材。一旦来了神父,紧跟着的必是死者的棺椁。

即便是三十多年后的今天,在每个神职人员背后我都无一例外地看到一个死者。每个站立着的神父身后都有一个长眠不起的亡魂,而且,只有东正教的神父才会让我产生如此印象。每一场东正教礼拜,对我来说都是安魂的弥撒。唯有一个例外,那就是复活节礼拜,它高唱着耶稣的复活,并从张着巨口的高渺的苍穹,摇落世间无尽的尘埃。

不论神父在做什么,我都觉得,神父是在向他俯首顶礼,对他极尽奉承。他们竭尽全力地劝说着,甚至是在念咒:"躺下吧,躺下吧,我来给你唱支歌……"或是:"喏,躺下吧,躺下吧,有什么大不了的……"就这样不停地哀求着。

小时候,我总觉得神父就是巫师。他们边走边唱,边走边挥动着手臂,边走边布阵施法。他们一圈一圈地绕着,周围烟雾弥漫。他们穿得那么华丽,那么烦琐,显然是我们的异类①,而不像瓦列里娅床边坐着的那个魔鬼。魔鬼是那样朴素,肤色灰白,不着寸缕,若不是浑身的气派风度,简直就是个穷鬼。

由于神父的缘故,由于他们那银色小山似的脊背——他们如山的脊背是为了遮掩身后的东西,我觉得上帝也是一个可怕的神父,一座最为可怖的银色大山,是庞大的亚拉腊山,就像童年的绕口令里唱的:"亚拉腊山上三只山羊在叫喊。"这三只山羊之所以不停地叫唤,当然是因为害怕,它们独自与上帝为伴,因而无比恐惧。

对我来说,上帝就意味着恐怖。

整个童年时期,我在教堂里感受到的唯有冰块一般寒冷、雪一般苍白的最为死寂的寂寞,除此之外别无他物。别无他物,唯有令人苦恼的期盼:究竟什么时候才能结束?随后我绝望地意识到:永

---

① "我们的异类"是俄罗斯民间对鬼的另一种称呼。

远不会有结束的那一刻。这感觉比在音乐学院的大厅里听交响乐演奏会还要糟糕。

＊ ＊ ＊ ＊ ＊ ＊

上帝是疏离的,魔鬼才是亲近的;上帝是冰冷的,而魔鬼是炽热的。二者都不善良,却也都不邪恶。我只爱其中的一个,另一个则不爱。因为我只了解其中的一个,对另外一个一无所知。我所知所爱的那个也爱我、知我,另一个则对我不知也不爱。人们把其中一个强行灌输给我,将我拖进教堂,整日立在那儿祷告。困意袭来,圣像前的枝形烛台便在我眼中逐渐模糊,一分为二,两个幻影分分合合,伴随着一声声含混不清的"阿龙"与"法老"[①],还有那令人费解的斯拉夫语。人们强迫我去接受这一个,而另外一个自动走进我内心,人们对此一无所知。

＊ ＊ ＊ ＊ ＊ ＊

不过,天使我确实有些喜爱。我记得其中一个天使是天蓝色的,画在一张金灿灿的纸上。这张纸散发着灼热的气息,仿佛在燃烧,仿佛按捺着一团呼之欲出的烈焰,噼啪作响。它之所以灼热,还因为我那时常滴落在上面的泪水。我的泪水永远是滚烫的,它时刻沸腾着,难以平息,有时流到心里,在我心中灼烧;有时则淌在我那火炉般赤红的脸颊上,独自悄无声息地挥发殆尽。还有一个,是草莓天使,同样来自德国,来自德语诗《天使与草莽》的彩绘插画。(我还记得诗里有这样一句:"在那红色的草莓的洪流中……")

有个小男孩在林间的草丛里采草莓。他忽然看见面前站着另外一个小男孩,身躯比他高大,一袭白衣,长长的头发打着卷,像小姑娘似的,头顶上还戴着个金色的圆环。"你好呀,小男孩,把你的

---

① 俄语中,这两个词形近,因而用于比喻烛台分分合合的重影和含混不清的状态。

草莓给我一点吧！""亏你想得出来！"第一个小男孩从地上爬起来，甚至都没有脱帽，"想吃自己摘，你还是赶紧走开吧，这片草地是我的！"说着，他又一头扎进草丛，继续寻找草莓。突然间周围传来一阵轰鸣。森林可从来没有发出过这样的声响。小男孩抬起头，看到白衣男孩已经飞升到草地上空……"可爱的天使！"这个粗鲁的男孩赶忙叫起来，摘下头上的小帽，"回来吧！回来吧！把我的草莓全都拿去！"然而已经迟了。白衣下摆的边缘已经飘在了白桦树上方，就算爬到最高的那棵白桦树上，不管怎样伸手都够不到了……这个贪吃的小男孩脸朝下跌倒在不幸的草莓上，呜呜地哭着。同样贪吃草莓、同样粗鲁的我，也跟着他一道哭了起来。

从这以后，我见过许多长满草莓的林间草地，每一片草地上，我都仿佛看见白桦树上空那一去不复返的白色衣襟。从这以后，我吃过许多次草莓，放入口中的每一颗果实都让我的心蜷缩起来，甚至连"草莽"这个词，在我的意识中都永远成了天使般的话语。亚当、夏娃、苹果和蛇的故事都没有如此强烈地左右我的善恶观，反而是这两个男孩，一小一大，一个可恶，一个善良，一个采摘草莓，一个飞上云端，是他们决定了我对善的认识。若说我一生中见过如此之多的"草莽"，不管是在草地上，还是在室内，并在他们身上看见了天使、天魔与神仙，那么，这或许就是源自当时让我倍感灼痛的恐惧。我只经历了一次这样的恐惧，便牢牢记住：不要错把天神当凡人。

每个傍晚，周遭都会被一片无尽的红霞笼罩，之后暮色四合，无边无际的黑夜降临。哦，这绯红的晚霞总是那么姗姗来迟，黑沉沉的暮霭却来得那么早。每个傍晚，母亲和瓦列里娅都会去郊外开始她们的二重唱——夏季在奥卡河上泛舟，秋天则沿着大路漫步，先是走过一片白桦林，然后才来到开阔的大路上。只有在歌声中，本性相互为敌的二人才合为一处，不，融合在一起的并不是她们本人，

而是她们的声音——母亲那低沉而腼腆的女低音,还有瓦列里娅那一再挑战自己声音极限的女高音:

> 无论是火焰,还是煤炭,
> 都无法如隐秘的爱情,
> 燃烧得那般炽烈。

"火焰""煤炭""隐秘""炽烈"……这些词语真正在我胸腔里燃起了熊熊烈火,仿佛这些词语并未入耳,而是被我吞咽了下去,仿佛我在用喉咙吞咽着燃烧的煤炭。

> 无论玫瑰,还是丁香,
> 都无法抚慰,那热恋着的灵魂,
> 它苦苦思念着,一片无形的海洋。

这时,我便感到有一双眼睛不怀好意地盯着我,想必是"那热恋着的灵魂"。换言之,也就是心脏。和所有人都有的那颗心脏没什么两样。不过,事情并非这么简单。这段歌词让孩提时期的我永志不忘地牢牢记住:热恋,便意味着灵魂。而灵魂就是海洋呵!它意味着看见,意味着苦苦地思念,它维系着经脉和血管[①]。从血脉深处苦苦思念着一片海,一片玄而无形的大海——这就是灵魂,这就是爱情。无论是玫瑰,还是丁香,都无法抚慰这样的灵魂呵!

当歌曲唱道:

---

① 德语中,"海洋""看见""思念""血管"等词与"灵魂"一词形近,故有此联想。

> 让镜子的水晶,
> 刺入我的心脏……

我真真切切地感受到瓦列里娅那面绿色的威尼斯镜子进入了我的胸腔,这面镜子镶着锯齿般的水晶花边,锯齿缓缓刺入我的心脏,嵌入我心中。于是,这面椭圆形的镜子便整个儿地安放在了我心里。镜面中部仿佛无底深渊,吞噬着我的全身,占有着我的灵魂。

母亲心中的镜子里装着的是谁?瓦列里娅的镜子里映着的又是谁?(四岁的我生命中的一个夏天,她们的镜子里摄入了一个人,她们为他四手联弹,为他刺绣,为他二重唱……)那么我呢?我当然知道自己的镜子里装的是谁。

> ……为了让你相信,
> 我心中那忠贞的爱情。

她们拖长了声音唱着这两句,并且重复了两遍,仿佛是想向他表明心迹。五岁的我并不明白"meinen"(想,动词)这个词的意思,但知道"mein"——"我的",我还知道属于我的那个人是谁,知道"Meyn"(梅因[①])——我的外公亚历山大·达尼罗维奇。语词上的关联让"梅因"卷进了这首歌,于是外公也仿佛卷入了一个秘密。我忽然觉得,外公心中也藏着这样一个人。

随着奥古斯塔·伊万诺夫娜的离去(正是她把这首歌带到我家),我的童年时代宣告终结。我已经七岁,魔鬼的幻影也消失了。我再也看不到他,那个坐在瓦列里娅床上的魔鬼,就这样消失了。

---

① 梅因:茨维塔耶娃外祖父的姓氏。

然而，直到我离开三塘巷，直到我嫁人，每次走进瓦列里娅的房间，我都会朝着那张床迅疾地瞥上一眼，就像那束倾斜着照进房间的阳光，心中默默询问：你可还在那里？

（房子很快被拆毁了，连床腿都已不复存在，可他还在那里坐着！）

不过我们之间还有一次会面，可以说，时光又跳回了童年。看来他并不舍得与这个小姑娘分离。

那时我九岁，得了肺炎。时间是复活节前后。

"穆霞，从复活节市场给你带点什么回来呢？"母亲问。她已穿戴完毕，准备出门，身边是安德留沙和阿霞。身上的新校服让安德留沙的个头儿显得更高，阿霞则披着一件我去年穿过的皮大衣，显然是过长了，下摆拖到地上，使她看上去更矮了。一行人站在一起，真是参差不齐。"我要装在瓶子里的魔鬼！"这句话蓦地从我口中飞出，迅疾得就像魔鬼飞出了魔瓶。"魔鬼？"母亲惊奇地问，"不想要一本小书吗？集市上也有书卖，满货摊都是。十个戈比就能买整整五本小书，比如说，有塞瓦斯托波尔保卫战的，有彼得大帝的。你最好考虑一下。""不，还是要……魔鬼吧……"我轻声说道，嗓音嘶哑，羞愧难当，简直难以启齿。"那好吧，魔鬼就魔鬼。""我也要魔鬼！"总是跟在我后面亦步亦趋的阿霞也立刻纠缠起来。"不行，你不能要！"我严厉地轻声反驳。"妈——妈！她说我不能要！""那是当然了，不能……"母亲说，"第一，是穆霞先说的。第二，为什么要买两个同样的东西，何况是这么愚蠢的东西？而且，它迟早会被摔碎的。""可是我不想要彼得大帝的小书，"阿霞已经开始激动地尖叫，"它也会被撕破的！""也别给我买书，妈妈，求你了！"安德留沙也不安起来，"我已经有关于彼得大帝的小书了，我什么书都有……""不要小书，妈妈，好不好？妈妈，好不好？"阿霞依旧咬住不放。"唉，好好好,不买小书。不给穆霞买书,不给阿霞买书,也不给安德留沙买书,你们都会满意的!""那么给我买什么呢,妈妈?给我买什么呢,妈妈?"阿霞已经开始像啄木鸟敲打树干一样死缠烂打,吵闹异常,以至于我都没能听到母亲的回答。不过这些对我来说已经无所谓了,不管给阿霞买什么,我都会得到自己想要的那个。

"看,穆霞,你的小魔鬼。不过我们先来把敷在脸上的毛巾换一换。"

敷在脸上的毛巾简直令人窒息,然而人总是有足够的气息去爱。我躺在床上,把它紧紧抱在怀里。它呢,自然是小小的,看上去甚至有些可笑,不是灰色的,而是漆黑的,和我的那个魔鬼没有分毫相似之处,然而不管怎样,名字总归是相同的。(大凡关乎爱情,重要的无非是知觉与名字,这个道理我已经亲身检验。)

我用高烧三十九度的手掌握紧圆形的瓶底,魔鬼便跳了起来。哈,他跳起来了!

"睡觉的时候就别抱着它了。万一睡着了,会把它压碎的。一旦觉得自己快睡着了,就赶紧把它放到旁边去,放在椅子上。"

"一旦觉得自己快睡着了!"这话说得容易。我一整天都觉得自己快睡着了,于是整天都睡呀,睡呀,睡梦中闪过无数狂乱的幻影,伴随着喜悦的高声尖叫:"妈妈!国王喝醉啦!"恍惚之中,我手里还端着一只高脚杯。我指的是挂在床头的那个国王,"他戴着黯淡的王冠,胡须浓密",我称他为"森林之王"。后来我才意识到他的真正身份:"图勒有位国王,一生忠诚可佩,爱妃在临死时,送他一只金杯。"[1]这位国王总是将金杯握在手里,从未送到嘴边。这位国王从

---

[1] 原文为德语。《图勒国王之歌》中的诗句,北欧民歌,歌德将其编入《浮士德》的插曲。

不喝酒，却突然喝醉了！

"怎么又开始说这些奇奇怪怪的胡话呢！"母亲说，"国王喝醉了！难道九岁的大姑娘还会说这种胡话吗？难道国王会喝醉吗？又有谁在你面前喝醉过？而且，'喝醉'又是什么意思呢？偷读《通讯》上那些写酒宴和晚会的小品文就是这个下场！"可她却忘了，是她把这个至尊的酒鬼描在了画布上，并把它放置在我视野和意识的前缘，使我每天清晨都能看到它的形象，意识到它的存在。

有一天，母亲看见我依然攥着魔鬼不放，拳头都变得冰凉了，于是问："你怎么从来都不问我，为什么魔鬼会跳呢？这多有趣呀！""是……呀！"我拖长了声音，半信半疑地说。"这的确很有趣呀，"母亲暗示着我，"按一下小瓶子的底部，突然它就跳起来了。想想看，它为什么会跳起来？""我不知道。""瞧见了吧，我早就看出来了，你身上没有一星半点求知好学的火花，为什么太阳会升起，为什么月亮有阴晴圆缺，你都不关心。说说看，魔鬼为什么会跳？这些你都无所谓吗？""是的。"我悄声回答。"也就是说，你承认了，这些对你来说都无所谓？但是觉得无所谓是不对的。太阳升起来，是因为地球会转动，月亮有阴晴圆缺，也是类似的道理，魔鬼在玻璃瓶里跳，是因为玻璃瓶里有酒精。""噢，妈妈！"我突然兴高采烈地号叫起来，"魔鬼——酒精。妈妈，这是不是押韵的？[①]""不是，"母亲难过地说，"魔鬼——蛋糕，这才是押韵的[②]，而酒精……我想想看，想想，酒精……大概不押韵……""那瓶子呢？"我兴奋地问道，充满了求知欲，"瓶子和储钱罐是不是押韵的？我再说两个可以吗？我还能想出几个来呢：后脑勺，穆尔吉尔卡……""穆尔吉尔卡不行。"母亲说，

---

① 俄语中，魔鬼和酒精这两个词词尾辅音相同。
② 俄语中，魔鬼和蛋糕这两个词押尾韵。

"穆尔吉尔卡是个专有名词,何况还带有滑稽色彩……魔鬼为什么会跳,你明白没有?瓶子里装着酒精,手掌使它受热,它就会膨胀起来。""说得真对,"我迅速附和道,"受热——膨胀,也是押韵的吗?""也押韵,"母亲回答,"那么现在告诉我,为什么魔鬼会跳?""因为他膨胀了。""什么?""要么就是反过来,他受热了。""谁?谁受热?""魔鬼呀。"这时,我看见母亲的脸色正阴沉下来,赶紧改口:"不对,应该反过来,是酒精。"

晚上,母亲来我床前道晚安,我强压着心中的喜悦,说:
"妈妈!原来'酒精'是可以押韵的,不过是用德语,可以吗?

他们曾经在草地嬉戏,
如今躺在山顶的坟茔,
让他们再次为你歌唱,
小牧童呵,我的小牧童!"

"耶稣复活了,于是魔鬼碎掉了!"复活节清晨,阿霞的保姆亚历山德拉·穆欣娜站在我床前,无比庄重地宣布。"快点,快点,赶紧把碎片交出来!""不是这样的!"我吼了起来,手里紧紧攥着魔鬼那珍贵的残骸,两腿踢打着绷得紧紧的被子。"他不是因为耶稣复活才碎掉的,是我不小心躺在他身上了……我只是睡觉的时候把他压碎了,就像所罗门的审判那样。""你瞧,也就是说,你和邪恶的东西一起睡觉,上帝惩罚你啦。""你自己才是邪恶的东西呢!"我吼叫着,不停踢打的双腿终于帮助我摆脱了被子的束缚。"上帝惩罚的是你,你看到别人的不幸,还幸灾乐祸!""还说不幸呢,"保姆嗤之以鼻,"魔鬼碎了,竟然说是不幸!你亲叔叔费佳[①]死的时候,恐怕你也没这样哭吧,现在为了个讨厌的魔鬼就闹得这么厉害,上帝原谅!""你胡说!胡说!胡说!"我继续嘶喊着,像魔鬼那样跳了起来。"我才没有哭,难道你看不到吗!一会儿要哭的是你,等我把你……"我一边说着,一边四下寻找,可周围除了体温计,什么也没有,于是说:"等我亲手把你撕碎,你这个可恶的女妖!"

"什么?"母亲走了进来,问道,"这是在干什么?这演的又是哪出戏?""没什么,太太,"保姆装出一副恭顺的样子,真是虚伪透了,"只不过小穆霞在神圣的耶稣复活日骂了两句鬼话,是咧……""妈妈!我的魔鬼碎掉了,可她说是因为上帝!""什么?""她说上帝惩罚了我,因为我爱魔鬼比爱费佳叔叔更多。""真是胡说八道!"母亲猛地转过身去,"难道这两件事可以相提并论吗?保姆,去厨房忙你的吧。可是复活节的第一天就说鬼话骂人,这也太……今天你得说'耶稣复活了'呀!""没错,可是她说,魔鬼是因为这个才碎掉的。""胡说!"母亲斩钉截铁地说,"只不过是个巧合。它之所以碎了,是因为注定要在某个时候碎掉。你倒好,和这种目不识丁的妇人纠缠不休。亏你还读国立中学的预科班呢……不过,问题在于,你会被割伤的。你的魔鬼在哪儿?"我沉默不语,免得哭出声来,缓缓地张开手掌。"可你手上什么也没有呀!"母亲仔细地查看着,问,"它到底在哪儿?"我哭得喘不过气来:"不知道。我找不着他了。他彻底跳出去了!"

是的,我的魔鬼碎了,连一块玻璃碴、一滴酒精也没留下。

[①] 费·弗·茨维塔耶夫(1849—1901):俄罗斯语文学家,舒亚中学教师,茨维塔耶娃的父亲伊·弗·茨维塔耶夫的弟弟。

＊ ＊ ＊ ＊ ＊ ＊

"现在你明白了,"母亲说,她坐在我身旁,看我在那里静静地流泪,"永远都不要对易碎的东西太过眷恋。它们终究是会破碎的!还记得摩西十诫里说的吗?'不要为自己制造偶像。'"

"妈妈,"我抖了抖脸上的泪水,就像小狗抖去身上的水珠,"'偶像'和什么词押韵呢?是不是'塔玛拉'?"

＊ ＊ ＊ ＊ ＊ ＊

哦,我童年可爱的灰毛狗,我的梅莎特!你并未对我做过什么恶事。虽然《圣经》把你称为"谎言之父",可你还是教会了我事物的本真,让我挺直脊梁。一条笔直的线贯穿我的脊骨,宁折不弯。这条直线来自你的坐姿。你像一只大丹犬,像摆姿势照相的老婆婆,像那静静坐着、始终如一的法老,永远保持着笔挺的姿态。

你让我的童年变得丰盈,让我洞悉了所有的秘密,经历了忠诚的考验,更重要的是,认识了另一个世界。假如没有你,我便不知道它的存在。

我身上那乖张至极的傲慢也归功于你。它带我飞到生活的上空,比俯瞰河流的你飞得更高。这是一种神的傲慢,神的言语,神的举动,以此睥睨万物。

此外,你还让我对狗无所畏惧(是的,是的,即便是面对那些最为凶猛的烈犬!),在人的面前也同样镇定自若。既然我曾与你相处,再凶猛的狗,再狠恶的人,又何足畏惧?

是你让我初次意识到自己的高贵显赫、卓尔不群(马可·奥勒留的书就是这样开头的),因为你从未造访过厢房里别的女孩,唯独选中了我。

因为你,我才犯了第一宗罪。平生第一次忏悔之时,我隐瞒了自己的秘密,从这以后,一切俨然都是犯罪。

是你,将我生命中每一次幸福的爱情击得粉碎,你那独有的评判方式将我的爱情侵蚀,你那不可一世的傲慢扼杀了爱情的幻梦。你决意让我成为诗人,而非沉浸在爱情中的女人。

当我和一群大人玩纸牌,总是有人装作不经意的样子,试图捞走我赢来的赌注,是你驱赶了我眼中的泪水,让我敢于开口:"赢来的钱是我的。"

是你守护着我,让我免于乌合之众的戕害,哪怕是来自报社的攻击。就像《大卫·科波菲尔》里那个凶恶的校长,你在我后背挂了一个牌子:"当心!咬人!"

是否因为你,是否源于我童年对你的爱,我心中才燃起了一种对失意者和被征服者的爱?我眷恋那些末代的王朝,眷恋最后的马车夫,爱世间最后的抒情诗人。

是你,带着不屈不挠的倔强,最末一个登上那最后一艘大船,俯瞰散落在脚下的城市。

上帝绝不可能轻视你——你毕竟曾是他最爱的天使!还有那些把你看成苍蝇的人,更是不该将你小瞧。他们视你为蝇王[①],视你为亿万苍蝇的集合,可他们呢,他们自己便是蚊蝇,目光所及之处无法比自己的鼻尖更远。

我能看到苍蝇,当然也能看到鼻子,看到你那贵族般修长的鼻梁,它毛茸茸的,是灰色的大狗才有的那种。它正一皱一皱地嗅着一群苍蝇——数不清的苍蝇,满是嫌恶地发出呼噜呼噜的声音。

亲爱的,在我眼中,你是一只大丹犬。这便是说,你是烈犬的上帝。

---

① 在希伯来《圣经》中,"蝇王"被视为万恶之首,是魔鬼的化身。

* * * * * *

十一岁,我在天主教寄宿学校读书,竭力让自己爱上帝:

我们忠诚于你,至死不渝,
至死你都是我们唯一的天主,
你召唤我们到自己麾下,
我们誓死保卫你的祭坛……

你并没有阻止我。你只是悄悄沉潜到我内心世界的最底层,将自己的位置礼让给他人。"那好吧,平心静气地体会一下也好……"你从不屈尊为我而战(也不会为任何人、任何事而战),因为你对上帝的一切反抗都是为了获得孤独,孤独便是至高的权力。

你,为我写下人生的信条,也写下了墓志铭:

"切勿屈尊!"

切勿屈尊于何物?切勿屈尊于任何东西,哪怕是面对躺在墓穴里的残骸,也不要低头。

当我直面自己十一年来所有的罪孽,我听到,从异国的忏悔室,从异族人那黑洞般的眼眸中传出这样的声音:

"一块美丽的大理石躺在地上,被轧进了路面。庸庸碌碌的人在上方踩过,把它踩得更深。而一个心灵高尚的人将大理石从泥土中取出,清洗一番,刻成雕像,得以长存。小斯拉夫女孩啊,你要成为自己心灵的雕刻家……"

这究竟是谁说的话呢?

* * * * * *

感谢你赐予我孤独。它无处不在,让我着迷。它形影不离地萦绕在我周围,从我脚下升起,像一双臂膀将我环抱。然而,它又宛如一声悠长的太息,将一切都包容进来,同时将所有人排除在外。

曾经,你化身为一只灰色的大狗,走到我近旁,像保姆一样守护着我,守护着这个小小的女孩,为的是今后的一生她都能独自走过,不要什么保姆,也无须任何人相伴。

* * * * * *

我的凶猛的大狗哦,我童年的梅莎特!你形单影只,你没有属于自己的教堂,也不要任何人的服侍。人们不会利用你的名字,使因肉欲、贪欲而结合的婚姻变得神圣。你的形象也不会高悬在法庭之上——那里,人们用冷漠审判激情,用饱食终日审判辘辘饥肠,用健康审判疾病。同样的冷漠,审判林林总总的激情;同样的饕餮,审判形形色色的饥饿;同样的健康,审判各式各样的疾病;同样的美满,审判各种各样的灾难。

被迫宣誓以及做伪证之时,人们会亲吻十字架,而不去吻你。那些神父——那些仆从和帮凶,也不会将你塑成钉在十字架上的形象,用你堵住被迫害致死的人的嘴。人们不会以你之名来祝福战争与杀戮,你也不会出现在任何机构之中。

无论是教会、法庭、学校,还是兵营、监狱,法规所及之处便不会有你的存在,鱼龙混杂之处便不会有你的身影。

你不会现身臭名昭著的"黑弥撒",不会现身这些自诩享有特权的集会。在这样的场合,人们干尽了蠢事——竟想用聚众集会的方式来爱你!殊不知,自始至终,你都以孤独为荣。

若想寻找你的踪迹,那就到关押暴乱者的单人囚室中去吧,还有被抒情诗萦绕着的阁楼。

你即是恶。你的恶,社会不敢滥用。

1935 年 6 月 19 日

我的普希金

让我们像这样开始,像我们祖母和母亲案头必备的那本《简·爱》里的一章。一切都要从红房间的秘密说起。

红房间里有个神秘的书柜。

不过,在谈到这个神秘的书柜之前,还是先讲讲别的,讲讲母亲卧室里的那幅画——《决斗》。

雪,枯树漆黑的枝丫。两个黑衣人,腋下架着第三个,抬向一架雪橇。此外还有一人,正转身离去,只留下背影。被抬走的那个,是普希金;转身离开的,是丹特士。丹特士向普希金发起决斗的挑战,将他诱骗到一片雪地上。在那里,在残叶落尽的漆黑的枯树之间,将他杀死。

他被杀死了——这是我对普希金最初的了解。后来,我才知道普希金是位诗人,丹特士是个法国人。丹特士对普希金恨之入骨,因为自己不会写诗,便向他发起决斗的挑战,将他诱骗到一片雪地,在那里朝他的腹部开枪,将他杀死。于是三岁的我牢记在心——诗人有腹部,于是我回忆起自己见过的所有诗人。诗人的腹部,它总是饥肠辘辘,它使普希金送了命。我对它充满殷切的关怀,毫不逊于对诗人灵魂的关心。普希金的决斗使我心中滋生了一种女看护般的柔情。具体说来,在我心目中"腹部"这个词有些神圣,即便是"腹痛"这样一个普普通通的词汇也没有任何诙谐色彩,反而使我胸中涨起潮水般汹涌而颤抖的同情之感。这一枪打伤了我们所有人的腹部。

至于冈察洛娃[①],母亲从未提起,我长大之后才对她有所了解。一辈子过去,我对母亲的缄默怀有热切的感激。由于她的沉默,市井的悲剧才成了宏伟的神话。确实,从本质上讲,这场决斗中没有第三者的存在。出席的只有两人:任何人与一个人。这也是普希金抒情诗中永恒的人物:诗人与乌合之众。乌合之众,这次披上了近卫骑兵的制服,杀死了诗人。而冈察洛娃,同尼古拉一世一样,这类人比比皆是。

"不,不,不,你想想看!"母亲说,全然没有顾及"你"的所指。"他受了致命伤,倒在雪地上,却没有放弃射击!瞄准了,打中了,还自言自语地说:'真棒!'"她的语气充满赞叹,作为一个基督徒,她本该这样说才自然:"他受了致命伤,倒在血泊中,却原谅了自己的敌人!扔掉手枪,伸出手去。"这番话显然将普希金连同我们所有人一并带回了他非洲的祖国,这个充满复仇与激情的国度。母亲没有想到,对于几乎还不认字的四岁的我,她的一席话成了一种教诲,影响了我的一生,即便没教会我复仇,却也赋予了我激情。

母亲卧室的颜色非黑即白,没有任何斑斓的色彩。那扇黑白分明的窗子:雪,还有那些枯树漆黑的枝丫。那幅黑白的《决斗》,皑皑白雪之上,赫然是黑暗的恶行。永远的恶行,永恒的黑暗——诗人被杀害,死于乌合之众的掌心。

---

① 娜塔莉·冈察洛娃:普希金的妻子。

普希金是我的第一位诗人,而我的第一位诗人,被杀害了。

从那时起,是的,从那时起,当纳乌莫夫①画中的普希金在我眼前被杀害,那以后的每一天,每一个小时,我的生命也一点点地被杀害了——我的幼年,我的童年,还有我的青少年。我将世界分成两个部分:诗人和众人。我选择站在诗人这边,选择成为他的捍卫者。我要捍卫诗人,使他免于众人的戕害,不管众人何种穿戴,作何称呼。

我们三塘巷的房子里有三幅类似的画。餐厅里挂的是《耶稣向百姓显荣》②,画上的耶稣身形如此之小,却不知为何离得如此之近;他离前景如此之近,却不知为何身形如此之小。这是一个永远都猜不透的谜。第二幅画,挂在大厅里乐谱架子的上方——《鞑靼人》。鞑靼人穿着肥大的白色衣衫,在没有窗户的石头房子里,在白色的石柱之间,正在将首领杀害(又名《谋杀恺撒》)③。再有,就是母亲卧室里那幅《决斗》。两场谋杀,一次显荣。三幅画都很可怕,令人费解,给人威胁之感。画上受洗的人群全然是我未曾见过的样貌,大人孩子都是黑色的鬈发,鹰钩鼻子,赤身裸体。他们侵占了整条河流,连一滴水都看不见。因此,这幅画的可怖程度毫不逊于另外两幅。这一切都是对孩童出色的培养,使其直面那个注定会来临的恐怖的世纪。

---

① 纳乌莫夫(1840—1895):俄国画家,擅长风俗画。《决斗》的全称为"普希金与丹特士的决斗"。

② 《耶稣向百姓显荣》:俄国画家伊万诺夫(1806—1858)的油画,确切的名称为"弥赛亚现身人间"。

③ 这幅画可能指的是意大利画家卡穆奇尼的油画《恺撒之死》(见《母亲与音乐》),画的是恺撒被一群白衣人谋杀的情景。

* * * * * *

普希金是个黑人。普希金长着连鬓胡子(注意！只有黑人和老将军才会留这种胡子)。普希金的头发向上竖起，嘴唇外翻。眼睛和小狗崽的很是相像，漆黑的眸子，幽蓝的眼白。那定是漆黑的眸子，尽管许多肖像将他的眼睛描绘成明亮的浅色。(既然是黑人，那么眼睛定是黑色的①。)

普希金是个黑人，与亚历山大百货店里的黑人一个样。那个黑人旁边立着一只白熊，脚边的喷泉永远是干涸的。我和母亲常去瞧上一瞧，看喷泉是否喷水了。这些喷泉从不喷水，从不攻击他人(它们为什么要这么干呢？)。这个俄国诗人是个黑人。诗人——黑人。诗人，被杀害了②。

(上帝呵，为什么会是这样？从古至今，诗人当中竟有哪一位不是黑人？又有哪一位诗人未曾被杀害？)

不过，在纳乌莫夫的《决斗》之前，还有另外一个普希金。每一段回忆都有自己的"前"回忆，就好比一架消防梯，你后背朝外拾级而下，不知下方是否仍有台阶，而那一级级台阶仿佛永远没有尽头。又好比一片骤然出现在你面前的夜空，你在苍穹之中发现越来越多的星斗，一颗比一颗更高渺，更辽远。在纳乌莫夫的《决斗》之前，还有另外一个普希金，那时我并不知道这个普希金就是普希金。普希金不是一段回忆，而是一种存在的姿态，亘古而恒久。在纳乌莫夫的《决斗》之前，普希金是一片霞光，从霞光中生长，又消逝于霞光之中。他用双肩将这霞光劈开，如泗水者劈涛斩浪，泗渡一条河流。这个通体黝黑的黑人，比所有人都更高大，比所有人都更黝黑。他

---

① 普希金有着浅色的头发和浅色的眼睛。俄文版原注。
② 俄语中，"喷泉喷水"与"击、打""杀死"有相同的词根。

总是保持着微微俯首的姿态,手里拿着一顶帽子。

普希金纪念像不是普希金的纪念像(它并不表示所有格),它只是普希金纪念像,是一个完整的词,由纪念像与普希金组成。这两个概念有着同等的不可理解性,倘若拆分开来便都不复存在。他永恒地矗立着,立在纷飞的雨雪之中。哦,我看见那压满积雪的双肩,这来自非洲的双肩承受着整个俄罗斯的冰雪,又被整个俄罗斯的冰雪压垮。双肩迎着霞光,迎着暴风雪。无论我是来是去,是跑开还是奔来,他永远立在那儿,永远将帽子拿在手中。这就是普希金纪念像。

普希金纪念像是我们散步的目标和终点:从普希金纪念像再到普希金纪念像。普希金纪念像还是赛跑的终点,看谁先跑到普希金纪念像。只有阿霞的保姆头脑简单,有时会简略地说:"让我们去普希金那儿坐坐。"每当这时,我都会一本正经地纠正:"不是去普希金那儿,是去普希金纪念像那儿。"

普希金纪念像是我的第一个空间标尺。从尼基茨基大门到普希金纪念像之间的距离是一俄里,这就是那永恒的普希金里程碑,是《鬼怪》的里程碑,是《冬天的道路》的里程碑,也是普希金一生的里程碑,我们儿童阅读文选的里程碑。它漆着条纹,静静地竖立着,让人难以理解,却又习以为常[①]。

普希金纪念像已经融入了日常生活,他活跃在我的童年生活中,是一个必不可少的角色,就像那架钢琴,抑或窗外站岗的警察伊格纳季耶夫——他也是那样一动不动地伫立着,只是没有那么高罢

[①] "那里它如虚幻的里程碑,在我面前伫立……"(《鬼怪》,普希金在此讲的是一座路标);"不见灯火,也不见漆黑的农舍,四下一片荒原和冰雪……唯有那漆着条纹的里程碑,向我奔来,将我迎接……"(《冬天的道路》)。俄文版原注。

了。童年时,我们每日散步必然前往两个去处(其实也没有第三个去处),普希金纪念像就是其中之一:要么去大牧首池塘,要么就去普希金纪念像。我更愿意去普希金纪念像,因为我喜欢在赛跑时敞开外公送给我的那件卡尔斯巴德①制造的白色"短上衣",甚至是用力将它扯开,它总是像蟒蛇一般紧紧缠在我身上。我喜欢敞开上衣,朝他飞奔过去,跑到他跟前,绕上一圈,然后抬起头,仰望这个有着黝黑脸庞和黝黑手臂的巨人。他从不看我一眼。他独一无二,与我生活中的任何人、任何事物都不相像。有时候,我索性单脚跳跃,绕着普希金纪念像跳跃一周。尽管安德留沙又瘦又高,阿霞体态轻巧,而我胖乎乎的,但是我比他们跑得快,比所有人跑得都快。这是出于一种纯粹的尊严感,一定要跑到终点,即便之后立刻倒地也在所不惜。普希金纪念像标志着我赛跑的第一次胜利,这令我非常愉悦。

　　我与普希金纪念像之间还有另外一种游戏,我的游戏,只属于我自己。在他脚下摆放一个指头大小的白瓷娃娃,只有孩子的小指头那么大。但凡上个世纪在莫斯科长大的孩子都知道,很多瓷器店铺都有这种娃娃出售。有的是蘑菇下面的小矮人,有的是打着雨伞的小孩子。将如此小巧的娃娃摆放在巨人宏伟的脚下,抬起头,自下而上用目光缓缓丈量整个花岗岩雕像,直到脑袋达到后仰的极限,以此来比试它们的个头。

　　普希金纪念像是我与黑白的第一次邂逅:黑的是这样黑!白的又是这样白!黑的那个赫然是高大的巨人,白的那个却只是个滑稽的小人儿,于是我必须做出抉择。那时我做出了永远的抉择,我选择了黑色的巨人,而非白色的小人儿。彻底摒弃了白色,选择了一

---

① 卡尔斯巴德:捷克城市。

切黑色的东西:黑色的思想,黑色的命运,黑色的人生。

普希金纪念像还是我与数字的第一次邂逅:需要将多少瓷娃娃一个挨一个摞在一起,才能成为普希金纪念像? 直到现在,我心中的答案只有一个:"无论多少都不可能……"可我还是要自豪而谦逊地补上一句:"若是一百个我,那倒有可能,因为我还会一直长个儿呢……"于是,这时又产生了另一个问题:"若是把一百个瓷娃娃一个接一个摞起来,是不是就会成为我?"答案是:"不会。不是因为我长得高,而是因为我有生命,而它们——是陶瓷做的。"

于是,普希金纪念像又促成了我与种种材质的第一次邂逅:生铁,陶瓷,花岗岩,还有——我自己。

我站在普希金纪念像的脚下,瓷娃娃站在我的脚下。这是我平生第一堂关于等级概念的课,它是那么直观。我在瓷娃娃面前宛如一个巨人,可是在普希金面前,我还是我—— 一个小小的小女孩。不过,我毕竟还会长大。我之于瓷娃娃,就像普希金纪念像之于我。那么对于瓷娃娃来说,普希金纪念像又意味着什么? 一番苦苦思索之后,心中豁然开朗:对于瓷娃娃来说,普希金是那么高大,她根本就看不到他。也许她会觉得这是一座楼宇,或者,是雷霆。而她与他相比是那么娇小,他同样也看不到她的存在。他会以为这是一只小跳蚤。而我,他能看得到我,因为我长得又高又胖,而且很快就会长大。

第一堂数字课,第一堂比例课,第一堂材料课,第一堂等级课,第一堂思想课。最重要的是,我日后的全部经验都得到了直观的肯定:把一千个瓷娃娃一个接一个地摞起来,也不可能造出一个普希金。

……因为我喜欢从他脚边开始,沿着沙径或是布满积雪的林荫路前行,然后再次沿着沙径或布满积雪的林荫路回到他身旁,走向他那背着一只手的后背,走向他背在身后的那只手。他总是背对着我,离开他时,背对着,走向他时,依旧是背对着。他背对着所有的人与事。我们散步时总朝向他的后背,街心花园那三条林荫路也都通向他身后。我们的漫步是那么悠长,每一次漫步,我们和街心花园都几乎忘记了他的面容,每一次归来,他的面容都呈现出新的样子,尽管这张脸永远那么黝黑。(我常常忧郁地想,离他最远的那棵树始终也不知道他拥有怎样的面庞。)

我爱普希金纪念像,因为他是黑色的,与我们那些白颜色的家神截然相反。家神们的眼睛完全是白色的,而普希金纪念像的眼睛却全然是漆黑的,黑得那么饱满。普希金纪念像从头到脚都是黑的,就像一只黑毛狗,不,比黑毛狗更黑,因为就连最黑的黑毛狗,眼睛上方也总有些黄颜色的斑点,或者脖子下面有些白色斑点。普希金纪念像则通体漆黑,像一架钢琴。即便后来没人告诉我普希金是黑人,我也清楚得很:普希金是个黑人。

普希金纪念像使我对黑皮肤的人怀有一种疯狂的爱,这种爱贯穿了我的一生。直到今天,每当我在电车车厢或是别的什么地方碰巧坐在一个黑人旁边,我的整个身心便会充斥着喜悦。我身上空洞贫乏的白色竟然与那神圣的黑色比肩。在每个黑人身上,我都能感觉到对普希金的爱;在每个黑人身上,我都能辨认出普希金的影子——那座黑色的普希金纪念像。他是我懵懂的孩童时代的纪念碑,也是整个俄罗斯的纪念碑。

……我喜爱他,因为不管我是去还是来,他都永远地屹立着。无论大雪纷飞,落叶飘零,无论霞光笼罩,碧空如洗,抑或迷蒙的冬季,周遭弥漫着乳白色的浓雾——他,永远地屹立着。

我们家中的神像难免会被挪动位置,虽然不是常常如此。每当圣诞节或复活节来临,家中的神像都会被我们用抹布擦拭一番,而他却由雨水来冲洗,由风来吹干。他,永远地屹立着。

普希金纪念像是我人生中第一个不可侵犯、不容置疑的化身。

"去大牧首池塘还是……?"

"去普希金纪念像!"

大牧首池塘那里并没有什么大牧首。

* * * * *

一个绝妙的主意——将巨人置于一群孩子中间。黑色的巨人,屹立在一群白皮肤的孩童之中。白皮肤的孩子,注定有黑色的血缘,这真是奇思妙想。

但凡在普希金纪念像的荫蔽之中成长的孩子都不会偏爱白色人种,而我,是那么强烈地偏爱黑色种族。普希金纪念像超越了一切历史事件,他本身便是与种族主义抗争的纪念碑,他呼吁一切种族的平等,拥护每个种族的平等,唯愿每个种族都有天才诞生。普希金纪念像象征着黑色血液溶入了白色血液,就像河流的交汇,他是血统融合的纪念碑,这座活生生的纪念碑,象征着民族灵魂的融合,将相距最为遥远、看似最不可能交融的民族的灵魂融为一体。普希金纪念像是一个鲜活的见证,证明了种族主义理论的卑劣与僵死,他鲜活地见证了与种族主义截然相反的事实。普希金便是一个事实,他推翻了那些所谓的理论。在普希金出生的那一刻,种族主义还未诞生就被彻底推翻。不,应该比这更早,是在彼得大帝黑奴的儿子奥西普·亚伯拉莫维奇·汉尼拔与玛利亚·阿列克谢耶夫娜·普希金娜结为姻亲的那天。哦不,其实比这一天还要早。在不为人知的某一天,不为人知的某一刻,彼得第一次将他那漆黑而明亮、愉悦而可怖的目光,停留在一个名叫易卜拉欣的阿比西尼亚[①]男

---

① 阿比西尼亚:今埃塞俄比亚。

孩身上。这目光是一道命令，命令普希金出世。因此，那些在彼得堡法尔科内①的铜骑士脚下长大的孩子，同样成长在反对种族主义、拥护天才的纪念碑之下。

将易卜拉欣的外曾孙铸成黑色，这真是一个绝妙的主意。用生铁浇铸而成，如同造化赋予他的曾外祖父以黑色的躯体。黑色的普希金是一个象征。真是绝妙的主意——用一座雕像漆黑的颜色，赋予莫斯科一小块阿比西尼亚的天空。因为普希金纪念像俨然是矗立在"我的非洲的天空下"②。还有一个绝妙的主意——头颅低垂，一只脚向前迈出一步，摘下帽子，背到身后，微微鞠躬，于是莫斯科便拥有了一片海，一片绵延于诗人脚下的大海。因为普希金并非矗立在街心花园的沙地上，而是屹立在黑海之上。海洋自由的元素之上，屹立着充满自由之力的普希金③。

将一个巨人置于锁链之间，这确是个阴暗的主意。普希金站在锁链之中，他脚下的基座被石块与锁链环绕（确切地说，是"围困"）。石块——锁链，石块——锁链，石块——锁链，这一切组成一个圆环。这是尼古拉一世手臂的圆环，这双手臂从未拥抱过诗人，却也从未将诗人放过。这个圆环的开端是一句话："你现在已经不是从前的普希金，你是我的普希金。"这个圆环从未断裂，直到丹特士一声枪响。

我在这锁链上荡秋千，与莫斯科过去、现在和未来的所有孩童

---

① 艾蒂安·法尔科内(1716—1791)：彼得大帝雕像——铜骑士像的雕刻者。铜骑士雕像于1782年8月落成，坐落在圣彼得堡涅瓦河畔，由青铜所铸，但由于18至19世纪的俄语中"铜"比"青铜"一词更为常用，因此"铜骑士"的名称沿用至今。

② 普希金诗体小说《叶甫盖尼·奥涅金》中的诗句。

③ 在此，茨维塔耶娃指的是普希金与《致大海》，诗的首句便是"别了，自由的元素"。

一起。我从未考虑过自己究竟坐在什么上面荡着秋千。这些秋千很低,很坚硬,充满钢铁的气息。"是帝国风格?"是帝国风格。帝国。尼古拉一世的帝国。

尽管被锁链和石块围困,这仍是一座奇妙的纪念碑。这座纪念碑献给自由,献给奴役,献给自然力,献给命运,以及天才最终的胜利。它献给挣脱锁链、奋起反击的普希金。今天,我们完全可以这样讲,因为茹科夫斯基那毫无诗才、偷梁换柱的可耻诗句已销声匿迹。

> 我将长久地受到人民的爱戴,
> 因为我用竖琴唤醒善良的情感,
> 我曾为人民造福,用我那鲜活迷人的诗才……

这偷梁换柱的诗句,明目张胆地将功利引入诗歌,这是非普希金的,甚至是反普希金的。这偷梁换柱的诗句,在之后的一个多世纪都是茹科夫斯基和尼古拉一世的耻辱,而且很可能让他们遗臭万年。从1844年纪念像落成之日起,这几行诗句便玷污着普希金脚下的基座,不过最终,它被普希金《纪念碑》中的诗句所替换:

> 我将长久地受到人民的爱戴,
> 因为我用竖琴唤醒善良的情感。
> 在这残酷的世纪我把自由歌颂,
> 也曾为倒下的死者祈求宽容。

我直到现在还未提及雕塑家奥别库申,那是因为更大的荣誉往往是无名的。在莫斯科,谁会知道普希金纪念像是奥别库申的作品?然而,奥别库申的普希金纪念像任何人都不会忘怀。我们的不知感恩只是虚假的表象罢了,这其实是对雕塑家最好的感谢。

我很幸福,因为在少年时代写下的诗行中,我得以再次用语言歌唱这位雕塑家的黑色结晶:

> 在那里,在一望无垠的田野,
> 他为上帝和圣灵效力——
> 易卜拉欣铁铸的外曾孙,
> 让天边的云霞燃起。

* * * * * *

有一天,普希金纪念像来我家做客了。我在冰冷的白色大厅里玩耍。说到玩耍,便意味着要么坐在钢琴下方,后脑勺与栽着蓬莱蕉的木桶一样高;要么静静地从大木箱子跑到镜子跟前,额头与镜台的边沿齐平。

门铃响了,一位先生从大厅走过。他向客厅走去,母亲也立刻从客厅迎出来,悄悄对我说:"穆霞!看到这位先生了吗?""看到了。""这就是普希金的儿子。你知道普希金纪念像,对吧?这就是他的儿子。是一位荣誉监护者[①]。不要走开也不要吵,等他出来好好看上一眼。他和他父亲长得特别像。你不是知道他父亲吗?"

时间一分一秒地过去,这位先生还是没有出来。我坐在那里,不吵不闹,只是一个劲儿朝客厅的方向盯着看。我独自坐在维也纳式的椅子上,坐在冰冷的大厅里,不敢起身离开,生怕这位先生突然出来,就此错过。

他走了出来,果然是突然之间。不是一个人出来的,而是同父

[①] 荣誉监护者:沙俄时期授予监护者协会成员的荣誉头衔,设立于1798年。

亲、母亲走在一起。我不知该往哪里看,便看向母亲。母亲截获了我的目光,气冲冲地将它掷向那位先生,于是我一下子看到了他胸前的那枚星章。

"穆霞,看到普希金的儿子了吗?"

"看到了。"

"说说看,他长什么样?"

"他胸前有一颗星星。"

"星星!胸前戴着星章的人难道还少吗!你可真有本事,尽看些不该看的地方……"

"好好瞧瞧,穆霞,你要记住,"父亲接过话茬,"要记住,就在今天,在四岁的时候,你见到了普希金的儿子。将来要讲给子孙们听。"

我立刻就讲给子孙们听了。当然不是自己的子孙,而是我认识的唯一一个孙子辈的人——保姆的孙子瓦尼亚。他在一家锡厂工作,有一回,他给我带来一只银色的小鸽子当礼物,是他亲手做的。这个瓦尼亚每逢礼拜天都会来,他既干净又不吵闹,加之对保姆这一崇高地位的尊重,于是便得到允许到儿童房里来。他总是在这里待上很久,喝茶,吃面包圈,而我出于对他和他的小鸽子的爱,便坐在他身旁寸步不离,一句话也不说,帮他大吃大喝。

"瓦尼亚,普希金纪念像的儿子来过我们家。""你说什么,小姐?""普希金纪念像的儿子来过我们家,爸爸让我讲给你听。""噢,也就是说有什么事求你爸爸帮忙,既然来了……"瓦尼亚含混不清地回应道。"什么事也不用帮,就是来拜访一下咱们老爷,"保姆插嘴道,"恐怕他自己就是个大将军。你知道特维尔大街的普希金吧?""知道。""喏,就是他儿子。已经上年纪了,胡子白花花的,梳成了两股。真是位阁下大人。"

母亲不经意间说出的那番话,保姆那一通快言快语,还有父母给我下的那道让我留心观看并记在心里的命令,这一切在我心中唤起的联想只有物——百货店里的白熊、喷泉旁边的黑人、米宁与波扎尔斯基等等,却无论如何都无法与人联系在一起,因为无论是沙皇也好,约翰·喀琅施塔得茨基①也好,我看到他们的时候总是被举过人群上方,他们不是凡人,而是圣物。这样一来,这一切仅仅给我留下了一个简单的印象:普希金纪念像的儿子来我家做过客。不过很快,"儿子"这个含混不清的身份也变得模糊起来,普希金纪念像的儿子最终成了普希金纪念像本身。来我家做客的便成了普希金纪念像。

随着年龄的增长,我心中的这个意识越发根深蒂固:普希金之子,也就是曾作为普希金之子存在过的那个人,已经变成了一座纪念像,一座集他的荣耀与他的血液于一身的双重纪念像,一座鲜活的纪念碑。直至今日,我已活过整整一辈子,却依旧能泰然自若地说,上世纪末,一个寒冷而明亮的早晨,在我们三塘巷的那个家,普希金纪念像曾经来访。

就这样,在普希金之前,在唐·璜之前,我便已经有了自己的领路人。就这样,我拥有了自己的领路人。

* * * * * *

普希金之子朝我们三塘巷的房子走来,确切地说,是坐着马车驶来,途经冈察洛娃的家。未来的画家娜塔莉亚·谢尔盖耶夫娜·冈察洛娃——娜塔莉亚·尼古拉耶夫娜的侄孙女就在这里出生和成长。

---

① 约翰·喀琅施塔得茨基(1829—1909):俄国东正教神甫,神学家,喀琅施塔得安德烈耶夫教堂堂长。

普希金的亲生儿子从娜塔莉亚·尼古拉耶夫娜的侄孙女的住所旁走过。很可能,在他经过的那一刻,她正向窗外凝望,瞥见他的身影,却不知来者何人,没有将他认出,也没料到他正经过自己窗前。

直到1928年去了巴黎我才知道,我们的家与冈察洛娃家是近邻。我家的门牌号是八号,而她已不记得自家的号码。

* * * * * * *

不过,红房间里究竟藏着什么秘密?呵,其实整座房子都是那么神秘,整座房子都是一个秘密!

禁忌的书柜。还有,禁果。这颗禁果是一册厚厚的大书,深蓝的封面透着淡淡的紫色,一行烫金的斜体字——普希金文集。

姐姐瓦列里娅的书柜里住着普希金,就是那个头发卷曲、眼眸闪亮的黑人。不过,在谈及他的眼眸之前,我先看到了另外一对熠熠生辉的眼睛——我自己那双映在镜子里的绿色眼睛。书柜光洁如镜,且具有欺骗性,柜门分成两扇,每一扇里面都映着一个我。如果位置恰到好处,比如将鼻子对准两面镜子的分界线,便会出现一个奇怪的东西——既非两个鼻子,也非一个鼻子,真是难以辨认。

这本厚厚的普希金我是在柜子里读的,鼻子几乎伸进书页里,碰到架子上。周遭几乎是一片黑暗。我几乎是紧紧地将书抱在胸前,被它的重量压得有些喘不过气来。它的重量直抵喉咙,而那密密麻麻的铅字由于距离太近,几乎让我两眼昏花。我读普希金,所读的一切都直接注入胸膛,渗入大脑。

我读的第一首普希金的诗是《茨冈人》。阿乐哥、真妃儿,还有老头儿——以前我从来没听说过这样的名字。我只认识一个老头儿——塔鲁萨养老院里手臂萎缩的奥西普,他有一只手臂麻痹萎缩,因为用一根黄瓜打死了自己的兄弟。我的外公亚·达·梅因可不是什么老头儿,因为老头儿都是些陌生人,他们总是睡在街头。

我从没见过茨冈人,不过打出生起就听人们讲起一个茨冈女人,这人就是我的奶娘。她极其迷恋金子。有一回,人们送给她一对金耳环,她识破这对耳环不是纯金的,而是镀金的,于是将它们从耳朵上连皮肉一同撕扯下来,当场扔在木地板上,使劲儿用脚踩。

爱情对我来说是个完全陌生的词。假如胸腔里涌起一股热流,涌动在心窝那里(每个人都知道!),而又不愿告诉任何人,那么这就是爱情了。我的胸腔里总是涌动着一股热流,可我不知道这就是爱情。我以为所有人都是如此,以为常常如此。后来才渐渐明白,原来只有茨冈人才会这样。阿乐哥爱上了真妃儿。

而我爱上了《茨冈人》。我爱上了阿乐哥,爱上了真妃儿,还有那个玛丽乌拉;我爱上了那个茨冈人,爱上了那只熊,那座坟墓,以及述说着这一切的奇异的语言。然而这些事我却不能吐露只言片语。我不能告诉大人,因为是偷偷读来的;也不能告诉孩子,因为我对他们嗤之以鼻。而最主要的,因为这是一个秘密,这是我与红房间的秘密,是我与那册深蓝色大书的秘密,是我藏在心窝里的秘密。

不过,爱而不语,终究会令人肝肠寸断。于是我找到了一个听众,不,是两个:一个是阿霞的保姆亚历山德拉·穆欣娜,另一个是她的好姐妹,一个裁缝。每当得知母亲出门听音乐会,而无辜的阿霞又恰巧睡着了,这个裁缝就来找她串门。

"我们的小穆霞可是个聪明孩子,都会识字啦!"保姆说。她根本就不喜欢我,不过一旦所有关于主人的话题都已无话可说,所有端上来的茶都喝得一滴不剩,这时候她便总会夸我两句。"来呀,小穆霞,给我们讲讲狼和小羊的故事。要不就讲讲那个小鼓手。"

(天哪,人与人的命运真是天渊之别!我才五岁,就已经成了别人的精神资源。说这话时我全无自豪之感,而是充满了苦涩。)

终于有一天,我鼓足勇气,心脏几乎要停止跳动,深深地吸了一口气:"我会讲《茨冈人》。"

"茨——冈——人?"保姆半信半疑地说,"什么茨冈人?谁会给他们写书呢?难道要写这些叫花子,写他们怎么捞钱?"

"不是这种茨冈人。是另外一些。是流浪的茨冈人。"

"是呀,流浪的茨冈人就是这样。他们总是在庄园旁边安营扎寨,没一会儿就有一个小巫婆走过来给你算命:'太太,让我给你算算命吧……'老巫婆呢,就趁这个机会把晾衣绳上的衣服偷走,要么直接把太太衣服上的钻石胸针拽下来……"

"也不是这种茨冈人。是另外一些茨冈人。"

"那好吧,让她讲,让她讲来听听!"保姆的好姐妹发觉我的声音有些哽咽,于是连忙说道,"没准儿真有些别的茨冈人呢……让她讲吧,咱们也来听听。"

"有一个年轻人。不对,有一个老头儿,他有一个女儿。也不对,我还是一边背诗一边讲吧。一群欢闹的茨冈人/在比萨拉比亚流浪/今天他们在河边宿营/支起一座座破烂的帷帐/他们的梦像自由一样欢乐……"我一口气背了下来,没有任何停顿,也不顾任何标点,一直背到"叮叮当当,是走街串巷的铁砧"这句。或许,我把铁砧当成了一种乐器;或许,只是不求甚解地记在心里。

"讲得真顺溜!跟书上写的一个样!"那个裁缝赞叹道。她暗地里对我很是喜欢,只是不敢表现出来,因为自己的好姐妹是阿霞的保姆。

"狗——熊……"保姆挑剔地说,重复着自己唯一能够领会的词,"真的有狗熊。我小时候听老人们讲,茨冈人总是牵着一头熊。

'你,米沙①,跳个舞!'然后它就跳起来了。"

"那么,后来呢?接下来怎么样?"裁缝问道。

"是这样的,老头儿的女儿走过来说,这个青年叫阿乐哥。"

保姆问:"什——么?"

"阿乐哥!"

"瞧瞧这叫的都是什么!根本没人叫这个名字。你刚说,叫什么来着?"

"阿乐哥。"

"噢,是阿列卡吧,敢情是个残废人!②"

"你真是个傻瓜。不是阿列卡,是阿乐哥!"

"我就说呢,就是阿列卡嘛。"

"是你说的阿列卡,我说的是——阿乐哥!乐——乐——乐!哥——哥——哥!"

"算啦,你说阿列卡,就是阿列卡吧。"

"照咱们的说法,就叫阿廖沙。"保姆的女伴开始和稀泥,"蠢货,让她继续讲。是她在讲,又不是你。小穆霞,别跟保姆生气啦,她就是个大傻瓜。她没文化,可你能念书识字,你当然什么都懂。"

"好吧。这个女儿叫真妃儿。"我威严地高声宣布,"真妃儿。这个女儿对老头说,阿乐哥要和他们一起生活,因为她在荒地里遇见了他。

我在荒地遇见他,
就拉他来营地过一夜。

---

① "米沙"是俄罗斯民间对小狗熊的称呼。
② 阿乐哥、阿列卡和残废人在俄语中发音相似。

101

"老头儿很高兴,于是说,我们同坐一辆车,一起往前走:'我们就坐一辆大车登程,哒——哒——哒,哒——哒——哒,你到各个村子去耍耍熊……'"

"耍耍熊。"保姆应和着。

"于是他们就出发了,一起生活得非常美好,毛驴用筐子载着小孩……"

"什么人——在筐子里?……"

"是这样的:'毛驴背上架着两个大筐/孩子就坐在筐里玩耍/丈夫、兄弟、媳妇、姑娘/老老小小都跟在后面/叫声,喊声,茨冈人的歌声/狗熊吼叫,链子哗啦响。'"

保姆说:"狗熊就别再说啦!老头儿呢,老头儿怎么啦?"

"老头儿没事儿。他有个年轻的妻子,叫玛丽乌拉,她跟着一个茨冈人跑了,这个真妃儿也跑了。一开始她总唱:'上了年纪的丈夫,残暴的丈夫!我不惧怕你!'她这是唱他,唱自己的父亲,后来她走了,和茨冈人一起坐在坟墓上。阿乐哥睡着了,打呼噜的声音真可怕,然后他睡醒了,也到坟墓那里去,然后用刀子刺向那个茨冈人,真妃儿也倒下了,她也死掉了。"

两个人异口同声地说:"哎呀,哎呀!真是个杀人犯!就这样用刀把人刺死啦?那老头儿呢,怎样啦?"

"老头儿什么事也没有。老头儿说:'离开我们吧,骄傲的人!'然后就走了。所有人都走了,整个营寨的人都离开了,只剩下了阿乐哥自己。"

两个人异口同声地说:"他活该。打不赢就杀人!""我们村有个人也把自己老婆杀死了。小穆霞,你不许听。"保姆悄悄地说,不过声音还是足够大,"他和那个情夫遇上啦。一刀就把他捅死了,把他老婆也杀了。后来就去服苦役了。叫瓦西里……是啊……天底下什么倒霉事没有呢。还不都是为了一个情字。"

* * * * * *

普希金用爱将我的灵魂浸染,不,是用"爱"这个语词。显然,二者迥然不同:前者,似乎无论如何都无以名状;后者,却恰恰是用来指称某些事物的方式。譬如,一只棕黄色的小猫坐在别家的通气窗上打瞌睡,女仆顺手将它抱了下来,它在我家大厅的棕榈树下住了三天,之后便离开,再也没有回来——这是爱。譬如,奥古斯塔·伊万诺夫娜说,她即将离开我们,前往里加,再也不会回来——这是爱。譬如,鼓手去前线打仗,再也没能返乡——这是爱。再譬如,那些穿着粉红衣裙、散发着樟脑气味的巴黎洋娃娃,春天,人们抖落它们身上的灰尘,随后又收入箱中,我站在旁边看着这一幕,知道自己再也见不到它们了——这也是爱。换言之,棕黄色小猫、奥古斯塔·伊万诺夫娜、鼓手和洋娃娃都让我心中的某个地方感到灼热和刺痛,这与真妃儿、阿乐哥、玛丽乌拉,还有那座坟墓带给我的感觉别无二致。

不过狼和小羊却不是爱,尽管母亲多次试图让我相信,这是一个极其悲伤的故事。

"想想看,多么纯洁,多么无辜的小羊,根本就没有把水搅浑……"

"可是狼也很棒呀!"

整个事情的关键在于,我天生喜欢的是狼,不是小羊,然而此情此景之下,我是不能喜爱狼的,因为狼把小羊吃掉了。尽管小羊被吃掉了,而且浑身洁白,我对它却喜爱不起来,于是整件事也就与爱无关了。我对羊羔这种动物向来没什么感情。

"话音刚落,就把小羊拽进了黑黢黢的大森林。"

＊　＊　＊　＊　＊　＊

说到狼,我便想起了领路人。说到领路人,我便想到了普加乔夫[1]。普加乔夫是狼,这一回他宽恕了小羊,他把小羊拖进黑黢黢的大森林——是为了爱。

不过关于我自己,关于领路人,关于普希金和普加乔夫,这些我想单独再谈。因为领路人会将我们的话题带得很远,或许比格里尼奥夫少尉[2]走得还要远,带到善与恶的密林,就在这片深不可测的丛林之中,善与恶密不可分地纠缠在一起,盘旋,缠绕,孕育出新的生命。

现在我想说的是,我爱领路人,甚于爱一切亲人与陌生人,甚于爱一切挚爱的狗儿,甚于爱一切滚落到地下室的皮球和遗失的铅笔刀,甚于爱我那个秘密的红色书柜,因为他是这书柜中最深奥的秘密。我爱他,甚于爱《茨冈人》,因为他比茨冈人更黑暗,比茨冈人更阴郁。

即便我曾胆敢高声宣布,秘密的书柜里住着普希金,可如今我也只敢悄声细语:秘密的书柜里住着……领路人。

＊　＊　＊　＊　＊　＊

在持续不断偷偷阅读的影响下,我的词汇量自然而然丰富了不少。

"你更喜欢哪个洋娃娃?是阿姨送你的纽伦堡洋娃娃,还是教母送你的巴黎洋娃娃?"

---

[1] 普加乔夫(1742—1775):俄国农民起义(1773—1775)领袖,顿河哥萨克人。普希金的历史小说《上尉的女儿》记述了普加乔夫起义的历史。

[2] 格里尼奥夫少尉:《上尉的女儿》中的人物。小说开篇,格里尼奥夫在暴风雪中迷路,普加乔夫曾为他领路。

"巴黎洋娃娃。"

"为什么?"

"因为它有一双充满激情的眼睛。"

母亲厉声喝道:

"什——么?"

"我,"我幡然悔悟,"我是想说,可怕的①眼睛。"

母亲愈发严厉起来:

"有什么两样!"

母亲没能明白。母亲听出了我要表达的意思,或许,她的这种愤慨是对的。然而,她确实理解错了。我不是想说这双眼睛充满激情,而是将这双眼睛在我心中唤起的欲望归了眼睛本身。在我心中唤起激情的不止这双眼睛,粉红的衣裙,樟脑的气味,"巴黎"这个词,关于箱子的琐事,以及整个让我可望而不可即的洋娃娃,都使我充满了激情的欲望。不止我自己这样,所有诗人都会如此。(随后他们就会持枪决斗,就洋娃娃是否充满激情的话题争个你死我活!)所有诗人都会如此,普希金则是第一人。

* * * * * *

不久,我六岁了。这是我学习音乐的第一年,在梅尔兹利亚科夫巷的左格拉夫-普拉克辛娜音乐学院举办了所谓的公演——一个圣诞晚会。晚会上演出了《人鱼》的选段,然后又演出了《罗格涅达》,以及:

现在让我们飞往花园,

---

① 俄语中"可怕的"与"充满激情的"两个词音形相近。

那里塔季扬娜正与他会面①。

一条长椅。长椅上坐着塔季扬娜,随后又来了奥涅金。他没有坐下来,于是她站起身。两个人都站着。只有他在说话,一直在说,说了很久,而她一个字也没讲。我立刻便明白了,棕黄色的小猫、奥古斯塔·伊万诺夫娜、洋娃娃都不是爱,这个,才是爱:一条长椅,还有长椅上的她,然后他来了,一直说个不停,而她一言不发。

"穆霞,你最喜欢哪场戏?"晚会结束时,母亲问。

"塔季扬娜和奥涅金。"

"什么?你不喜欢《人鱼》吗?难道不喜欢里面的磨坊、大公和林妖?不喜欢《罗格涅达》吗?"

"我喜欢塔季扬娜和奥涅金。"

"这怎么可能?这场戏你肯定一点也没看懂。说说看,你究竟看懂了些什么?"

我沉默不语。母亲得意地说:

"啊哈,一点也没看懂,我一猜就是这样。都六岁了!可是这出戏又有什么让你喜欢呢?"

"喜欢塔季扬娜和奥涅金。"

"你真是个傻瓜,比十头驴子还倔!"随后转过身,向正在走过来的校长亚历山大·列昂季耶夫·左格拉夫说,"我太了解她了,一会儿坐上马车,不管我问什么她都会重复:'塔季扬娜和奥涅金!'能说上整整一路。带她来真让人扫兴。世界上没有一个孩子会喜欢《塔季扬娜和奥涅金》,他们都喜欢《人鱼》,因为这是童话,孩子们能看懂。我简直不知道该拿她如何是好!!!"

————————

① 普希金诗体小说《叶甫盖尼·奥涅金》中的诗句。

"可是,小穆霞,你为什么喜欢《塔季扬娜和奥涅金》呢?"好心的校长亲切地问道。

我沉默了一会儿,字正腔圆地说道:"因为爱情。"

"她大概正在第七个梦里神游呢!"娜杰日达·雅科夫列夫娜·布留索娃[①],我们最优秀、资格最老的教师走了过来。我第一次知道还有第七个梦的说法,原来梦与夜的深度是可以度量的。

"那么告诉我,穆霞,这是什么意思呢?"校长问。他把塞进我暖手筒里的那个橘子悄悄掏了出来,又神不知鬼不觉地放了进去(可我立刻就发现了),随后又掏出来,又放进去……

然而我已经彻底呆若木鸡,全身麻木,不管大家如何面带微笑拿着橘子在我面前晃来晃去,不管是校长还是布留索娃,还是母亲那可怕的眼神,都无法在我唇边唤起一丝感激的微笑。回家已是深夜,周遭寂静无人,我们只得乘坐雪橇,一路上母亲不停地指责我:

"真丢脸!给你橘子也不知道说声谢谢!真是个傻瓜,才六岁,就爱上了奥涅金!"

母亲弄错了。我爱上的不是奥涅金,而是奥涅金与塔季扬娜(抑或,我爱塔季扬娜还要更多一些)。我同时爱上他们二人,我爱上了他们的爱情。后来我写的那些东西,无一不是在爱上他们两个(也许,对她的爱要更多一些)的状态下写成的。不是爱上他们二人,而是爱上他们的爱情。我爱他们的爱情。

那条长椅,他们并未一同就座。它竟是一个命中注定的预言。无论是当时,还是后来,我在接吻时从未感受过爱情,我永远是在分离之后才爱上对方。二人坐在一处时,我从没爱过,只等分道扬

[①] 娜·雅·布留索娃:瓦列里·布留索夫的姐姐(俄文版原注)。瓦·布留索夫(1873—1924),俄罗斯白银时代著名诗人。

镰,我才被爱情俘虏。我见到的第一场爱情戏其实不是爱情:他不爱她(这一点我懂),因为他没有坐下;而她爱着他,因为她站起身来。他们一分钟也没共度,什么事也没同做,他们的一举一动截然相反:他说话,她沉默;他不爱,她爱着;他转身离开,她留在原地。倘若把幕布升起,你会看到她依旧伫立,或许,又坐了下来。她之所以保持着站立的姿势,是因为他也站立着。他走了,她便瘫倒下来,就这样永恒地坐在那里。塔季扬娜永恒地坐在那条长椅上。

我见到的第一场爱情戏决定了我后来遭遇的一切,所有的激情和热望,还有我那不幸的、单向的、触不可及的爱情。从那一刻起,我便失落了获得幸福的渴望,于是我注定没有爱情。

事情的关键在于,他并不爱她。也正因为如此,她才会以那种方式对待他;正因为她暗自明白,他不可能爱她,所以她才选择了他去爱,而非旁人。(我现在才讲了出来,但当时已经明白了这个道理,当时就明白了,只不过现在才知道如何言说。)有些人确有这种致命的禀赋,他们的爱情注定不幸,注定孤独,独自承担所有痛苦。这确是一种天才,驱使他们扑向一切不合时宜的事。

还有一点,不,不止一点,我身上的很多特质都是《叶甫盖尼·奥涅金》决定的。我此后的一生,直至今日,都永远率先写信给他人,永远率先伸出手去——甚至不惮旁人议论,伸出自己的双手,这都是因为在那朝霞初升的童年岁月,书中的塔季扬娜伏卧在烛光之下,凌乱的发辫垂落在胸前,她在我面前做了这一切。后来,人们纷纷离去(他们总是离我而去),我不但没有在他们身后伸出手去,甚至连头也不曾转过,这都是因为那时在花园里,塔季扬娜如一尊雕塑般僵立在原地。

这一课教会了我大胆,教会了我尊严,教会了我忠诚,让我领教了命运,也学会了孤独。

* * * * * *

　　哪个民族会有这样的充满爱情的女主人公？如此大胆，又充满自尊，如此多情，又百折不挠，既有远见卓识，又如此情意绵绵。

　　在塔季扬娜的答复中，没有一丝复仇的影子。正是如此才构成了十足的复仇，正是如此奥涅金才站在那里"如遭雷击"。

　　若想报复，若想让他发疯，她手中完全拥有一切制胜的王牌。所有这些王牌都足以羞辱他，将他踩入那条长椅脚下的尘埃，让他尊严扫地，低到那个大厅的镶木地板的同一高度，可她只失声说了一句话："我爱您，何必掩饰？"就把一切一笔勾销。

　　何必掩饰？当然是为了占上风！而占上风又是为了什么？诚然，这个问题对于塔季扬娜来说没有答案——至少没有确切的答案。于是，她又站在那里，站在大厅光怪陆离的圆环之中，一如当年被那座花园令人着魔的圆环围困，这令人着魔的圆环便是她孤独的爱情。当年，她遭受冷遇；如今，却被他苦苦思恋。无论今昔，她都含情脉脉，却始终无法得到爱。

　　她手中持有一切制胜的王牌，可她退出了这场游戏。

　　是的，是的，姑娘们啊，请你们率先表白心迹，然后倾听对方的回绝，继而嫁给一个负伤立功的人，继而倾听旁人对你倾诉衷肠并且勿要对他们屈尊就卑——于是你会比我们的另一位女主人公[①]幸福千倍，不会像她那般实现一切心愿之后变得一无所有，只得卧轨。

　　在充满愿望与实现愿望之间，在丰盈的痛苦与空虚的幸福之间，我打出生起，不，甚至还未出生，就做出了自己的选择。

　　这是因为在我出生之前，塔季扬娜便影响了我的母亲。我的外公亚·达·梅因让她在自己与爱人之间做出选择，她选择了父亲，

[①] 这里指安娜·卡列尼娜。

而非爱人。随后她出嫁了，嫁得比塔季扬娜好一些，因为"对于一个不幸的女人，所有命运都指向同一方向"，而我母亲选择了最为沉重的命运，嫁给了一个年长她一倍、有了两个孩子并且还爱着亡妻的鳏夫。母亲为了别人的孩子、别人的不幸而出嫁，心中依旧爱着那个人，可后来却再也没有试图与他相见。一次，他们偶然相遇在丈夫的课堂上，面对那人对生活如何、是否幸福的种种追问，她回答："我女儿已经一周岁了，她很结实，很聪明，我非常幸福……"（天哪，此时此刻她本该对这个聪明而结实的我充满憎恶，因为我并非他的女儿啊！）

就这样，塔季扬娜不仅影响了我的一生，而且决定了我生命诞生的事实。倘若没有普希金的塔季扬娜，这世上便不会有我。

女人都是以这种方式来阅读诗人，她们不会用旁的方式。

然而，母亲显然没有给我取名塔季扬娜，或许，她毕竟对这个小女孩怀有些许怜悯……

* * * * * *

从孩提时代至今，在我印象中整部《叶甫盖尼·奥涅金》缩减为三个场景：那支蜡烛，那条长椅，还有那块镶木地板。我的同代人中有些人将《叶甫盖尼·奥涅金》解读为一场华丽的玩笑，近乎讽刺。或许，他们是对的，又或许，倘若没有在七岁之前阅读这部作品，我对它的理解又会是另外一番景象……然而我读这部作品，恰恰是在既不懂玩笑，又不谙讽刺的年纪，我只知道那座幽暗的花园（正如我家在塔鲁萨的那座），只知道烛光下凌乱的床榻（正如我家的儿童卧室那样），只知道华丽的镶木地板（正如我家大厅里的地板），只知道爱情（正是我心窝中涌动的爱情）。

至于生活习俗（例如《十九世纪上半期俄罗斯贵族的生活习俗》），或许有用，人们总该穿得体面些。

＊ ＊ ＊ ＊ ＊ ＊

在读了这本隐秘的、深蓝封面透着淡紫色的普希金之后，我又遇到了另外一本普希金。这个普希金不再是偷来的，而是别人赠给我的；不再是隐秘的，而是光明正大的；不是厚厚的深蓝色大书，而是一本薄薄的蓝色小书。这本普希金专门为市立中学的使用而出版，经过删改，不会对儿童造成任何负面影响，封面上画着个黑人小孩，拳头抵在颧骨上。

这本普希金文集里，我喜爱的只有这个黑人小孩。此外，直至今日，这幅黑人孩子的肖像都是我心目中最好的普希金肖像之一。画幅中闪耀着他那遥远的非洲灵魂，还有尚在沉睡之中的诗人的心灵。肖像汇聚了两个远方——往昔与未来。肖像里有他的血统，也有他未来的天才。如果让彼得再选一次，他必定会选中这个男孩，他当时选中的就是这样一个男孩。

我不喜欢这本薄薄的小书，这是另外一个普希金。里面的《茨冈人》也面目全非，没有阿乐哥，没有真妃儿，只有一头熊。这爱情原本隐秘，如今却众目昭彰。不过，除了内容之外，单是"市立中学用书"的字眼就让我很是厌恶，在我心中唤起一种充满恶意的空洞和沮丧，使我眼前浮现出一张张市立中学学生的脸，样貌正如普希金本人，却满脸写着不幸。他们食不果腹，满面污垢，在严寒中冻得发青发紫。若不是那一对对充满阶级仇恨的恐吓的拳头，这些面孔便会唤起怜悯和同情。即便挥舞着恐吓的拳头，这一张张脸或许也会令某些人心生怜悯，却不可能唤起爱。空洞的脸，铁青的脸，充满恶意的脸。还有一对拳头。凹陷的腹部，横系着一条皮带，上面有个大大的黄色搭扣——这是市立中学的标志。

上帝的小鸟呵，

> 不知烦忧，不知辛劳。
> 它从不忙忙碌碌，
> 编织那永久的巢。

那么它究竟做些什么？编织鸟巢的又是谁？这世上除了布谷鸟，难道还有这种不会筑巢的小鸟吗？何况布谷鸟的体型那么大，根本不能算是小鸟。照这么想，显然，这些诗句描写的是蝴蝶。

不过，这诗意的旋律有着神奇的力量。或许，一百多年内都不会有人想要去查证这只小鸟的身份，更何况当时的我才六岁。既然这样写了，事实想必就是如此。诗中就是这样写的。这只小鸟代表着诗意的自由。有趣的是，那些头脑清醒的中学生又会怎样解读这只小鸟呢？

"冬天，一个农民兴高采烈"是市立中学普希金文选第二页上的诗，这首诗我没有特别地喜欢，不过还是喜欢（既然是诗！），就像喜爱温暖的家庭生活，喜爱奥古斯塔·伊万诺夫娜——只要她不拿回里加来威胁我们，我还是爱她的。真是太相像了。"穿着羊皮袄，系着红腰带"——这说的是安德留沙；"一个农民兴高采烈"——说的是看院子的仆人；运柴火的雪橇呢，说的就是我家那堆木柴；而母亲，显然就是我们的母亲。当我们一边等着保姆去普希金纪念像散步，一边吃着积雪舔着冰块的时候，就是这样一番景象。这首诗还激起了我的羡慕之情，因为我们从来都不在院子里玩耍，只能从院子里走过，因为万一安德烈耶夫家（租下我家厢房的那家人）的孩子突然得了猩红热呢，而且我们从没让家里的小黑狗坐过小雪橇。小雪橇是有的，深蓝色，铺着天鹅绒，钉着暗黄色的钉子（就像一只只眼睛）。除了上述这些，"冬天，一个农民兴高采烈"其实是隐藏在诗歌表象下的寓言，也就是说，诗歌的表象之下，其实是一篇诗化的散文,因此每拿到一本新的文选,我都将这篇留到最后才读。可现在我要说:"冬天,一个农民兴高采烈"是一首田园牧歌,是那种最最幸福的爱情。它的意义、目的和内涵我始终没有弄懂。

在结束这个话题之前,关于这本深蓝色的市立中学专用的普希金文集,我还要再说上两句:对于爱情来讲它实在太单薄,不费吹灰之力就能将它捧起,也无须深吸一口气,艰难地将它抱起,贴在一成不变的深色瑞士围裙上。拿在手里几乎没有任何重量,看在眼里也似乎留不下特别的印记。刚一拿起就仿佛已经读完。

我向来喜爱作品和书籍,后来也爱自己的孩子,爱所有的孩子,而且喜欢掂一掂分量。直到如今,当我听说又出了一部饱受赞誉的新作,都会问:"长吗?""不,是一个很短的中篇。""那就不读了。"

安德留沙的文选无疑是厚厚的一大本,里面有孙子巴格罗夫和巴格罗夫爷爷,有那位发了疟子、贴着孩子胸口呼吸的母亲,有她对这个孩子的疯狂的爱,有那位傻乎乎的年轻父亲捕来的几桶鱼[①],有不停地嘟囔"你又睡不着啦?"的尼柯连卡,还有那些迅捷的烈犬和善跑的灵缇[②],以及所有俄国诗人的抒情诗。这一切都把这本书撑得鼓鼓的。

安德留沙的文选我一下子便据为己有。他不爱读书,简直痛苦难耐,况且不仅要读,还要背,要写,要用自己的语言复述;而我还没上中学,自由自在,我读这本文选是单纯地出于喜爱。母亲没有把这本书收走,既然是文选,那就没有什么太过超前之处。其实,一切文学作品对于孩童来说都是超前的,因为所有作品都在讲述孩童不甚理解也无法理解的东西。

---

① 俄国作家阿克萨科夫的长篇小说《家庭纪事》中的内容。
② 列夫·托尔斯泰的自传体小说《童年》中的内容。

比如：

是谁在星光月色之中，
如此深夜还策马疾行？

（面对母亲的提问，安德留沙说："我咋会知道？"）

……为何他如此珍视这顶小帽？
因为一封告发信就缝在帽中。
柯楚白要向沙皇彼得告发
恶棍盖特曼①的种种恶行②。

我不知道别的孩子会怎么理解，但我从这四句诗中读懂的只有恶棍这个词，"恶棍"周围聚集了三个名字，因此在我心目中，恶棍理所当然地成了三个人：盖特曼、沙皇彼得和柯楚白。之后的很长时间我都无法理解（直至今日也未能全然明白），原来恶棍只有一人，也不知道这人究竟是谁。直到今天我仍旧以为盖特曼就是柯楚白和沙皇彼得，而柯楚白就是盖特曼，如此等等，三人合为一个，而这一个便是诗中提到的恶棍。而告发信，我自然也不甚理解，即便有人给我解释，我也弄不懂，内心深处不明白，直至今日依旧不解，竟然会写告发信。于是这几句诗在我脑海中只留下一个印象：一个哥萨克人在明亮得异乎寻常的（也许在梦境中才有）夜幕下飞驰，空中繁星密布，明月高悬（这样的景象也不常见），哥萨克人策马飞奔，沐

---

① 盖特曼：乌克兰地区的哥萨克首领被称为"盖特曼"，这里指哥萨克首领马塞帕。
② 这两段引文均是普希金叙事长诗《波尔塔瓦》的选段。

浴着星光和月色,仿佛星月都在为他照路！他头戴一顶帽子,帽子里藏的不知为何物——一封告发信,柯楚白要向沙皇彼得告发恶棍盖特曼的种种恶行。

这是我和历史的第一次相遇,而我平生所知的第一段历史竟是残暴的恶行。还要再说上一句:我在国内战争期间听闻盖特曼之名(补充一点,这位盖特曼是斯科罗帕茨基[①]),眼前立刻浮现出那个倒下的哥萨克。

在这本文选中,我与"恶棍沙皇"还打过一次照面。"他是谁?"母亲又在问安德留沙,"说说看,安德留沙,他究竟是谁?"安德留沙依旧诚恳地回答:"我咋会知道?"话语中满是苦恼和愤懑。(诗歌,这是一个多么奇特的世界啊！在诗歌的王国,总是大人在发问,孩子在回答。)"那么你呢,穆霞？这个'他'究竟是谁？""是个伟人。""为什么是伟人呢？""因为他一下子就把所有东西都修理好了。""'为了彼得的福祉'又是什么意思？""不知道。""那么'彼得的'是什么意思？"(我脑海中除了这个词的字形,什么也没有。)"你不知道'彼得的'是什么意思？""不知道。""那'安德留沙的',知道吗？""知道,安德留沙的小木马,安德留沙的自行车,安德留沙的小雪橇……""行了,行了。你看,'彼得的'也是一样。'彼得的'——明白了吗？幸福——懂吧？(我沉默不语。)你不懂幸福是什么意思？""懂。幸福,就是我们散步回来,发现外公突然来了,还有就是我在床上找到了……""够了。为了彼得的福祉,意思就是为了彼得的幸福。那么这个彼得是谁？""是……""他是谁？都做了些什么？""他

[①] 斯科罗帕茨基(1873—1945):曾任沙俄军队的将领,1918年4月至12月,德国扶持斯科罗帕茨基组建傀儡政府,因袭乌克兰首领"盖特曼"的名号。"斯科罗帕茨基"字面意思为"迅速倒下的",故而后文联想到"倒下的哥萨克"。

是一位贵客。他久久凝视那个方向,那是贵客消失的地方……""那么这位贵客叫什么?"我怯生生地说:"可能是,彼得?""真是谢天谢地!……(母亲突然又起了疑心。)不过叫彼得的多了。这个彼得又是哪一位呢?(显然不再寄希望于我的回答:)这个彼得就是……

> 柯楚白要向沙皇彼得告发
> 恶棍盖特曼的种种恶行。

懂了吧?"

这还用说!不过真是可嗟可叹!刚刚清晰起来的彼得形象再次卷入了那个阴森炫目、星月交辉的夜晚,哥萨克人飞驰而过,帽中藏着告密书……更糟糕的是,这个彼得刚为老人修好了船,似乎做了一件善事,却再次沦为了恶棍柯楚白和盖特曼。于是,又一个巨大的新月般的问号升起在我面前:"他是谁?"只要出现彼得的名字,我总要问一句:他是谁?彼得,看来是永远也猜不透了。

不过,还有截然相反的情况:诗中但凡出现问句,我便立刻怀疑到彼得头上。

> 彼得堡城中为何
> 响起枪声和喊声?[①]

我立刻回答:"我知道,是彼得!"但他究竟做了些什么,我还是不知道。因为诗中暗示了一次,却是幌子。诗中的一切暗示都不大对头,尤其是这几句,已经不对头到令人发笑的地步了:

[①] 普希金的诗歌《彼得一世的盛宴》中的诗句。

> 或许卡捷琳娜已经分娩，
> 抑或为她庆祝命名？
> 那位创造奇迹的伟人
> 为黑眉毛的妻子大宴亲朋。

我不懂什么是分娩，只知道出生。我也从未听说过彼得的妻子，什么卡捷琳娜。而"创造奇迹的伟人"只能让我想到奇迹创造者尼古拉，他是个老头儿，是个圣人，没有妻子。可诗里说有。好吧，就算是个已婚的奇迹创造者吧。

天哪，在如此之多的"为什么"与如此之多的荒谬暗示之后，那令人无比幸福的"因此"终于映入眼帘，真是让人松了一口气！"因此彼得堡城中——响起欢声笑语。"

我一点一滴地回顾着童年的普希金，直到现在才发现，普希金是多么迷恋设问这个手法："为何响起枪声和喊声？""他是谁？是谁在星光月色之中？""黑山人，何许人也？"等等。倘若我当时信以为真，以为他确实不知道为什么，那么我可能会认为，诗人就是所有人当中一无所知的那一个，他竟然来问我这个小孩子。然而这个恼火万分的孩子察觉到了，他是故意这样问的，他虽然发问，却已知道答案。我还察觉到，他是在给我下圈套，于是我不相信他给的任何提示，我身不由己地看懂了每个提示，一行接一行，就这样以自己的方式，看懂了全诗。这些永志不忘的情景，我都归功于童年时代普希金的历史长诗。

然而，我不能不说出自己的心声，不论当初还是现在，我都认为诗中的设问是一种令人恼火的激将法。原因很简单，每一个"为什么"都需要得到回应，每一个"为什么"都预示着一个"因为"，这便削弱了过程本身的价值,整首诗都成了原因与结果之间的过渡,将我们的注意力导向那个浮于表面的最终目的,诗歌本不应如此。接连不断的问题将诗歌变成了一个谜语,一项指归。诗歌本身确是一个谜,每一首诗都有自己的使命,然而这个谜语并没有现成的谜底,这项使命也不像习题册的习题一般有确定的答案。

  不过,《溺死鬼》这首诗中没有一个问题,有的只是一个个令人惊愕的意外。第一,这些孩子,即诗中的"我们"竟敢独自在河边玩耍。第二,"我们"竟然管自己的父亲叫"老爸"! 第三,"我们"竟然不害怕死人。他们的喊声不带一丝恐惧,反而兴高采烈,就像这样,仿佛在合唱:"老爸!老爸!咱家的网!拉上来啦!是个死人!""胡说,胡说,这帮淘气鬼,"父亲朝他们吼道,"唉,这帮孩子! 瞧吧,哪有什么死人!"这个"若蛇-死人"当然和游蛇[①]有点像,大概因为是诗歌,所以会把"游蛇"称为"若蛇"。我说和游蛇有点像,但是我从来都没好好考虑过游蛇的样子,由于无法完全明确这个形象的概念,我便极其大声地喊叫,读成这样:"哪有什么! 若蛇-死人!"假如当时有人问我,我形容出的画面也许会是这个样子:地底住着一群若蛇-死人,而这个死人的名字就叫若蛇,因为他看上去和游蛇有点像,带着游蛇的气质,还和游蛇睡在一起。

  我在塔鲁萨就见识过游蛇,也见过淹死的人。秋天,我们在塔鲁萨居住了很久很久,那时不会有过早降临的黑沉沉的暮霭,也不会有姗姗来迟的幽暗的早晨。我们住在那座孤零零的别墅,与周围的人家隔着至少两俄里的距离,我们唯一的近邻(我们只需一分钟

[①] 诗歌原文为:"Будет вам, ужо, мертвец!""瞧吧"(ужо)一词与"游蛇"(уж)一词形近,"我"将 ужо 与 мертвец 连起来理解,误认为是名词"ужо-мертвец",即"若蛇的死人"。

就能跑下河堤,他们只需一分钟就能爬上河岸)就是奥卡河("河里的鱼还少吗?")。不过河里不只有鱼,每逢夏季,就会有人淹死在河中,小男孩居多——又被卷到木筏下面去了,不过也常有醉鬼,甚至常有那些意识清醒的人。有一回,一个筏运工连人带船沉下了水,而外公亚历山大·达尼罗维奇碰巧也随即去世,父亲母亲离开别墅去祭祀四十天忌日,因遗嘱的事耽搁在那里。我知道这么想是有罪过的,因为外公根本就不是淹死的,而是死于癌症,也就是说——死于河虾①?诗里就是这么写的:

  几只黑虾紧紧抓住,
  他那泡得发胀的躯体!

  ……一句话,透过餐厅的玻璃门可以看见阳台上幽灵般的柱子,柱子脚下便是汹涌的河水:

  一早天气变得糟糕,
  夜晚风暴就会降临,
  溺死鬼跑来敲敲打打,
  又敲窗棂又敲门。

  若蛇的死人有一张变幻不定的双重面孔,时而是外公亚历山大·达尼罗维奇,时而又是淹死在河中的筏运工。
  不过,其他所谓的恐怖诗歌,比如《妖尸》,却一点也不恐怖。这也许是因为刚读到第一行,瓦尼亚就立刻暴露了胆小鬼的真面目,

---

① 俄语中,"癌症"与"虾"是同音同形词。

吓得冷汗直流,脸色煞白,不由让人鄙夷不屑。众所周知,鄙夷,是治愈一切激情的良药,即便是我心目中最强烈的激情——恐惧的激情,也会得以平息。"这,分明是张着血盆大口的妖尸在啃食尸骨。"一般说来,谁会啃骨头呢?当然是狗。妖尸想必也是狗的一种,长着血红的嘴巴。它不过是一只嘴巴通红的黑色(因为是在夜里)小狗。可是傻瓜瓦尼亚(这个可怜虫)却被吓坏了。于是整首诗的恐怖效果因为这些被啃食的骨头而大打折扣,小孩子都会认为只有狗才会啃骨头。令人毛骨悚然的妖尸立刻原形毕露,原来是一条狗。普希金在诗的最后一行才提到这条狗,也就是说,这首诗里,妖尸一秒钟都没存在过。就这样,一切恐怖都消失殆尽,只剩下"妖尸"这个词,即诗的标题。当然了,"妖尸"这个词令人颇感不快(有点儿舔来舔去的感觉)。那条狗呢,肯定也不完全像狗,不然也不会叫作妖尸了。它那血红的嘴巴,在深夜也那么引人注目,不大吉利;还有它的所作所为,竟然把骨头叼到坟地上去啃,真龌龊。不过,在我看来这一切都无法成为瓦尼亚如此恐惧的理由。要是瓦尼亚只身穿过坟地,却没有遇到一条狗,那才叫恐怖呢。有了狗,反倒令人振奋。(《维》[①]中也是这样,只有霍马孤身一人和女尸待在一起的时候才算恐怖,随着维及其手下的出现,恐怖感便烟消云散。人多就是热闹。)

  总之,真是条奇怪的、令人生疑的狗。而瓦尼亚,无疑是个大傻瓜,是个可怜虫,是个胆小鬼。此外,他还是个凶恶的家伙:"你们想象一下瓦尼亚的狠毒!"于是我们想象了一番:穿着皮靴的瓦尼亚当即就踢了狗一脚,因为他是个凶恶的家伙……对一个规规矩矩的孩

[①] 《维》:俄国作家果戈理的短篇小说,小说集《密尔哥罗德》中的一篇。"维"是民间传说中的一种妖魔。

子来说,没有比打狗更狠毒的行径了,还不如杀死一个家庭女教师。凶恶的男孩和狗,既然二者同时出现,那么这种行径注定会发生。

同所有心爱事物的结局一样,这件事也以眼泪告终。多么可爱的灰褐色小狗,毛色有点儿发黑,还有一张微微发红的嘴巴,从厨房里偷了一块骨头,生怕被厨娘夺走,便叼着它溜到坟地里去,可突然有个胆小鬼瓦尼亚从旁边走过,上去给了一脚,正踢在它好看的湿漉漉的脸上。呜——呜——呜……

不过所有的恐怖诗当中我最喜爱的是《鬼怪》,它的恐怖令人感到亲切,这种亲切感又渗透着些许恐怖。"云块疾驰,乌云翻滚,月亮是个隐形人……"

开头就很可怕:月亮看不见,可它是存在的,月亮是个隐形人,月亮戴着隐形帽,它将一切尽收眼底,别人却无法看到它的身影。多么诡异的诗(这是一种诡异的状态)!在这里你可以(也不得不)同时化作万物:化作月亮,化作骑手,化作飞奔疾驰的骏马,还有——他们,哦,真是甜蜜,简直甜蜜得使人昏迷!因为每一个读到这首诗的人,都既乘坐着雪橇,又飞驰在雪橇上空,在那浩渺无垠的高空发出变化多端的呼号,与此同时又坐在雪橇上,因这呼号声而魄散魂飘。有两种东西在飞驰,雪橇与乌云。两者之中都有你,你也在飞行。不过,除了地面疾驰的雪橇和空中飞驰的乌云,我还化为了第三者——月亮。就是那轮隐形的月亮。我看见了普希金,看见了他头顶上的群魔,而普希金与群魔的上空——是我自己在飞翔。

恐惧与怜悯(还有愤怒,还有忧愁,还有呵护)是我童年岁月里最主要的激情,它们得不到滋养的地方,我便不会存在。然而,《鬼怪》里的鬼怪们又使我心中涌起另外一种怜悯之情,竟与对妖尸的怜悯全然不同!我对狗的怜悯带着几分鄙夷,这是一种低微而炽热的同情,同情它那可怜的肚子,掺杂着保护欲。想要干掉瓦尼亚,干掉厨娘,把灶台上的东西全都给它吃,连锅碗瓢盆都端给它,或许,让它把瓦尼亚本人也给吃掉。对鬼怪的怜悯则是崇高的,浸淫着狂喜和赞叹,正如我日后怜悯圣赫勒拿岛的拿破仑和魏玛的歌德。我知道,"……是给家神送葬,还是让女巫出嫁?"不过如此。事实上谁都没被埋葬,谁都没有出嫁。它们总归是要哭诉,不管给谁家的老人送葬,不论谁家的姑娘出阁,都是为了尽情恸哭。它们之所以怨天尤人,并不是因为真的有什么不满,而是因为生性如此,永远不会改变,也不可能成为别的样子。(我不禁悄声说:"因为上帝诅咒了它们!")对于被诅咒者,我总是充满爱。

此外,我当然知道,它们是乌云。它们是灰色的,很柔软,仿佛不存在似的,无法用手指触碰,也无法抱在怀里,你只能在它们中间,与它们一道,或是驾着它们飞驰。它们是呼啸的空气!它们根本不存在。

"透过烟波滚滚的云雾,月亮溜出来……"月亮又溜出来了,像一只小猫,像一个窃贼,又像一头巨狼,溜进沉睡的羊群(羊群……云雾……)。"它将忧伤的月光,洒落在忧伤的林间草地……"哦,上帝啊,这是何等的忧伤!这是双倍的忧郁!如此绝望的忧伤,绵绵不绝,无从遣怀,就这样永恒地烙上了忧伤的印迹,仿佛普希金以这种反复的方式将月亮的忧伤如印章一般加盖到林间草地上。当我读到"马车夫自如的歌声,回荡无比亲切的乡情"[①],便一下子跌入另一首诗的回忆:

眼睛呵,蔚蓝色的眼睛,

[①] 本段的三句诗同为普希金抒情诗《冬天的道路》中的诗句。

你们为何将年轻的生命葬送?
噢,人们啊,狠毒的人们,
为何要拆散相爱的心灵?①

　　这双蔚蓝的眼睛,分明又是月亮,仿佛这一回月亮向外窥探了两次。与此同时我还知道,它们长在心爱的姑娘那乌黑眉毛的下方,也许,鬼怪们就是在为她哭泣,为她的出嫁而恸哭不止。

　　读者啊!我知道,"眼睛呵,蔚蓝色的眼睛"不是普希金的诗,而是一首短歌,或许是一首浪漫曲。可我当时并没意识到这一点,直到今天,内心深处还是将所有的所有混为一谈,因为"撕扯我的心灵"②与"心灵深处的忧愁"③,年轻的女妖与心爱的姑娘,道路与道路,别离与别离,爱情与爱情,是相通的。这一切,便是俄罗斯,是我的童年。倘若将我的胸膛剖开,除了那群驾云而驰的鬼怪,除了载着鬼怪迅疾飞行的乌云,你会看见我身体里还有那双蔚蓝色的眼睛。它们已成为我的一部分。

　　"我艰难时日的女伴呵——我那衰老的亲爱的人④!"⑤这句诗用在阿霞的保姆身上是多么不妥。阿霞的保姆既不衰老,也不年轻,还有一个令人反感的姓氏"穆欣娜"⑥。若是用在我的保姆身上,又该多么合适,倘若我有保姆,我那不曾存在的保姆呵。此外,用来形容我家那群一边啄食一边咕咕鸣叫、一边啄食一边喃喃低语的鸽

---

① 俄国诗人格林卡的诗歌《三套车》中的诗句。
② 普希金诗歌《鬼怪》中的诗句。
③ 普希金诗歌《冬天的道路》中的诗句。
④ 俄语中"亲爱的人"与"小鸽子"是同一个词。
⑤ 普希金诗歌《致奶娘》中的诗句。俄语中的"奶娘"与"保姆"是同一个词。
⑥ 俄语中"穆欣娜"与"苍蝇"词形相近。

子,还有那间灰蓝色的鸽子房,也是再恰当不过。(我的保姆一定是"小鸽子",而阿霞的保姆只是穆欣娜。)

"亲爱的人"这个词我知道,父亲总是这样称呼母亲("你不这样认为吗,亲爱的?""你不这么觉得吗,亲爱的?""上帝保佑他们吧,亲爱的!"),满口都是"亲爱的",好像从没用过别的称呼。不过"女伴"这个词对我来说很陌生,我和阿霞孤零零地长大,不曾有朋友。"女伴"是所有词汇当中最有亲切感的,我第一次听到这个词,便是用于称呼一个老太太。"我艰难时日的女伴呵——我那衰老的亲爱的人!"衰老的亲爱的人,也就是说衰老的小鸽子,一定是只羽毛蓬松、身子滚圆、毛皮暖手筒一般的小鸽子,就像妈妈那只海狗皮暖手筒似的。这只小鸽子大概是天蓝色的,普希金这样称呼自己的奶娘,因为他爱她。我叫一声"女伴",叫一声"小鸽子",就感到一阵心疼。

我怜惜的是谁? 不是奶娘,是普希金。他对奶娘的思念化作了我对他的怀念,对这个思念者的怀念。后来呢,奶娘依然坐在那里,编织着手中的毛活,我们依然能看到她的身影,可他呢? 他又在哪里? "独自一人在偏僻的松林/久久地,久久地把我等待。"她正独自等待,而他却杳无踪影! 松林我也见过,在塔鲁萨。倘若取道帕乔沃的柳林谷——母亲管它叫苏格兰——前往奥卡河畔,一座红色的岛屿会陡然映入眼帘。松林! 松涛喧响,伴随着枝干的裂声,色彩斑斓,清香阵阵,在穿越了波浪起伏的单调的柳林之后,眼前出现的赫然是一片熊熊烈火!

妈妈会用树皮制作小船,而且有船帆,而我只会吃松脂和拥抱松树。这片松林没人居住。在这片松林——在这样的松林里,住着的只有普希金的奶娘。"在那明亮的堂屋,你正守在窗下……"她的窗子非常明亮,她总是反复地擦拭着它(就像我们在大厅里等待外公的马车时那样),以便看得更分明,看看普希金是否来了,可他始终没有来。他再也不会来了。

不过整首诗里我最喜欢的一句是"你暗自悲伤，仿佛在站岗"。这里的"站岗"自然不会使我联想到哨兵的形象，因为我从未见过哨兵，我想到的是时钟①，无处不在的时钟……与时钟有关的幻象有很多很多。奶娘坐在那里暗自悲伤，她头顶上有个挂钟。抑或她一边编织毛活，一边暗自悲伤，时不时看一眼钟表。或者，她是那样悲伤，就连时钟都停了下来。"在时钟上"可引申为"在时钟下方"，以及"看向时钟"——孩童对格②总是不甚讲究。"站岗"这个词组具有某种含混性，它开启了与时钟有关的一切可能，直抵那个全然被迷雾笼罩的幻影：有大厅里摆着的座钟，钟匣子下方垂着钟摆；有挂在木柜子上方的时钟—— 一座月亮钟；还有母亲卧室里的咕咕钟—— 一座小房子，有只布谷鸟不时从房子里探出头来。布谷鸟不时地从窗子探头张望，仿佛在等待着什么人……而这首诗的第一句便说，奶娘是一只小鸽子……

就这样，"在时钟上"与"在时钟下方"有那么点相通之处，"看向时钟"最终与"在时钟里"也有几许相似，而所有这些时钟又被接下来的诗行所证实：奶娘手里钢铁做的织针，正是钟表指针的孪生兄弟。我这本文选里的《致奶娘》便以奶娘遍布皱纹的手里的织针宣告终结。

这本文选的编者显然对孩童的理解能力持怀疑态度，认为如此幼小的孩子不可能懂得忧愁、预感、关切、苦闷以及时时刻刻的概念③。

---

① 俄语中，"站岗"字面意思为"在时钟上"。
② 格：俄语的名词有六个格，名词词尾的变化代表不同的意义。
③ 文选读本里的《致奶娘》是普希金原诗的节选，原诗共13行，文选中只节选了前8行。忧愁、预感、关切、苦闷、时时刻刻等是后5行中出现的内容。

当然,除却自己的忧愁,这首诗的最后两行我什么也没明白。虽不明白,却记在了心里。我将这两句诗铭记在心。直至今日,当我读到那双"布满皱纹的手"和"被遗忘的大门"①,仍会有一秒钟的迟疑,普希金的结尾仿佛成了一根移接的枝丫,接长在了这本文选的树干上。是的,童年获得的一切认知都会铭记一生,然而,有些事倘若童年时代没有明白,一辈子便也懵懵懂懂。

童年明白的事情中有一点:世上所有女人当中,普希金最爱自己的奶娘,而奶娘并不能算是女人。从普希金的《致奶娘》中我明白了一个道理,终生不忘:给老妇人的爱可以比给年轻女人的爱更多。爱老妇人,因为她是至亲;爱年轻女人,只因为她们年轻可爱。如此温情的话语,普希金不曾写给任何别的女人。

写给老妇人的如此温情的话语,只在不久前匆匆离我们而去的天才马塞尔·普鲁斯特的作品中才能找到。普希金。普鲁斯特。两座赤子之心的纪念碑。

* * * * *

回眸往昔,我发现,除了极少数的纯抒情诗——它们在我的文选读本里本就少见——普希金的诗歌,以及所有的诗歌,对于七岁之前的我来说都是一系列谜题般的图画。它们之所以像谜一般,仅仅是由于母亲提出的那些问题,因为诗歌的世界正如情感的世界,只有问题才会将现象从客观存在的状态中分离出来,从而引发困惑与不解。母亲若不提问,我便理解得很透彻,或者说,根本没有考虑是否理解,仿佛就这样看透了一切。不过,幸运的是,母亲并不会一直提问,因此有些诗我是明白的。

---

① 普希金《致奶娘》原诗中,"被遗忘的大门"是"布满皱纹的手"的下一行,是被删节部分的第一句。

勇士①。"山冈那边枪声阵阵,敌我双方虎视眈眈,山顶上哥萨克人面前,红色的勇士正在盘旋。"勇士是魔鬼,因此他是红色的,因此他正在盘旋。哥萨克人同魔鬼斯杀。1924年在布拉格,我先是在一个俄罗斯大学生口中听说,然后又接二连三地听闻,这个"勇士"是切尔克斯人的旗帜,而不是切尔克斯人(不是魔鬼)。当时我是多么惊诧和沮丧。"得了吧,普希金写的可是'红色的旗帜在盘旋!'切尔克斯人怎么可能盘旋?只有旗帜才能盘旋!""当然会盘旋。切尔克斯人连同他的衣裳都能盘旋起来呢。""好吧,现代主义确实会这么写。普希金同现代主义的区别就是,他写得简洁质朴,这也是他的天才所在。什么东西能盘旋呢?旗帜。""我一直认为,'勇士已中了梭镖,哥萨克也人头落地'说的是双方同归于尽。我尤其喜欢这一点。""真是地地道道的诗歌的臆想!可怜的普希金要是知道了在棺材里也要翻个身。你那句'勇士已中了梭镖',意思是旗帜已经被梭镖刺中,就在这一刹那红旗手砍掉了哥萨克的人头。""啊,这就让人不痛快了。凭什么哥萨克被砍了头,切尔克斯人却活了下来?还有,旗帜怎么可能中了梭镖??我还是喜欢自己的这种理解。""您请便吧,可普希金就是这么写的。您总不能像布尔什维克那样修改普希金的作品吧。"

于是我只好痛苦地相信,"勇士"其实是旗帜,那刀光剑影、同归于尽的场景也是我臆想出来的。然而不经意间,在1936年的今天,我的目光扫过这首诗,不禁一阵惊喜!

  哎,哥萨克,切莫奔赴战场!
  一个勇士策马疾驰,所向披靡,

---

① 原文特指土耳其军队的护兵官。

他将挥起手中弯弯的军刀，
　　从肩头砍下你剽悍的首级。

　　难不成是旗帜用弯弯的军刀将剽悍的哥萨克人的首级从肩头砍落？

　　看来，一个可怜而无知的七岁孩童对俄罗斯最具智慧的才子的理解，竟比那些年长她三倍的布拉格大学生更为准确。

　　"黑山人？何许人也？波拿巴问"这首诗则是个彻头彻尾的谜题。这两行诗出现了两个陌生词汇，一行一个：黑山人和波拿巴，黑山人对于陌生的波拿巴来说竟然也是陌生人，这便大大加深了他的陌生程度。

　　"波拿巴是什么？"不，我没敢问过母亲这个问题，因为我还牢记着"去小树墩那边"的那次倒霉的散步。那一回我问了母亲一个问题，那是我童年时代问的第一个问题，也是唯一的一个："妈妈，拿破仑是什么？""怎么？你不知道谁是拿破仑？""不知道，没人跟我讲过。""可这是常识啊，就像飘在空气里的东西一样平常①！"

　　我永远都忘不掉那种深刻而绝望的耻辱感，我竟然连飘在空气里的东西都不知道！而且，"飘在空气里"是什么意思我自然不懂，可是我看到了，看到了某种叫作拿破仑的东西在空中飘来飘去。很快，这个形象便被文选读本里的《飞船》和《夜巡》所证实②。

　　至于黑山人，在我的想象中他们当然是全身黝黑，我把他们想

----

① 俄文中的固定表达方式，字面意思为"像飘在空气当中"，引申意为显而易见、众所周知的常识。

② 《飞船》是俄国诗人莱蒙托夫的诗作，《夜巡》是俄国诗人茹科夫斯基的诗作，二者都以拿破仑为题材。

象成黑人,想象成普希金。这是一个凶悍的部落,他们栖身的大山也是漆黑的。黑色的族群生活在黑色的山上。每一座陡峭的山峰上都盘踞着一个小小的黑山人,又小又凶恶,简直是个小魔鬼[①]。而波拿巴大概是红色的,而且很可怕。同样是一人占据一座山峰。(我从未料到过,波拿巴就是那个在空中飘来飘去的拿破仑,因为我问出的这种问题让母亲惊骇不已,全然忘记了回答。)

回答我的不是母亲,也不是旁人。关于拿破仑是什么这个问题,是普希金给了我答案。

* * * * * *

"阿霞!穆霞!告诉你们一件事!"细高个子的安德留沙将整座楼梯踩得嘎吱作响,他飞快地冲进儿童卧室,脸上闪过一丝转瞬即逝的微笑,带着些许凶残,些许窘迫。"亚尔霍大夫刚刚来看过妈妈了,他说妈妈得了肺结核,她现在快死了,我们很快就要看见她蒙上白布的样子啦!"

阿霞哭了,安德留沙则兴奋地蹦了起来。我呢,我还没来得及做出反应,母亲便紧跟着安德留沙走了进来。

"孩子们!刚才亚尔霍大夫来过了,说我得了肺结核,我们全家要去海边了。我们要去海边了,你们高兴吗?"

"不!"阿霞呜咽着,"因为安德留沙说你要死了,我们很快就要看见……"

"胡说!胡说!胡说!"

"……看见我蒙上白布的样子了,对吗?穆霞,他是不是这么说的?"

"穆霞,我没说过,对不对?是她说的,对不对?"

---

① 俄文中,"小魔鬼"与"小黑山人"有相似的词根。

"不管怎样,不管是谁,说这蠢话的肯定是你,安德留沙,因为阿霞还太小,说不出这种蠢话。我马上要死了,要蒙上白布了?不,我压根儿不会死,恰恰相反,我们全家都要去海边。"

去海边①。

启程之前,1902年的整个夏天我都在抄写这首诗,将它从文选读本誊写到自己缝制的袖珍小书上面。既然文选中有,为什么还要誊写到袖珍小书上?为的是把它永远揣进口袋,随身携带;为的是和大海一起去帕乔沃散步,一起去小树墩那边玩耍;为的是让它为我所有,成为我亲手书写的大海。

大家都在户外乘凉。我独自一人坐在楼顶凉台的格子间。七月的正午,顶层阁楼的燥热使我大汗淋漓。不过,主要还是因为前年外公去世前送给我的那件卡尔斯巴德连衣裙,因为舍不得穿而变得又紧又小。我汗流浃背,心中充溢着狂喜。与此同时,裙子的凸纹布扎在身上,狂躁难耐,几乎使我炸裂开来。就这样,我用直来直去的笔画写下一个个又黑又圆、越来越密集的大字,在亲自缝制的小书上抄写着这首《致大海》。若要书写爱情,练习本显然太过简陋,何况我也没有练习本。母亲从不给我纸张写字,只允许我画画。一刀写字纸,折成八折,裁开,中间只需缝上一针,便制成了我的袖珍小书。稍有触碰,小书的纸张便很容易翻卷,很容易散页,动不动就张牙舞爪地扎煞开来,跟我身上穿的凸纹布裙子和哔叽衣服一个样。于是,我不写字的时候便坐在上面,用全身的力气和重量压着它,夜里则把它压在我挚爱的闪着光点的鹅卵石下面。哦,不是它,而是它们,因为整个夏天我写了许多许多,已记不清究竟是哪一本了。

---

① 去海边:也可译作"致大海",即普希金的抒情诗《致大海》。

我抄着抄着，突然发现末尾的几行稍稍有些不工整，可能是在抄写的时候漏掉了一个词，可能是滴上了一个墨点，也可能是袖子将这一页末尾的字迹蹭花了。自然，这本小书我不再喜欢。这简直不能算是袖珍小书，而是最最普通的小孩子的涂鸦。这一页被撕了下来。任何一本脱页的书都丑陋不堪。于是我又拿来一刀纸（阿霞或安德留沙的纸），充满耐心，笨手笨脚，用粗大的绣花针（我没有别的针）缝制新的小书。在这本小书中，我怀着新的热忱，用心地写下："再见了，自由的元素！"[①]

元素，自然是诗[②]。任何一首其他的诗里都没讲得这般明白。为什么要说再见呢？因为倘若爱着，便总是要离别。只有离别之时，才会觉察到爱。"我心灵愿望之所在"——这个愿望所在，一定是某个坚如磐石的地方，非常牢固。或许，是他那块挚爱的岩石，他总是静静地坐在这块岩石上。

不过，这首诗中我最爱的是这一句：

心灵的挣扎归于枉然！

枉然——是他无法抵达的地方。究竟是何方？想必也是我想要抵达的那个地方。是奥卡河的彼岸，我无论如何也无法抵达，因为中间隔着一个奥卡河；是拉绍德封[③]，那里有外婆的童年，每个夜晚都有守夜人巡逻，手拿板子，边走边唱："更夫不睡觉，已经十点啦！"于是家家熄灭灯火，要是谁家还亮着灯，医生就会找上门，或是

[①] 这一句为普希金《致大海》的首句。
[②] 俄语中，"元素"一词与"诗歌"一词形近。
[③] 拉绍德封：瑞士西部的城市。茨维塔耶娃母亲的继母在这里的村庄长大。

把你抓进监狱。枉然——是去别人家中生活,那家会只有我这一个孩子,没有阿霞,我会成为他们挚爱的女儿,我会有另外一个母亲,有另外一个名字——或许叫卡佳,或许叫罗格涅达,抑或是个男孩,叫亚历山大。

> 你在等待,你在召唤。
> 可我戴着枷锁。
> 心灵的挣扎归于枉然!
> 强烈的激情将我迷醉,
> 我只能独自留在岸边。

枉然——是他心灵向往之地;而强烈的激情,当然指向大海。结果,正是出于对那个地方的向往,普希金才留在了岸边。

他为何没有动身?一定是因为强烈的激情使他迷醉,如此迷醉,竟动弹不得!(我童年一切与愿望有关的经验使我对此深信不疑,在强烈愿望的支配下,整个身体都会僵硬不堪。)于是,承受着命运与拒绝的全部重量,他说:

> 我只能独自留在岸边。

(上帝哦!性别属性的获得使人失去了多少东西!当"枉然""那边""那个""那里"用于称名,蔚蓝的忧伤与河流之中逐渐显现出一副面孔,有鼻子,有眼睛,在我童年的想象中还戴着夹鼻眼镜,长着唇髭……我们称此为彼,犯了多么严重的错误!而这种错误,那时却未曾犯过。)

瞧,这人只有名字,没有父称。他生前最后几个追随者带着弱势力特有的敏锐嗅觉,拒绝在墓碑的名字后面再刻上一个姓氏(此人有两个名字,却没有姓氏),于是墓碑上一片空白①。

> 那是一面峭壁,一座光荣的陵墓……
> 那里,沉浸在冰冷的睡梦中的
> 是多少庄严的回忆
> 那里,拿破仑的生命悄然止熄……

噢,倘若早些读到这些诗行,我便不会问出"妈妈,拿破仑是什么"这样的问题。拿破仑,是死于苦难的那个人,是饱受折磨的那个人。难道不足以爱上一辈子吗?

> ……紧跟他身后,风暴一样喧响,
> 离我们飞逝而去的,是另一位天才,
> 我们思想的另一位主宰。

我看到一个星号,看到下方的一个脚注:拜伦。

然而我看到的已不再是星号。我看到,在某种东西的上方,是一片大海,光芒之中显现出头颅,乌云之中显露出身体,一位天才在飞驰。他的名字叫拜伦。

这是灵感的峰巅。从"再见吧,大海……"这句开始,泪水便奔涌而出。"再见吧,大海!我不会忘怀……"他在向大海许下诺言,正如我在离开塔鲁萨之时向我的白桦树、我的榛子树和我的枞树许

---

① 拿破仑死后,英国政府只允许在圣赫勒拿岛的墓碑上刻出名字的首字母和姓氏,而拿破仑的追随者坚持镌刻名字,双方始终未能达成协议。

诺。或许,大海不会信以为真,以为他终究会把它遗忘。于是他再次许诺:"我将久久地、久久地聆听,你向晚时分的轰鸣……"(我不会忘怀,我将……)

> 我心中满是你的身影,
> 我将你的峭壁,你的海湾,
> 还有波光云影,海浪的絮语,
> 带到林莽与沉默的荒原。

看,又是一个幻影:普希金将大海整个举过头顶,搬走,带走;大海还荡漾在他的心中(我心中满是你的身影),因此,他的内在,一切都是蓝色的,仿佛他整个人都置身于一个擎天的、巨大的水晶蛋壳之中,同时这个巨蛋也与他融为一体(海与天的融合构成海的苍穹)。特维尔大街那个普希金将整个天空擎在肩头,这个普希金则托举着整个汪洋,将它带到荒漠,使其倾注而下,于是荒漠也变成大海。

> 我心中满是你的身影,
> 我将你的峭壁,你的海湾,
> 还有波光云影,海浪的絮语,
> 带到林莽与沉默的荒原。

当我读到海浪时,泪水已潸然而下。每一次都泪水滂沱,有时将纸张洇湿,使我不得不裁开一刀新的书写纸。

* * * * * *

恰恰由于我公然地爱着,人们才对我心中的这份爱一无所知。

1902年11月,当母亲走进我们的儿童卧室,宣布去海边时,她显然没有料到自己说出了怎样一个具有魔力的语词,说出了"致大海"。就这样,她做了一个承诺,一个无法兑现的承诺。

从这一刻起,我便向海边走去。临行前整整一个月,我不用上学,无所事事。在这漫漫长日,我孤独地向海边走去,一刻不停。

直到今天,我依然听见自己那顽固的、令人厌烦的声音,我对所有人,对每一个人说:"咱们来幻想幻想吧!"在母亲的呓语、咳嗽和喘息声中,在临行前家中忙乱而震颤的嘈杂声和咯吱声中,依旧能听到我那偏执的、催眠般的声音,既专横又带着乞求:"咱们来幻想幻想吧!"因为在你懂得幻想和孤独是一回事之前,懂得幻想是孤独的物证、是孤独的源泉和唯一的补偿之前,懂得孤独是幻想的残酷法则和唯一的作用域之前,在你与这一切取得认同之前,生活应当继续。而我那时还是个很小的小女孩。

"阿霞,咱们来幻想幻想吧!咱们来幻想一会儿,就一小会儿!"

"我们今天已经幻想过了,我都玩儿腻了。我想画画。"

"阿霞!我把那个谢尔盖-谢苗内奇彩蛋给你。"

"你已经把它弄裂了。"

"只是里面裂了,外面还是好好的。"

"那就来吧。不过得快点儿幻想,我还想画画呢。"

彩蛋送出去之后,又当即夺了回来,因为阿霞关于大海的幻想之中,除了小石子和小贝壳,别无他物。有时因为这些小贝壳,我还打了她。

"去海边"的幻想在阿霞那里碎裂成一块块鹅卵石,和姐姐瓦列里娅玩耍则是另一番模样。她在克里米亚见过海,于是在她的幻想中,大海化作鞑靼人的鞋子,化作别墅、紫藤,化作少女岩和僧侣岩,化作想到的一切,除了大海本身。于是在经历了这些"咱们来幻想幻想"的游戏之后,我心中大海的形象已所剩无几,只留下令人苦恼的一无所知的感觉。

阿霞,瓦列里娅,家庭女教师玛利亚·亨利霍夫娜,还有也要随行去海边的女佣阿丽莎……我究竟想从她们这里听到些什么呢?

或许,我想听她们讲特维尔大街的普希金纪念像,听到他脚下那海浪的絮语?不,不是这个。我的"去海边"的幻想中没有任何视觉的、直观的东西,有的只是声响——将那个玫瑰红的澳大利亚海螺贴在耳边时发出的阵阵喧响;此外还有些朦胧的幻影——是那个拜伦,那个拿破仑,我竟未曾见过他们的面庞;最主要的,是语词的音响;而最最主要的,是忧愁,是普希金的呼唤与告别中绕梁不绝的忧愁。

有人教会阿霞说"小石子,小贝壳",瓦列里娅在克里米亚的经历使她能够列举出紫藤和锡梅伊兹[①],而我,尽管我对大海是那么向往,却什么也说不出,什么也列举不出。

* * * * * *

然而,在最后一刻来了一个救星——第一个也是唯一一个来自大海的信物:娜佳·伊洛瓦伊斯卡娅从内尔维寄来的一张蓝色明信片。内尔维,就是我们即将前往的地方。通体幽蓝。如此幽蓝的地方和如此幽蓝的明信片我还从未见过,也根本不知道它们的存在。

墨蓝的松林,淡蓝的月亮,墨蓝的乌云,淡蓝的月光柱,而这光柱两侧的蓝色是那么幽暗,暗得什么也看不到。大海就藏在这片暗影之中。大海,既微小又巨大,漆黑一片,难以辨认。在画面的边缘,在离我们飞逝而去的另一位天才驾驭的那些乌云上方,是一行淡紫色墨水写成的花体字,它们稍稍触及月亮的眼眸,卷曲如秀发:

---

① 锡梅伊兹:克里米亚的一个海滨小镇。

"快来吧,这里太美妙了。"

我将这张明信片据为己有。我立刻便把它从瓦列里娅那儿偷了出来。偷来以后藏在我那张黑色书桌的底层,有点儿像姑娘们将爱的结晶连同自己的爱情抛到井底!我常常将额头抵在桌盖上,闪电般迅疾地瞥上几眼,简直是用目光将它灼烧,将它吞噬。我同这张明信片秘密相处,正如那个姑娘与情人生活在一起,如此隐秘,如此胆战心惊,充满禁忌,又充满幸福。

我那宛如黑色棺椁和岩洞的书桌的底部,藏着一件珍宝。我那宛如黑色棺椁和岩洞的书桌的底部,藏着一片大海。我的大海,由于黑洞洞的书桌和偷窃般的隐秘行径而被漆黑的阴影吞噬。因为我将它偷来,为的是不让别人一睹它的姿容,为的是让看到过它的人彻底将它遗忘。为的是独自占有,让它成为我的大海。

我将艳丽而炽烈的玫瑰红色澳大利亚海螺贴在耳边,将幽蓝的明信片摆在眼前。就这样,我消磨着人生中最为漫长,最为荒寂,也最为充实的一个月,消磨着一个伟大的前夜,而这前夜之后,我那憧憬已久的白日终究未能来临。

* * * * * *

"阿霞!穆霞!看!大海!"

"在哪儿?在哪儿?"

"那不就是,瞧!"

瞧,一片密密麻麻的光秃秃的森林,横七竖八的树干和枝条,下方是一片波澜不兴的灰白色水面,一小汪水,就像《耶稣向百姓显容》那幅画里那样少得可怜。

这,就是海?我和阿霞对视了一眼,带着公然的鄙夷,轻蔑地哼了一声。

不过,母亲解释了一番,我们便相信了:这是热那亚海湾,热那

137

亚海湾——就是这样。至于真正的大海,只能等明天。

然而,明天以及无数个明天都已过去,大海还是没有出现,出现在眼前的只有狭长的街道尽头热那亚旅馆那壁立的外垣。这里的房屋鳞次栉比,大海即便有,也会望而却步。跟父亲去港口散步也不能算是看海。那片所谓的"海"我看都没看,因为我知道,这只是海湾罢了。

总之,我依旧行走在"去海边"的路上,越是走得近,越是不能相信我真的会走到海边去。在热那亚的最后一天,母亲体温计的水银柱稍稍下降,父亲很是高兴,一大早对我们说:"孩子们!今晚你们就能看到海啦!"而我已完全失望,甚至听到这话也高兴不起来了。海,依旧在退却。我们在经历了旅馆、月台、火车、莫丹和维克多-艾曼努尔,经历了种种鞍马劳顿之后,终于在"今晚"扛着所有行李包裹闯进内尔维的"俄罗斯旅馆"。已是深夜,一盏前所未见的煤气灯像一只可怕的眼睛,忽明忽暗,母亲又发起高烧,像炭火一般滚烫。我宁肯死,也不敢再提什么"去海边"了。

不过,即便我母亲完全健康,对我像其他母亲对其他小女孩一样和蔼,我依旧不会再提出去海边的要求了。

海就在这里,我也在这里,我们之间隔着夜晚,隔着漆黑的夜和漆黑的陌生的房间。这片黑暗终会消逝,那时,便只有我们两个同在。

海就在这里,我也在这里,我们之间绵延着整个姗姗来迟的幸福。

哦,这个夜晚,我竟是如何走向了大海!(后来,我又何曾以这种方式向旁人走去!)不单是我向它走去,这个夜晚,它也向我走来,穿越了整个夜的黑暗,向着我一人,全身心地走来。

海在这里,明天我就会与它相见。此地,明天。这种占有是如此充实,这种占有是如此平静,我再未拥有过这种感觉。这个大海正合我意。

海在这里,但我不知它究竟在何处。我没有看到它的身影,于是它的身影无处不在。我就沉在海底,正如那张明信片静静地躺在黑色棺椁般的课桌的底部。

这是我生命中最伟大的前夜。

海,在这里;海,不存在。

* * * * * *

清晨,去海边的路上,瓦列里娅说:

"感觉到了吗,海的气味?从那边飘来的气味!"

怎么会感觉不到!从那边飘来一股气息,处处都散发着某种气息,然而……问题就在这儿,我辨别不出海的气息。自由的元素不会散发出这种气味,蓝色的明信片也没有散发出这种气味。

我警觉起来。

* * * * * *

海。我瞪大了眼睛。(十八年以后,我在勃洛克①身上注目时也是这样瞪大了眼睛。)

矮矮的黑色岩石,上面高高地耸立着一根铁钎。

"这块岩石叫青蛙岩,"房东的儿子——褐色头发的瓦洛佳兴冲冲地介绍着,"这是咱们的青蛙。"

我和青蛙之间是浅浅的海水,非常清浅,非常明亮,水底有小石子和小玻璃块(就是阿霞"幻想"的那些)。

"这是岩洞,"瓦洛佳看了看自己脚下,解释道,"这也是咱们的岩洞,这儿都是咱们的。想去的话,咱们就往里面爬一爬。不过你

---

① 亚历山大·勃洛克(1880—1921):俄罗斯白银时代象征主义诗人。

们会摔跤的!"

爬着爬着,我便摔了一跤。我穿着笨重的俄式皮鞋,还有毛毡一般厚重的褐色裙子,一下子栽进水里(是水里,而不是海里)。褐色头发的瓦洛佳将我拖上岸,沥出皮鞋里的水,然后我和皮鞋一起坐在岸边,等身上的裙子风干,免得被母亲发现。

阿霞和瓦洛佳的身上则是干的,他们充满鄙夷,径直往"石板"上爬。这是一块平坦的板岩状石壁,他俩站在松树下面,朝水里扔碎石子和松球。

我一边晾晒,一边向远处望去。我看到青蛙岩的后面还有水,很多水,越是辽远,越是苍茫。水的尽头是一道闪闪发光的白线,无数细小的浪花闪烁着迷离的光点,构成了这条银光闪闪的直线。我全身都是咸的,连皮鞋也是咸的。

大海是蓝的,也是咸的。

忽然,我转身背对大海,用碎石片在岩石上写下:

再见了,自由的元素!

诗很长,于是我在手臂能触及的最高处落笔。然而这首诗是那么长,我知道,任何一块岩石都无法容纳它的全部,可旁边找不到第二块如此平坦的岩石了。于是我将字母写得小得不能再小,将诗行写得密集得不能再密集,最后的那几行已全然是蝇头小字。我还知道,海浪马上就会涌来,我将无法将诗写完,这样一来,我的愿望将会破灭。什么愿望?啊,是致大海!不过,如此说来,不就是什么愿望都没有了吗?可是无所谓,没有愿望又能怎样!我应当写到海浪涌来的那一刻,在海浪涌来的那一刻将一切都全部写完,海浪已扑将过来,我恰好来得及署上名字:

亚历山大·谢尔盖耶维奇·普希金。

随即一切都被冲刷掉了,就像被舌头舔舐一空,一切重新变得湿漉漉的,变回了光滑的板岩,现在它是黑色的,就像那座花岗岩……

* * * * * *

从见到它的第一面起,我便再也没爱上过大海。渐渐地,我同所有人一样,学会了利用它,与它嬉戏,学会了捡石子,学会了戏水,正如一个梦想着伟大爱情的年轻人,却逐步学会见机行事。

如今,三十多年过去了,我发现,我想要抵达的那片海其实是普希金的胸怀。我向普希金的胸膛走去。这片胸怀中有拿破仑,有拜伦,有潮水的喧声,有闪烁的浪花,有海浪的絮语,这是他的灵魂之声。自然而然,我在环抱着青蛙岩的地中海,以及之后在黑海,在大西洋,都没有认出这片胸怀。

我向普希金的胸膛走去,走进那张幽蓝的明信片,它将海的颜色与这世界的一切蓝色都吸纳其中。

(更确切地说,是走进那个海螺,里面喧哗鸣响的其实是我自己的听觉。)

致大海,意味着大海与普希金对它的爱,意味着大海与诗人之和。不,是诗人与大海之和,是两种元素,帕斯捷尔纳克念念不忘的那两种元素:

> 自由不羁的元素的元素
> 与诗的自由不羁的元素

他省略了抑或暗示了第三种元素,最为自然的一种——抒情的元素。不过,致大海还意味着大海对普希金的爱。海,是友人;海,在呼唤,在等待;海,担心普希金将它忘怀;海,如同对待一个生命,普希金向它许下诺言,并再一次许诺。海能够回应,那是唯一的一次回应,那样充盈,溢出天际,跨越了海的边界,它不是空洞的,就像幸福的爱情。

这样的海——我的海——我的"去海边"与普希金的"致大海"只能写在纸上,藏在心里。

还有一点,普希金的海是离别的海。与海、与人,都不会以这种方式相逢。这种方式只能用来道别。初次向大海致以问候的我,又怎能从大海当中体会到普希金与之诀别时的感受?要知道普希金是最后一次在海边伫立。

我的海——普希金的自由的元素——是最后一次见面时的海,是最后一次凝眸时的海。

是否因为我在孩提时期多次亲手写下:"再见了,自由的元素!"抑或没有任何缘由。我一生中对所有事物的爱都是在离别时发生,于决裂时延续。我的爱不是相逢,不是相融。我不会爱一生,而是爱到死。

从另一个层面来理解,我与大海的相逢恰恰是与它的诀别。这是双重的诀别:与大海自由的元素告别,它并未出现在我面前,我只有转身背对真正的大海,才重建起它的形象——灰底白字,岩石刻着岩石;此外,还有与真正的大海的诀别,它出现在我面前,可那第一个大海已先入为主,我已无法再将它爱上。

再补充一点:我由于年幼无知而将元素与诗歌等同起来的做法,现在看来竟是一种远见。"自由的元素"原来是诗,而非大海。诗,便是永远无法与之诀别的唯一的元素。

1937 年

鞭笞派女教徒

她们永远以复数形式存在，因为她们从不独来独往，总是两两成双，甚至会两人共提一篮浆果，一老一少。说是一老一少，实则年龄差距不大，因为她们总处在某个集中的年龄段。她们的年龄和人数几乎一样多——总是在三十至四十之间。她们的面容大同小异：面色黝黑，泛着琥珀光泽，围着一模一样的白头巾，黑色眉毛的下缘闪烁着一模一样的眼眸，神情相似，目光灼人，穗状的睫毛，棕褐色的眼睑低垂。她们的名字也是共同的，带着集体的印记，甚至连父称也是同一个：基里尔洛夫娜。背地里，人们管她们叫鞭笞派女教徒。

为什么是基里尔洛夫娜？要知道并没有任何人提及基里尔这个名字。这个基里尔又是谁？当真是她们的父亲吗？为什么他一个儿子也没有，却一下子有这么多女儿？三十个？四十个？或者更多？既然那个褐色头发的耶稣不是基里尔洛夫娜们的兄弟，那么显然也不是基里尔的儿子。现在我想明白了：这个有着众多女儿的基里尔只是作为女儿们的父名而存在的。当时我并没有仔细思考这个问题，也没有思考过为什么一艘轮船会起名"叶卡捷琳娜"。叶卡捷琳娜——仅此而已。基里尔洛夫娜——仅此而已。

"鞭笞派女教徒"这个词的发音很是俏皮，与她们稳重的体态和严谨的礼节不符，令人吃惊。这使我联想到那些柳树，她们栖居在树下和树后，就像一群有着白色羽冠的鸟。她们头上戴着白头巾，因此鸟儿的头顶有洁白的羽毛。她们之所以像一群鸟，是由于保姆从一旁走过时挂在嘴边的那句话："瞧，这就是她们鞭笞派的巢。"这句话没有任何谴责的色彩，仅仅用来点数佩索奇内别墅到塔鲁萨城之间的那些地标："瞧，刚刚过去的是小教堂……瞧，能看见木桩子了，说明我们已经走了一半路程……瞧，这就是她们……"

她们鞭笞派的巢正位于塔鲁萨城的入口。经过了多少坡道，才来到这最后一道坡；沐浴了多少光，才落入这彻头彻尾的黑暗（乍一看一片漆黑，继而发现，原来是浓密的绿荫）；经历了暑热的炙烤，清新的空气陡然迎面而来；经历了难耐的干旱，周遭忽然弥漫起湿润的气息。一根原木裂成两半，深深扎根在泥土之中，仿佛生长在大地上。顺着这根原木，跨过那寒凉而幽暗、喧哗而湍急的小溪，左手边第一道柳条篱笆的后面，"她们鞭笞派的巢"就藏匿在那里，隐匿在大柳树和接骨木树的背后。这的确是巢，不是房屋，因为房屋被丛生的灌木吞噬，全然不见踪影。倘若篱笆门偶尔敞开，那么观者的眼睛会被门后的美景和浆果的点点红色所震惊，尤其是醋栗那美丽的艳红；坐落在某处的灰暗的木板棚则被忽略，如同眼睑上方的眉头，被眼睛排除在视野之外。人们从未谈起过基里尔洛夫娜的房屋，只会谈论花园。花园将房屋吞噬。假若当时人们问我，鞭笞派女教徒都做些什么，我会不假思索地说："在花园中漫步，吃浆果。"

不过还是来谈谈入口吧。这是通往另一个王国的入口，这个入口本身便是另一个王国。它绵延着，占据了整条街道——如果能称其为街道的话。不过，还是不能称其为街道，因为它的左侧除了绵延不尽的篱笆,什么也没有;而右侧是丛生的牛蒡,沙滩,还有那艘叫"叶卡捷琳娜"的船……这不算入口,而是一条走廊:从我家(孤独的旷野中那座孤独的房子)通向街市(通向人群,通往邮局、集市、港口、纳特金家的铺子,之后,通向市区的林荫路)。这是一个中转站,一个无人管辖的国度,一个中间地带。想着想着,突然间又会恍然大悟:原来这不是什么入口,也不是走廊,而是出口啊!(因为第一栋房屋总是等同于最后一栋!)它不仅是塔鲁萨的出口,而且是一切城市的出口。离开塔鲁萨,逃离一切高墙,一切桎梏,离弃自己的名字,冲破肌肤的包裹——它是万物的出口!打破肉体的藩篱,通往辽阔的天地。

在塔鲁萨的悠悠岁月中,我最爱的是走下坡道的那一刻。我钟爱这种感觉,胜过爱塔鲁萨的一切,确切地说,胜过爱那些"待客的时光",那些糖果和前来做客的小孩……我走进那个入口,逐渐下沉,沉入一个绿荫笼罩、溪水喧哗、渗透着寒意的幽暗世界。走过那绵延不绝的柳树与接骨木树织成的灰色篱笆,篱笆后面,所有浆果都在一瞬间成熟,比如野草莓,比如花楸果。这个幻影留在我的脑海,挥之不去。篱笆后面永远是夏天。盛夏带着它红彤彤的甜蜜果实,顷刻降临。你只需走进去(然而我们却从未走进这个世界!),所有瑰宝都立即涌入手心:野草莓、樱桃、醋栗,尤其是接骨木的果实!

我不记得有苹果。我只记得那些浆果。说来也怪,在塔鲁萨这样的小城,苹果年年丰收,每个丰收年,人们都用收衣服的大筐把苹果运到集市上去,多得连家猪都不愿意吃。可基里尔洛夫娜们却没有苹果,她们总是来我们这儿寻找苹果,来我们的"老园子"——我家那个荒芜破败的花园。园中的名贵果木都已荒废,果实几乎不能食用,只能挂在枝头静静风干。不过,来寻苹果的不是她们,不是那些端庄稳重、低眉顺目的女教徒,而是她们的圣母和基督,亦即那个褐色头发、骨瘦如柴的基督,胡子分成两绺,目光闪烁。现在,我会用"目光如水、带着醉意"来形容他的眼睛。她们的耶稣赤着双脚,衣衫褴褛,同行的是她们的圣母,老态龙钟,皮肤褪去了琥珀的光泽,变得黯淡,粗粝,尽管还未到衣衫褴褛的地步,却依旧有些骇人。父母对这些不速之客的态度带着些许……宿命般的意味。"基督又来讨苹果啦……"或是"圣母又带着基督来周围晃悠啦……"那些人未征得同意,这儿的人也不明令禁止。圣母和耶稣好似家庭不幸的代名词,是命中注定的劫难与厄运。这些不幸连同房屋被继承下来,因为基里尔洛夫娜们先于我们来到塔鲁萨,比所有人都要早,或许,甚至比鞑靼人来得还要早——我们曾在溪水中找到鞑靼人生锈的炮弹。他们的到来不是劫掠,而是乞讨。不过,需要补充一点,当我们这些孩子不小心撞见他们正在捡苹果,这些人,尤其是基督,还是会退避一旁,躲藏到另一棵苹果树后面,而圣母已经在树后将苹果匆匆塞满那个大大的麻布口袋。在这样的关头,他们彼此之间一言不发,我们自然也不敢大喝一声,以示自己的存在。于是我们在沉默中心照不宣,仿佛他们什么也没做,我们什么也没看见,仿佛这里什么人都没有,或是他们,或是我们,或是双方,都不存在。一切不过如此……

"爸爸!我们看见基督啦!"

"又来了?"

"是的。"

"好吧,基督保佑他!……"

这些偷走的苹果,父母从不过问,我们也从不报告。有时我们撞见耶稣偷完苹果,在干草垛上睡着了,老圣母坐在一旁驱赶他周围的苍蝇。这时我们便一语不发,踮起脚尖,扬起眉毛,相互使着眼色,冲着这个"意外的发现"指指点点。我们悄悄溜走,钻进我们的

"巢穴",坐在里面,晃着双腿,不时斜眼瞧瞧熟睡的基督和赶苍蝇的圣母。有时保姆当着我们的面对家庭女教师说(当然不是对我们说),这个基督是个苦命的酒鬼,人们又从沟里把他拽了上来。不过,我们自己也常常坐在沟里玩,因此一点也没感到吃惊。"苦命"这个词为我们解释了酒鬼的含义,口中不禁涌起苦艾的味道(我们什么都敢往嘴里塞)。经历了这样的苦涩,饮下整整一桶也不足为奇。

有时基督会唱歌,圣母随声应和。圣母的声音很是粗犷,而基督声音尖细,带着女声。对此我们也完全不觉得惊奇。我们一点也不惊奇,因为,首先,茨维塔耶夫家的孩子从不大惊小怪;其次,圣母皮肤黝黑,看上去身强体壮,而基督肤色白皙,柔弱无力。人们素来都用属于自己的声音唱歌,唱腔与人总该相宜,譬如,蚊子和熊蜂发出的声音本就大相径庭。那首歌在青葱幽僻的苹果园中飘荡,飘进我们绿水悠悠的沟渠,歌里唱的是一些绿树成荫的花园……我们甚至从未想过(直到现在也不明白),他们究竟是不是母子,为什么叫圣母和基督。我们就这样忽略了这个问题,从未向父母打听过,也没有去问保姆,尽管我们一点也不怕她。这倒不是因为我们相信他们是从圣像画中走出来的(圣像画上的圣母与基督,毕竟不会去偷苹果……),他们不是圣像画中的,却也并非凡人。也许,单是他们的名号就能使人为之一颤,毕竟不是每个人都能叫作圣母和基督!而且,如此称谓使他们确立了某种不容置疑的地位,对此我们无权审判。在当时这种感觉的左右下,我们大致做出如下论断:

"既然他们偷苹果,那么便不完全是基督和圣母;不过他们毕竟是基督和圣母,也就是说,他们的行为不完全算偷。"他们的确没有偷,没有拿,只是在避人耳目。现在明白了,他们躲避的不是我们(孩子本来就与乞丐和小偷无异),而是所有人的眼睛。任何野兽,任何孩童(而且不仅仅是孩童与野兽,相信我!),只要被人盯着看,总是无法忍受。总之,对于我们来说,这对流浪者不是普通人,即便不是真正的圣母与基督,至少也是他们的同类。基督与圣母离群索居(不,是在远离人群的地方游荡,关于他们的生活和居所我一无所知),总是形影不离,我常常看着他们暗自思索:"应当是这么一回事,那位圣母是跟在那个基督后面照看他的。"因为她确实总走在他的身后,跟得紧紧的,只隔一小段距离,免得踩到他赤裸的后脚跟。一边走,一边仿佛在用身子护着他。他整个人都虚弱无力,低落,沮丧,似乎总也走不到他想去的地方,只能听任腿脚自己走路,而腿脚也并不确定该走向何方,于是时而陷进车辙,时而踩到石头,时而撞上土丘,时而又全然没了主意,只管跟跟跄跄,到处乱走。于是处处都有他们的踪迹。集市上,大路边,长满牛蒡的田野中,还有奥卡河畔……柳林里的那些姐妹从没来这儿偷过苹果,这对母子也从没把柳林的浆果带到这边。试想,基督突然带来些野草莓!这念头真是古怪。而且,基里尔洛夫娜们逢人便鞠躬,圣母则恰恰相反,从未对人行过礼,基督就更不用说了,不仅拿目光瞟你一眼,而且整个身子都从你旁边飘然而过!

"太太!基里尔家送野草莓来了……要不要收下?"

我们站在门厅里。母亲在最前面,我们胆怯地躲在她身后,只敢稍稍伸长脖子,从她的肋下露出头,以防脸上流露出突如其来的贪婪(母亲总能率先察觉出孩子们下意识的小动作)。终于,我们抵住了那堆草莓的诱惑,不过突然间,视线与鞭笞派女教徒从地面稍稍抬起的目光相遇了(我们的身形是那样矮小),目光中带着善解人意的笑。当她们把浆果从箩筐倒进盆子时,基里尔洛夫娜(究竟是哪一个?她们全都是同一个人!同一个人显现为三十张面孔,围着三十条头巾!)低垂的眼睛依旧盯着母亲远去的背影,同时平静地、不慌不忙地将草莓一颗接一颗塞进离她们最近、最大胆、最贪婪的那张嘴中(通常是我的嘴),就像扔进一个无底洞。她们怎么知道母亲不允许我们在午饭前一下子吃那么多草莓,不允许我们太贪吃?原来,她们和我们知道的途径是一样的。母亲从不用言语向我们发出禁令。一个眼神便足够了。

我惊喜地确信,所有孩子当中,基里尔洛夫娜们最喜欢的是我,也许恰恰喜欢我的贪婪、我的活泼与健壮。安德留沙又高又瘦,阿霞也很瘦小。也许,她们这些没有孩子的女人很想拥有我这样一个女儿,大家一同养活我这一个女儿就够了!

"鞭笞派女教徒最喜欢的是我!"原本满腹委屈的我怀着这种念头渐渐睡着了,"妈妈、奥古斯塔·伊万诺夫娜,还有保姆,她们都最喜欢阿霞(爸爸是个善良的老好人,对谁都是'最喜欢的'),不过,外公和鞭笞派女教徒都最喜欢我!"能和女教徒们相提并论,外公这个彬彬有礼的波罗的海移民真该谢我才对!

塔鲁萨天堂般的花园中有众多美妙景象,其中有一幕最为美妙,因为它绝无仅有。鞭笞派女教徒邀请我们全家到割草场去。哦,这多么奇妙,多么令人惊异!(母亲受不了全家一起游玩,受不了任何举家出动的行为,尤其是让自己的孩子在人前出洋相。)父母竟然带我们去了,哦,这简直使人震惊!当然,这是父亲一再坚持的结果。

"她会晕车的,"母亲反驳道,她立刻将事情预先怪罪到我的头上,"在马车上颠簸一路,她肯定会晕车。她总是晕车,到哪儿都晕,真不明白她这是像谁。爸爸(她总是这样称呼那位'外公')不晕车,我不晕车,你也不晕,就连廖拉、安德留沙和阿霞也不晕车,可她呢,一上车就头晕恶心。"

"是呀,恶心……"父亲温和地附和着,"恶心,这可真糟糕……

（不过,显然他已经开始做其他的考虑）恶心,真够奇特的。（忽然,他恍然大悟）或许呼吸呼吸新鲜空气,就不会恶心啦……"

"哪会有什么新鲜空气?"母亲发起火来,仿佛还没出发,沿途的景象就已经使她备受伤害,"不管是坐火车,还是坐船、坐马车,有弹簧坐垫也好,没弹簧坐垫、坐硬座也罢,都会晕,就连升降机也会晕,总是呕吐,亏她还叫'大海'呢!"①

"我走路就不会恶心。"我胆怯而暴躁地插嘴道。父亲在场,让我胆子大了不少。

"让她脸朝着马坐,带上薄荷药片,"父亲劝说着,"大不了再带一件裙子,到时候换衣服……"

"不管怎样,我不想和她坐在一起! 不坐旁边,也不坐对面!"安德留沙气势汹汹地说,他的脸色早就阴沉下来,"每次都让我和她坐在一起,上回坐火车,还记得吗,妈妈,当时……"

"我们带古龙水去,"父亲接着说,"我坐在她旁边。（你呢,拜托,就不要硬撑着了,觉得恶心了,就悄悄告诉我,咱们就让马车停下,爬下去透透气。又不是去救火……不过说来也怪,你怎么老是吐呢? 算了,还是认了吧,天生这样,天生的,什么办法也没有。你甚至还可以这么说:'爸爸,我想摘一朵罂粟花!'你就快点跳下去,跑得远一点,千万别惹你妈妈生气!）"

总而言之,我们出发了。我手里握着那朵罂粟花,到达了鞭笞派女教徒的割草场。这是一片十分丰茂的草地,离塔鲁萨城很远。

"哎呀,玛丽娜,我们可爱的小姑娘,你怎么脸色发青? 是起得太早了吗,亲爱的? 是不是没睡醒,小美人?"基里尔洛夫娜们将我团团围住,领着我转呀转,把我在她们手里传来传去,仿佛要拉我去

---

① 俄语中,玛丽娜这个名字还有"海景"之意。

跳圆圈舞。她们仿佛有一件鞭笞派女教徒共有的珍宝,一下子用它吸引了我的全部注意力。我仿佛踏入了天堂,将自己的亲人抛诸脑后,不管是爸爸、妈妈、保姆、家庭教师,还是廖拉、安德留沙和阿霞,我统统忘记了他们的存在。我成了她们中的一员。我和她们一起划桨,在小船里颠得晕头转向,然后在躁动不安的她们中间躺下,歇息,与她们一同潜入水中,又浮出水面,就像那首不朽的诗歌(《忙乱!》)里的看家狗,与她们一道去泉水边,和她们一起点燃篝火,和她们一起捧着大大的花茶碗喝茶,和她们一样啃着糖块,像她们一样……

"玛丽努什卡①,小美人,留在我们这儿吧,做我们的女儿,和我们一起住在花园里,一起唱歌……""妈妈不答应。""你想留下来吗?"我沉默不语。"喏,你当然不会留下来啦,舍不得你妈妈。她大概很爱你吧?"我依然沉默。"莫非,给钱也不卖?""我们不跟你妈妈商量,擅自把你带走!"一个年轻一些的女教徒说。"把她带走,锁在我们的花园里,谁也不放。这样她就能和我们一起生活在篱笆后面啦。(这时我的心中燃起一丝古怪而强烈的希望,同时又掺杂着无法实现的绝望感:万一事情真的发生了呢?)我们一起摘樱桃,给你取名小玛莎……"这个女教徒唱歌一般俏皮地说。"别害怕,亲爱的,"一个年纪稍长的女教徒将我的欣喜错当成了畏惧,"谁也不会把你带走,你和爸爸妈妈一起去塔鲁萨,去我们那儿做客,和保姆一起去也行。不知道吧,每个星期天从我们那儿经过的时候,大家都看着你们哪。你们瞧不见我们,可什么事、什么人都逃不过我们的眼睛……到时候你穿白裙子来,打扮得漂漂亮亮的,像黑桃皇后一样,再穿一双带扣的小皮鞋……""不过我们会给你换上我们的衣

---

① 玛丽努什卡:玛丽娜的昵称。

服！"那个说话像唱歌一般的吵吵闹闹的女教徒应声说道,"给你穿上黑袍子,戴上白头巾,让你留起长头发,梳一条长辫子……""又来了,我的小妹妹,你都把她吓着了！她会当真的！人各有命。她会属于我们的——成为我们梦想中的客人,我们幻想中的女儿……"

于是她们拥抱我,将我贴在胸前,把我高高举起,往上抬。呵！我仿佛被她们举过了马车,举过了山冈,来到大海之上,苍穹之下,我清楚地俯瞰一切:爸爸穿着茧绸上衣,妈妈戴着红色头巾,奥古斯塔·伊万诺夫娜穿着罗尔裙,还有黄黄的篝火,还有奥卡河畔最为遥远的一片片流沙……

我愿安息在塔鲁萨鞭笞派女教徒的墓地,睡在接骨木树丛的阴翳之中。那些落着银色鸽子的坟墓,有一座便是我的栖所。在那儿,生长着我们这里最红最大的野草莓。

倘若这一切都无法实现,倘若不仅我不能安息于此,就连那块墓地也将不复存在,那么我希望从塔鲁萨采石场选一块石头,放在山冈上。这些连绵的山冈呵！鞭笞派女教徒们曾爬过山坡,来佩索奇内做客,我们也曾沿着山丘,去她们那里,去塔鲁萨小城。石头上就写:

玛丽娜·茨维塔耶娃
渴望在此地安息

1934 年 5 月
巴黎

往　事

神奇的颜色

　　他是安德留沙的老师,一个身穿灰色制服的大学生。他有一双和善的棕色眼睛,遇到光线或笑起来的时候便眯成一条缝。每天早晨,他去大学听课,下午教安德留沙神学、语文和算术,随后与我们共度晚间时光。话虽这么说,不过事实上,他只陪阿霞一个人。吃午饭时,阿霞又一如既往地抬高了嗓音,发出"咿——咿——咿"的哭腔,不肯乖乖进食。先是不肯喝汤,第二道菜端上桌依旧如此。保姆一遍遍地哄,告诉她喝汤能长个儿,吃肉饼能变漂亮;妈妈跪在她的小椅子前,一遍遍地求;爸爸也下了最后通牒:"要么吃,要么滚!"一切都于事无补。可是他,只消在耳边说几句悄悄话,她便乖乖拿起汤匙,安安静静地把一切该吃的都吞下肚。

　　她想照张相给他。"妈妈,他要是走了就会把我带在身边!"照相的时候,她一条腿搭在另一条腿上,面带微笑,坐在那里一动不动,甚至当摄影师客气地请她离开座位,她仍不愿起身。圣诞节她得到一个洋娃娃,给它取名阿尔卡沙[①],尽管这娃娃身上俄罗斯式样的衣服使它看起来像个地板工。每天晚上,他都给我们讲故事,当然不是讲给我们所有人,而是只讲给她一人听:"知道吗,小阿霞……(他讲得有些磕磕巴巴)……从前,这个,有个老太婆。这个,你瞧,有一天她游到了火炕上……不是老太婆,这个,还有个老头儿。早晨他去出海,这个,你懂吗?他朝渔网里一看,这个,里面有个老太婆,不,有条鱼……听明白了吗?"

"明白了!"阿霞斩钉截铁地回答。

"那么,这个,他们三个生活在一起。老头儿这么一看呀,还是那个破木盆,里面呀,这个,有个老太婆……"

我强烈地感觉到,这故事讲得有些不对劲。妈妈给我们讲的老头儿、老太婆和鱼的故事比他讲的要明白得多。首先,这条鱼不是普普通通的鱼,而是金鱼;其次,故事里发生了很多事,可阿尔卡季·亚历山德罗维奇提都没提;最后,故事结束得也太仓促了。

不过,比起妈妈的故事,阿霞显然更喜欢听他讲,因为讲故事的人是他。我们在林荫路散步的时候,远远望见普希金纪念像旁边那群坐在长椅上的大学生,阿霞总是头一个发现他的身影。

这时,不管保姆怎么央求,不管我如何埋怨,都无济于事。大家不得不丢下手中的小铲刀,丢下正在建造的雪房子,拉住她的手,朝那个朝思暮想的长椅玩儿命似的飞奔过去。

"啊,是你吗,小阿霞?这个,在散步?是啊,真不错……哦,这些是我的同学……"阿尔卡季·亚历山德罗维奇腼腆地嘟囔着,一边不住地搓着他那双没戴手套、冻得通红的手。阿霞坐在他膝盖上

---

① 大学生阿尔卡季的小名。

数数：

"一，二，四……等我长大了……五，三……我们在一起……一，二……"

不明就里的大学生们笑了起来。阿尔卡季·亚历山德罗维奇也笑了，不过他知道，阿霞掰着手指头是在计算他们的婚礼要等多少年。

一天早晨，我们的德国女教师像一颗炮弹般冲进我们房间："抓起来了，抓起来了！真是不可救药！伟大的上帝啊！他还那么年轻！现在人们怎么说？不过是个不幸的年轻人！教授说话真是粗鲁！唉，我的上帝呀！竟说他不三不四！"

我只听懂了最后一句：阿尔卡季·亚历山德罗维奇不三不四。不过，究竟什么事这么可怕呢？

尽管一知半解，阿霞还是拖长了声音，发出"咿——咿——咿"的哭声，先是轻轻地，随后越发响亮，越发不可收拾，越发不可劝慰……

她没来得及和阿尔卡季·亚历山德罗维奇告别，他已经离开莫斯科，发配到远方。很长时间过去了，有一回妈妈撞见她在做一件奇怪的事：她双膝跪地，捧起角落里的灰尘，温柔地亲吻。妈妈问："你怎么啦？"透过那"咿——咿——咿"的哭腔，依稀能分辨出她含混的话语："和制服一样……也是灰色的！"

那时她不过四五岁。

文　学

奥涅金再次见到塔季扬娜的时候，她已经出嫁，已无法与他相爱。"可我已嫁与他人,我会永远忠诚于他……"①之前她爱过他。那时他还不爱。

我走到镜子前。镜子里是一张圆圆的、有些愚蠢的脸。不,这张脸一点儿也不像塔季扬娜,倒是和奥尔加②有点像。不过奥尔加是个无趣的人。

"穆霞,吃饭了!"

不过,塔季扬娜最初也是个小女孩。或许……或许,她起先也是这副模样?她喜欢读书,我也喜欢读书;她不喜欢玩耍,我也不喜欢玩耍。我一点也不像奥尔加!假如非得选奥尔加不可,那就让阿霞选她吧!我可绝对不想变成奥尔加那样。

"穆霞,吃饭了!"

大家都已入座。我的位置紧挨着妈妈,而他恰好坐在我的对面,坐在廖拉和阿尔芳辛之间。

"妈妈,我能坐在亚历山大·帕夫洛维奇旁边吗?"

"干吗?"

"不干吗!"

"那好,去吧。我真不明白,你为什么非要坐在那儿。"

于是我和廖拉换了位置。

饭桌上人们总说些不知所云的事情。爸爸喜欢谈论语文学家和律师,我们更喜欢语文学家。一天晚上我们看见一个年轻的律师,他穿着黄色西装,说话声音特别大,和爸爸谈自己的人生,然后又把人生经历写了下来,向爸爸要钱。他离开的时候从楼梯上摔了下来,可他竟然说这是常有的事。

---

① 普希金长诗《叶甫盖尼·奥涅金》中的诗句。
② 奥尔加:《叶甫盖尼·奥涅金》中的人物,塔季扬娜的妹妹。

谢天谢地,幸亏亚历山大·帕夫洛维奇不是个律师。他是个语文学家,爸爸也是。第三道菜端上了桌,又是牛奶杏仁酪。圣诞节前夕总给我们吃这个。以前我们在楼上的儿童室吃饭,总把它从通气窗偷偷扔掉。可是现在并不是圣诞节前夜呀!阿霞哭丧着脸皱起眉头,安德留沙往盘子里倒了些水,我则闷闷不乐地请求妈妈允许我不吃这个。

"怎么啦,小穆霞?"亚历山大·帕夫洛维奇惊讶地说。

"没事儿,只是不太想吃东西!"我心如死灰地说。就让他以为我是出于对他的爱才茶饭不思的吧。(我还从未表白心迹,不过他应该能懂我的心思!)

也许真的是因为爱!假如你疯狂地爱上某个人——这话是阿尔芳辛说的——你就会茶饭不思。甚至有个贵族小姐因为爱情绝食而死,她的情郎在坟上哭泣,给她带来一束勿忘我。后来,他也死去了。

吃完饭,我们回到楼上。

"亲爱的阿尔芳辛,我需要写一封信!"

"给谁写?"

"请给我一张纸吧。"

她拿出一张粉红色的小信纸。我开始写信,她则越过我的肩膀窥视着我的一举一动。信写得很不顺利。首先,我是这样开头的:"亲爱的奥涅金!"可万一他不明白这信是写给他的怎么办?其次,我不知道"忍耐"这个词该怎么写。阿尔芳辛也不知道。

"噢,我有个主意。我有一封小小的情书,我们只需把它翻译过来。"

说干就干。"亚历山大,这多么糟糕……"我译成:"亚历山大,你多么卑鄙。""这样欺骗我的信任……"我译成:"你出卖了我的信

157

任……"

从法文翻译过来是多么美妙啊！一切都这样庄严,这些词语如此深奥,充满智慧!

只是为什么要以"你"相称呢？阿尔芳辛安慰我说,情书都是这么写的。信写好了,但是怎样转交给他呢？阿尔芳辛不想帮忙——万一被妈妈发现了怎么办！安德留沙对亚历山大·帕夫洛维奇忍无可忍,绝对会故意使坏。廖拉也不在。对了——阿霞!

"阿霞,昨天我给你的阿尔卡沙送了一条围裙,还记得吗？"

"阿尔卡沙不穿围裙。他是男孩子!"

我无言以对。

"阿霞,你想要我去年养在蛋壳里的那条小虫吗？白色的!"

"想让我拿什么跟你换？"

"什么也不用,我把它送给你!"

阿霞轻蔑地看着我。

我尴尬地说:"你只需替我给亚历山大·帕夫洛维奇送一件东西,好不好？"

"小虫是完整的吗？"

"当然,我把蛋壳也给你!"

"还得给我一支绿铅笔,给我才去……"

绿铅笔！谁会有绿铅笔呢……也罢,蓝铅笔和黄铅笔加在一起就是绿铅笔了。

"拿去!"

我们脑门儿对脑门儿,碰了三下,发誓绝不反悔。随后阿霞朝亚历山大·帕夫洛维奇飞奔过去,扯着嗓门大喊,整幢房子的人都听得清清楚楚:"穆霞给您写了一封信！穆霞给您送来一封信!"

第二天醒来,我立刻发觉自己干了蠢事。万一他在吃午饭时大声朗读这封信怎么办？爸爸绝对会把我赶下餐桌。这一天，我功课做得心不在焉，钢琴弹得也更糟糕了。我的家庭教师瓦西里·伊万诺维奇和妈妈怎么也搞不懂，我究竟是怎么了。终于，时钟敲了十二下，该吃午饭了。或许，我最好压根儿别去。这样就不会当着我的面读了。可是我终究还得去吃晚饭。或者，我连晚饭也不去吃了？到时他就会给我送来一束勿忘我。求他不要读这封信？为时已晚。我已在桌前就座。

饭桌上谈论的是廖拉的朋友拉耶奇卡·奥勃伦斯卡娅。

"我可受不了这类女学生！"妈妈说，"没一点女人味儿，没一点分寸……"

廖拉沉默不语，两眼盯着盘子。要是她现在拍案而起，一场争吵定会立即爆发。

"拉耶奇卡，是个很好的姑娘，"亚历山大·帕夫洛维奇突然开了腔，"直率，活泼，真诚……"

为什么听了这话我心里如此不悦？我非常喜欢拉耶奇卡，可是……

"无论她举止如何，我还是很喜欢她……"亚历山大·帕夫洛维奇继续说。

"拉耶奇卡·奥勃伦斯卡娅根本就不是个好姑娘！"我猛然间大声宣布。

"没问你的意见！"爸爸说。

"妈妈不喜欢她，我也不喜欢她。"

"穆霞！"妈妈大吃一惊。亚历山大·帕夫洛维奇面带微笑，朝妈妈使了个眼色。

"等我毕了业，就和拉耶奇卡结婚，带她去叶卡捷琳堡。"

"那我就跟你们去。"

"我们一大早就去,那时候你还睡觉呢……"

"我不睡觉!"

"我带她去乌拉尔!"亚历山大·帕夫洛维奇快活地哈哈大笑起来,黄色的小胡子一颤一颤,眼睛眯成了一条缝。

"我要把她毒死!"我当即把手中的叉子掷了出去,张大嘴巴,声嘶力竭地喊。

"那你就会被发配到西伯利亚!"

"我就逃走,我杀死你们,杀了她,也杀了您,我,我……"

我叫嚷起来,声音骇人。爸爸生气了,开始怪罪妈妈:"都怪你让她读的那些书!"妈妈怪罪阿尔芳辛,廖拉责怪亚历山大·帕夫洛维奇,质问他为什么要招惹我。这局面让安德留沙很是满意,悄悄拽阿霞的腿,阿霞则把那些讨厌的豆子塞到桌下……

我飞也似的逃离了现场,跑上楼去。我扑倒在床上,把脸埋进枕头,呜呜大哭。有人敲门。让他们敲吧!门已经反锁了。敲门声又响起来了……

"小穆霞,我是来跟你和好的,快开门吧!"

"一定是廖拉派他来的。"我心里清楚得很。我还是哭个不停,不肯开门。一会儿,阿尔芳辛来了,开始安慰我。

"这是因为你还小!"她用法语说,"等你长大了,一切都会变的。不要把这些年轻人放在心上,应该对他们冷若冰霜。"

"好吧,可是塔季扬娜没有对他们冷若冰霜,她也是率先写信的。"我反驳道。不过阿尔芳辛不知道塔季扬娜是谁。

稍稍得到些安慰之后,我着手写第二封信。这一回可不是翻译。这封信里有恐吓,有恳求,有责备,可最多的,是一个个感叹号。以我的锡制小鸟为交换,阿霞同意再帮我送一次信。

晚餐悄无声息地结束了。这封信返还到我手中,上面的文法错误全部用红铅笔做了标记。

　　这的确值得好好思索一番。为什么要把错误标注出来呢？这又不是听写。难道奥涅金也会给塔季扬娜的信挑错，做出标记？难道奥涅金爱上了拉耶奇卡？难道他想带她去乌拉尔？难道他也在大学读书？难道他也有黄色的胡须？难道……

　　话说回来，我与塔季扬娜又有几分相似？

　　晚上，阿尔芳辛来我的床前问候，我说，我不再爱亚历山大·帕夫洛维奇了。

　　"当然了，他根本不值得你爱！"她说，"我真不明白，你究竟喜欢他哪一点。瞧他那副骨瘦如柴的样子，况且还是个……辅导教师。我要是你，就在你父亲的熟人中找一个嫁了，都比他强。不过你有的是时间，你才七岁……"

　　"我谁也不嫁！"我坚定地回答。

1911—1912 年

老皮缅的房子

献给薇拉·穆洛姆采娃[1]

她与我同根生

外公伊洛瓦伊斯基[2]

我要讲的不是"克雷洛夫爷爷"或者"安徒生爷爷"那种属于大家的老爷爷,我要讲的这个人是我的外祖父,确确实实,只不过不是亲生的,而是安德留沙的外祖父。

"妈妈,为什么安德留沙有两个外公,我们只有一个?"问题我记

---

[1] 薇拉·尼古拉耶夫娜·穆洛姆采娃(1881—1961):翻译家、回忆录作家,俄罗斯著名作家伊万·布宁之妻,同时是茨维塔耶娃的姐姐瓦列里娅以及伊洛瓦伊斯基之女娜佳的挚友。著有回忆录散文《老皮缅》(1931),于1933年将此文寄给茨维塔耶娃,茨维塔耶娃在此基础上创作了这篇《老皮缅的房子》。

[2] 德·伊·伊洛瓦伊斯基(1832—1920):俄罗斯著名历史学家,其长女瓦·德·伊洛瓦伊斯卡娅是茨维塔耶娃父亲的前妻。

得,怎样回答的却记不起来了。或许,根本就没有答案,因为母亲没办法如实回答,总不能说:"因为我的父亲,你们的外公亚历山大·达尼罗维奇·梅因,是一个胸怀宽广、公正无私的人,不可能只疼爱自己的外孙,不疼爱别人的外孙,至少不可能只给自己的外孙送礼物。可安德留沙的外公是铁石心肠,年纪又那么大,只爱自己唯一的外孙就已经很不容易啦。"就这样,安德留沙有"两个外公",而我和阿霞只有一个。

我们的外公要更好些。我们的外公会带香蕉来,而且每人都有份。可外公伊洛瓦伊斯基只带金币,而且只给安德留沙一个人,直接塞到他手里,动作之快,简直如同擦身而过。一句话也不说,甚至目不斜视,而且只有安德留沙生日或者圣诞节那天才会给。妈妈立刻就把这些金币从安德留沙手里收走了。"奥古斯塔·伊万诺夫娜,给安德留沙洗洗手!""可金币完全是新的!""哪会有干净的钱。"(这便给我们这群孩子留下了这样一个印象:金钱是肮脏的。)就这样,外公给安德留沙的礼物不但不令人愉悦,反而是肮脏的东西。于是只能再洗一次手,而那德国女人无须母亲指示,就已经抓着我们的手洗了又洗。金币被扔进了一个叫作"伊洛瓦伊斯基"的储钱罐,谁也不会记起它的存在,直到下一个金币降临。(一个美好的日子里,这个储钱罐连同攒了十年的伊洛瓦伊斯基金币一同消失了,即便有人为此感到惋惜,这人也绝不会是安德留沙。我们从小就把金钱视为肮脏之物,不仅肮脏,而且只会发出空洞的声响。)

我们的外公常常驾着马车来接我们,带我们去彼得罗夫斯科耶—拉祖莫夫斯科耶[①],可安德留沙的外公谁也不带,因为他自己也

---

① 彼得罗夫斯科耶—拉祖莫夫斯科耶:位于莫斯科北部,坐落着昔日的彼得罗夫斯科耶—拉祖莫夫斯科耶庄园。

从来不坐马车,总是步行。长辈们说,正是因为这样他才活了这么大年纪。我们的外公总是从国外带各种各样的发条玩具,比如,上一回从卡尔斯巴德给安德留沙带来一个会爬墙的玩具小人儿。而在外公伊洛瓦伊斯基面前,就连安德留沙这个活泼的小男孩也动弹不得,仿佛他身上的发条一下子出了毛病。每次他前来拜访,我们这座三塘巷的老房子每条过道和走廊都传来窃窃私语:"百万富翁。"(保姆说)——"阔佬。"(来自波罗的海的女教师说)随后两人交头接耳:"嘘嘘嘘,安德留沙,安德留什奇卡,马上要成为富有的继承人啦——继承人……"我们三兄妹,一个七岁,一个四岁,一个才两岁。这些话在我们听来没有一点含义,纯粹是一种魔法,就像外公伊洛瓦伊斯基本人一样,神秘而费解。他坐在大厅中央那把维也纳椅子上,常常连大衣都不脱。他的皮大衣很是肥大,下摆拖到地板上——他知道三塘巷一带很冷,因为这原先是他的房子,他的女儿瓦尔瓦拉·德米特里耶夫娜嫁给我父亲时,这座房子陪做了嫁妆。外公伊洛瓦伊斯基从没出过大厅,也没坐过大厅里的圆形绿沙发,他总是坐在空荡荡的镶花地板中间那张孤零零的椅子上,犹如置身一座岛屿。他隔着老远便指着走上前来行屈膝礼的小女孩问:"这是谁,玛丽娜还是阿霞?""阿霞。""啊……"语气中没有赞许,没有惊讶,甚至仿佛没有回过神来。什么也没有。不过我们对他同样毫无感觉,甚至没有感觉到害怕。我们心里很清楚,他根本看不到我们。我们这些孩子一个两岁,一个四岁,一个七岁,却已经懂得,对于他来说我们并不存在。于是我们泰然自若地肆意端详着他,就像观察特维尔大街上的普希金纪念像。如同任何一座纪念像,他在房间里给我们施加的唯一影响,便是让我们陷入某种无关痛痒的呆滞状态,一步一步,深陷其中,只有当大门咯吱一声关上,我们才猛然回过神来。倘若外公伊洛瓦伊斯基永远也不走,我们可能会永远都一动不动地僵在原地。

春天,伊洛瓦伊斯基家的铁皮箱子总是被推到室外,推到我们三塘巷笼罩着白杨树绿荫的院落当中。这是安德留沙已故的母亲的嫁妆。它们属于美丽的瓦尔瓦拉·德米特里耶夫娜——我父亲的初恋,他永远的挚爱和永恒的忧伤。

一对红色小鞋(儿时的我们都这么说),鞋跟有脚掌那么长("她们的小脚儿也只有一丁点大!"女佣玛莎惊叹着),一卷卷的黑色花边,一条雪白的披肩,流苏垂在地上,还有红珊瑚做的梳子。类似的东西,我们在自己的母亲玛利亚·亚历山德罗夫娜·梅因那里从来也没见到过。此外,还有七排珊瑚珠串成的项链。(母亲对两岁的阿霞说:"阿霞,说说看:珊瑚项链!")这条项链摸上去想必手感很好,但是不许摸。这对红色的梨子,是戴在耳朵上的。这个呢,里面闪烁着红色的火焰,像盛着潋滟的葡萄酒——原来叫石榴石。("说说看,阿霞,石榴石手镯。""手——镯。")瞧,还有珊瑚胸针,雕刻成玫瑰花的样子。珊瑚——那不勒斯珊瑚,石榴石——波希米亚石榴石。石榴可以吃。而这个——真是个奇怪的词——棕黄色丝绸花边,是某位曾祖母[①],一位老妈妈,一个罗马尼亚女人留下来的。一点儿也听不明白,真是地地道道的魔法。("据说,她家的人都是演员,在剧院唱过⋯⋯"玛莎朝我们来自波罗的海的女教师嘀咕着,"据说,他们走了,咱们老爷特别难过。""胡说,"波罗的海女教师低声喝道,竭力维护着家庭的名誉,"只不过是女儿有钱,父亲也有钱。她唱歌,就像鸟儿啼叫一样,是为了自己开心。")还有一件深色天鹅绒做的小男孩衣服,看上去热烘烘的。穿这种衣服的小男孩叫侍

[①] 即伊万·弗拉基米罗维奇前妻瓦·德的祖母。根据安娜斯塔西娅·茨维塔耶娃的回忆,这位曾祖母于1891年至1892年间仍住在三塘巷的房子里。

从。(还有一条黑色细绳,绳端是蛇头状,用来撩起长袍的下摆——侍从们都这么穿。)这把长长的刀子叫作长剑。绫罗绸缎,宝石项圈,还有精致的首饰盒,小匣子……一切都散发着广藿香的气味。安德留沙确信再也找不到第二把刀了,便骑着小木马狂奔起来。我怯生生地对母亲说:"妈妈,多么……好看呀!""我可看不出来。不过还是得好好爱护,因为这是廖拉的嫁妆。""银白色的雪多么漂亮呀!""这是樟脑。可以防蛀虫。"樟脑,蛀虫,嫁妆,广藿香。一点儿也听不明白,真是地地道道的魔法。

后来,在我家笼罩着白杨树绿荫的院子里出现了一副自行车骨架。称之为骨架,是因为年龄稍长之后,我看到一些动物的骸骨。它们高得过分,脖子长得出奇,长长的腿高高地耸立在地上,它们只以骸骨的形式存在,图片里也是这样。我看到这些骨架,瞬间想起了这辆自行车。"简直是历史学家的史前自行车!"想象力丰富的大学生古里亚耶夫哈哈大笑,他的笑声简直震耳欲聋。他为安德留沙辅导第七中学预科班的课程,还暗地里企图把廖拉培养成自己的新娘。这是一辆老式自行车,是吝啬的外公送给,不,确切地说是留给(干脆说——丢给!)自己外孙的——等小外孙长到学科学的年纪,总会用得着。然后,外公又给自己买了一辆新的。对于一个九岁的小男孩来说,最最困难、最最不可能完成的任务莫过于骑上这辆自行车。第二困难的事便是骑着它动起来——小男孩的脚离车的脚踏子还有一俄尺。唯一能做到的,是坐在上面,因为这副骨架有三个轮子,绝对稳固,坐多久都行。看院子的马特维伊连人带车推着安德留沙在院子里遛,我和阿霞却禁止坐上这个令人心驰神往的伊洛瓦伊斯基宝座。不过我们也从未抱过幻想。在这座房子里,对于茨维塔耶夫家的孩子来说,伊洛瓦伊斯基留下的一切东西,从女大学生瓦列里娅的木雕玩具,到安德留沙的鱼龙模型,都是禁忌。这座房子充满了无言的禁令和遗训。

后来,我家又出现了类似的火枪,还有类似的望远镜。可以说,外公年纪增长的印迹刻在了这些东西上,正如通过鞋子可以看出孩子的成长。只不过变化遵循的比例恰恰相反:孩子的鞋子越换越大,外公的东西则越来越小。顺便说一句,自行车、火枪和望远镜是他留给外孙的唯一遗产。其余的(那百万财产——不管是加引号的还是不加引号的),都让革命夺去了。

伊洛瓦伊斯基住在小德米特罗夫卡①的老皮缅巷子②里。伊洛瓦伊斯基家我和阿霞从没去过,只是听人不断提起。父亲对母亲说:"你已经整整一个月没去了,已经是第五次聚会啦,要知道,他们会生气的!你还是委屈一下,亲爱的,你得……""就是说,我又得坐在角落玩儿一晚上文特牌,每局都输!"螺丝③大概是这么玩儿的:屋子中央有张桌子,桌子拧在一根螺丝钉上,客人们围坐在桌旁,轮流拧,谁先把桌子拧下来,谁就赢了。这个游戏又叫"转桌子",女大学生廖拉和伊洛瓦伊斯基家的年轻人们锁起门来玩儿的就是这个。真是个无聊的游戏,甚至有些可怕,因为据母亲说,玩到半夜也不许起身,不许停,外公伊洛瓦伊斯基在门边守着,不放任何人出去。后来我才明白,"文特"是一种纸牌。我还记得母亲说过这样的话:"若是人们彼此之间无话可说,便开始玩儿牌。"再后来,我从叔本华的书里读到了这句话。"有什么办法呢,亲爱的,人是无法改变的,可也不该惹他们生气……"父亲频频叹气,他自己也对各种各样的牌

---

① 小德米特罗夫卡:莫斯科特维尔区的一条街道。
② 老皮缅巷:小德米特罗夫卡街西南侧的一条小巷,因坐落在这里的圣皮缅教堂而得名。与茨维塔耶娃家所在的三塘巷隔着特维尔街。
③ 俄语中,"文特牌"一词与"螺丝"的词形相同,故"我"把玩文特牌理解成了玩螺丝。

桌酒桌不感兴趣，只钟情于写字台。

安德留沙不喜欢去伊洛瓦伊斯基家。那里没有他的同龄人，而且一去就会立刻落入外公第二任妻子亚历山德拉·亚历山德罗夫娜的魔爪——他总是连名带父称一起称呼这位夫人。亚·亚（娘家姓科瓦拉伊斯卡娅）比外公小三十岁，按照大人们的说法，直到今天仍是个美人。不过在我们看来，恰恰相反，因为她有一张凶巴巴的脸，鼻孔仿佛被捏扁了似的，说话的声音也像是捏着鼻子挤出来的。至于那"美人痣"——简直是一块斑点，仿佛吃完巧克力没把嘴唇擦干净。她总是打扮得"像只母鸡"，裙子上布满了小方格，要么黑白相间，要么褐白相间，要么灰白相间。看得时间久了，就会眼花缭乱，可却不得不盯着这裙子看上很久——在她那无所不见的黑眼珠的逼视下，安德留沙只能茫然地垂下自己的蓝眼睛，盯着那令人眼花缭乱的裙摆。她全身的衣服都绷得紧紧的，束得牢牢的，就像大人们说的"用四个别针紧绷着"，还时不时说几句"刺耳的话"。这些刺耳的话与"四个别针"加在一起，让我们觉得她活像一个针垫儿。

不过，亚·亚的孩子们都很棒。她有三个孩子：褐色眼珠的娜佳，黑眼睛的谢廖沙，还有非常可爱的胖乎乎的奥莉亚。奥莉亚的眼睛漂亮极了，我们在家常常把它们比作勿忘我。

德米特里·伊万诺维奇·伊洛瓦伊斯基结过两次婚。第一任妻子以及第一次婚姻生下的三个孩子都已死去。我还记得家庭相册中两个男孩漂亮的脸。（这家人个个貌美如花！）第一个家庭最后一个死去的是上面已经提到过的美人瓦·德。然而死亡没有终止。1904年，美丽的娜佳和英俊的谢廖沙（一个二十二岁，一个二十岁）相继在老皮缅的房子里亡故。最后一个女儿奥莉亚，她的命运在伊洛瓦伊斯基看来比死去还要糟糕：她与一个犹太裔男子私奔到西伯利亚,在那儿的教堂举行了婚礼。

1906年,我和阿霞在异国经历了颠沛流离之苦和丧母之痛,再次回到三塘巷的家。我们已经长大,对故园有了些许疏离之感。大厅还是老样子,我们不在的这段时间只添了一样东西——安德留沙母亲的彩色半身肖像(肖像——我们生命中的不祥之物)。大厅中央依旧是那把维也纳椅子,孤零零的椅子上坐着外公伊洛瓦伊斯基。他置身于亡女那美丽的褐色目光之下,被裘皮大衣的黑色波涛围困着,周遭是空荡荡的地板,宛如一片荒芜的田野。他伸出一根手指,目光黯淡而茫然:"这是谁呀,阿霞,还是?……""玛丽娜。""啊……"他没有认出我们,这并非由于多年不见,而是因为他从来没有看清过我们,一次都没有。他从未将我们的样貌与名字联系在一处。没有联系在一处,因为全都无所谓。关于名字的询问(是哪个,是谁)只是出于一位历史学家纯粹的本能:一定要赋予事物以名称,而且由于历史价值的缺失,这名字立刻就被忘却。至于"历史日期",也就是我和阿霞的年龄,伊洛瓦伊斯基从来都无心过问。站在他面前的玛丽娜是五岁,还是十五岁,与他又有何干?反正她不是姆尼什克[①],而他已饱经风霜,时岁八十有余!

"外公的房子真奇怪,"安德烈哥哥讲,这些年他一直住在伊洛瓦伊斯基家,"从房子底下生火,而且总是在夜里,根本不能光脚踩地,不然简直像在地狱里跳舞!外公自己却睡在阁楼上,大冷天也开着窗,还强迫娜佳和谢廖沙也这样。他俩大概就是因为这样才没了命。他从不吃饭,一整天只吃三个黑李子和两碗燕麦糊糊,而且整宿不睡觉,也不让她睡。一会儿写东西,一会儿走来走去,正好在

[①] 玛丽娜·姆尼什克(1588—1614):俄罗斯混乱时期的历史人物,伪德米特里一世和伪德米特里二世的妻子。

我头顶上——前前后后,来来回回。脚步声停了,就说明开始写东西了。我去上学,他睡觉。我回来吃饭,他又在写。他到底在写些什么?还说,我要坚持到最后一天。究竟什么时候才是最后一天呢?这么说吧,今天可能差不多就是最后一天了,可明天呢,还是最后一天!……这样下去永远也没个完……不过他身体可结实得很呢!!!直到现在还能骑自行车兜风,号角吹得耳朵都震聋了!自己不睡觉,反倒让别人都早早躺下。娜佳和谢廖沙在世的时候,来了一个年轻人,几个人一块儿算算命或者玩儿些别的东西。玩儿到十点整,刚一敲钟,外公就披着长袍站在门槛上了。走过来,把一支蜡烛吹灭了,接着又吹灭了第二支,一支接一支,吹了一圈,直到剩下最后一支。最后一支给我们留下了。吹完就走了,一句话都没说。意思是客人该回家了。不过呀,客人们故意吵闹了一会儿,在前厅把套鞋弄得踢踏响,让外公以为他们已经走了。等他回到自己的小阁楼,他们又回来了,丰盛的宴会又开始啦,不过只能悄悄地……"

对了,这一回外公向我和阿霞多提了一个问题,不,提了整整两个。"上中学了吗?""上了。""课本是谁编的?""维诺格拉多夫。"(或者答:维贝尔。)他不甚满意地回答:"嗯……"不过伊洛瓦伊斯基对我的考试确实有过帮助,而且不止一次。有一次,翻开他编的课本,我的目光落在了书页下方的一行小字上,这是一条注释:"米特拉达梯一世在本都沼泽丢失了七头大象和一只眼睛。"一只眼睛——我喜欢。它失落了,却在书中永远留存下来!我确信,这只眼睛是艺术的眼睛!倘若不能将失落的东西找回,不能让逝去的一切都永垂不朽,还谈何艺术?

我继续读了下去,不管是过去写的,还是后来写的,不管是古代史,近代史,还是现代史,全都读了个遍。很快我便深信不疑:他笔下的一切我都如亲眼所见,他所有的书里都有一只眼睛。而我们在自由主义中学里学的波托茨基、阿尔费罗夫斯基之流,以及他们那纠缠不休的"阶级斗争论",全然没有眼睛,没有面孔,只有不断打斗的群氓。这里有的是活生生的面庞,活生生的沙皇和女王!不,不仅有沙皇,还有僧侣,有奸诈小人,有强盗!……"您准备得很好。您是根据哪些文献来准备的?""根据伊洛瓦伊斯基的书。"这位自由主义教师不敢相信自己的耳朵:"怎么可能?他的课本都已经过时了呀!(接着停顿片刻,停顿之中充满了千头万绪的思索。)不管怎样,您的知识非常渊博。尽管您的阐述有些地方有一定的片面性,我还是给您打……""五分。"我暗自想。我经常更换学校,在每所中学的入学考试中,我都跟考官开过这样的玩笑。于是,在自由主义时代,这个为一代代学子所憎恶的"伊洛瓦伊斯基"却一再成为我这个女中学生获得五分的依靠。

伊洛瓦伊斯基向我和阿霞提的第二个问题是:"我编的《克里姆林宫报》[①]读过吗?""读过。""我在上面写了什么?""写了犹太人。""那么关于犹太佬我都写了什么?""您不喜欢他们。"(脸上闪过嘲讽的影子,带着不可言传的深意:)"您不喜欢!……"与此同时,对自己的亲外孙,他问得更加详细,手段也更阴险狡诈。"这也得说,那也得说!简直是审讯!说到底又不是我写的!难道要给他背下来不成?"安德烈满口怨言,"我跟他说:是德国人。他偏偏跟我说:是利沃尼亚人。照我说,就算是芬兰佬又能怎样!昨天整整一个钟头都不放过我!"

《克里姆林宫报》的编辑、撰稿人、订阅人和送报人都是同一个——伊洛瓦伊斯基(他总是亲自抱着报纸分发到亲友手中)。不

[①] 《克里姆林宫报》(1897—1916):德·伊·伊洛瓦伊斯基主编的报纸,主要刊登政论及文学内容。

过,他还是察觉到了书刊检查员的目光。1905年,在收到三条警告之后,《克里姆林宫报》因历史学家伊洛瓦伊斯基对俄罗斯最后一位沙皇1905年10月的历史姿态①做出公开而愤慨的抨击而遭到查封。我还记得,母亲年轻时(约1895年)的日记里有这样一段文字:"参加了德·伊关于米哈伊尔·罗曼诺夫登基一事的报告会,在场的还有一些国家要员。伊洛瓦伊斯基的结论是,米哈伊尔·罗曼诺夫被选为沙皇是因为他的无足轻重。此举颇为勇敢,但亲属在场的情况下,很是尴尬。"他总是无所畏惧,有些事他一旦觉得与真理和职责背道而驰,便表现出深深的漠视。在比1905年更为生死攸关的年代,他的这些特质表现得尤为鲜明。"应当面带微笑,向沙皇述说真理。"我从未在伊洛瓦伊斯基脸上见过微笑。至于沙皇是否见过,我也表示怀疑。不过,他们肯定从他口中听到过真理。当然,后来《克里姆林宫报》再次获准发行,这些报纸又开始在德·伊的佃户家中泛滥。我去伊洛瓦伊斯基家的唯一一次拜访给我留下的唯一印象便是成堆的《克里姆林宫报》。它们堆放在深深的窗龛之中,一摞一摞,堆到了十字窗棂上,为家人和访客遮挡着上帝之光,遮挡着外面的世界。这不是什么隐喻,而是事实。这个有着戈东诺夫②拱顶的半地下室房间,我希望世人能够铭记。

这是个英俊的老人。身材匀称,肩膀宽阔,年近九十仍身材挺拔。鼻梁高挺,梳着偏分头,一头屠格涅夫式的鬈发,额头也像屠格

---

① 1905年以彼得堡为中心爆发了一系列游行、示威、恐怖袭击,这一系列事件被称为1905年俄国革命。同年10月,沙皇尼古拉二世签署了大臣维特等人撰写的十月诏书,俄国改为君主立宪制,得到自由派的支持和保皇派的反对。伊洛瓦伊斯基属于保皇派。

② 鲍里斯·戈东诺夫(1552—1605):俄罗斯混乱时期沙皇。普希金著有同名诗剧《鲍里斯·戈东诺夫》。

涅夫一样漂亮。额头下方是一双洞察万物的大眼睛,目光冰冷,极具穿透力,只有看到活的东西才会黯淡下来。

我闭上自己的眼睛,脑海中立刻浮现出这样的画面:我们三塘巷的房子那小小的前厅,门槛旁站着一位身穿皮大衣的老人,一个羞怯的女用人怯生生地站在他面前,十年来她一直没能习惯。"你叫玛莎?你去禀报你们老爷,老皮缅那边的老爷来了,送来了《克里姆林宫报》。"

老皮缅的房子

这是一座死气沉沉的房子。房子里的一切都已终结,除了死亡。除了衰老。是的,一切:美,青春,魅力,和生命。房子里的一切都已终结,除了伊洛瓦伊斯基。这个倔强的老人执意要活下去。"他简直能活到下个世纪……把孩子们全都埋葬了,可自己呢……二十岁的儿子已经入土,七十岁的父亲却活在世上……"在一片窃窃私语和怨言声中,他依旧活着。

多年以后,我读到法莱尔的《生者》[①],我(上帝宽恕我,因为这真是罪过)并没有回忆起德·伊,而是仿佛亲眼看到了他的形象。这是一本颇为粗陋的书,写得很是恐怖。一群百岁老人潜伏在某个戈壁荒漠,窥伺着过往的年轻人,邀请他们去家中做客,伺机榨取他们的鲜血,以此维持生命。德·伊没有吸过任何人的血,不,他甚至按照自己的方式爱着他的孩子,可二者之间还是存在相似之处:他活

---

① 克劳德·法莱尔(1876—1957):法国作家。此处的《生者》指法莱尔所著的小说,全名为《生者之家》。

得那么长久,实属罕见,可孩子们却年纪轻轻相继死去——想来毛骨悚然。第一任妻子,两个男孩,一个女儿,还有第二次婚姻生下的一儿一女……这一切恍如瘟疫,将年轻的生命吞噬。这场瘟疫,只饶过他一人。

无论是在我们家,还是在他自己家中,人们总埋怨他心肠硬,甚至指责他的冷酷无情。不,他不是一个冷酷无情的人,他只是倔强。他的脖颈很硬,不在任何人面前低头,不会被任何东西压弯,也不会因任何事而俯首,唯有埋头写作是例外(每日伏案,无止无休)。看来,他不知受到过多少次警告!倘若不丢掉身上的戾气,倘若不交出自己的权力,倘若决意不向寻常世态低头,那么这些人就会死。全都死去。可他的眼睛看到了另外一种东西。他的眼睛没能看出停尸床上那来来去去的尸体有什么意义。对于自己家中的历史,对于生活的历史,这位史学家毫无察觉。(或许,这并非历史,而是劫难?或许,劫难的意义只有诗人才能发觉?)在他眼中,寻常事理只有一样,那就是他家长的权威和不容置疑的命令。至于死亡,那仅仅是不幸,是上帝的旨意。这位老人一刻也未曾觉得自己有罪。不过,他真的有罪吗?

这些孩子注定遭受夭亡的厄运。不要笑,厄运是存在的。就像神话里那样,伊洛瓦伊斯基或许只是厄运的工具。(正如柯罗诺斯[①]必须吞噬自己的子女。)假如有了罪孽感,那么罪孽便存在,假若没有,罪名便不能成立,即便招致死亡,它也并非罪过。伊洛瓦伊斯基一直活着,伊洛瓦伊斯基身上的意识总是指向正确性,不可扭转。对于这种不容置疑的正确性,又能如何审判呢?

他的命运在所有人看来都意味着生的自由,然而,这很可能是

[①] 柯罗诺斯:希腊神话中的时间之神。

厄运对他的奴役。与孩子们的劫难恰恰相反,悬在他头上的厄运是漫长的生命,而非过早的夭亡。漫长的一生,竟成了诅咒。(就像西彼拉①,永远不会死去。)

因为一切都是神话,因为非神话的东西并不存在,没有什么能够超脱于神话的藩篱。一切都源自神话——因为神话早就把世事看穿,一劳永逸地雕刻出万物的样貌。如今在我看来,伊洛瓦伊斯基宛如冥河上的卡戎,驾着独木舟将一个又一个亡魂渡过忘川——那是他所有亡去的子女。

我在家庭相册里看见最先出世的那两个男孩子,他们可能比我年长四十岁。中间是他们年轻的母亲。两兄弟有着相似的面庞,像父亲,前额高朗,蓝眼睛,脸颊瘦削。直到生命的最后一刻,他们仍然隔着母亲的膝盖相互嬉戏,将死寂的冥河水泼溅在对方身上……

我看见瓦·德,她嫁与不爱之人,成为他挚爱的妻子,却一生思恋着另外一个。她在那不勒斯的阳光下歌唱自己的痛苦,生下第一个儿子便与世长辞。死时仿佛欲说还休,手捧鲜花,身着华丽的盛装。凝滞的血块缓缓移动,移到心脏。瓦·德啊!珊瑚的色泽将她周身笼罩,脸颊上南方的红晕尚未褪去,生命最初的喜悦仍未冷却。她胸前的珊瑚项链光点迷离,仿佛在向遗落在人间的儿子挥手告别……

冥河上的雾气逐渐消散。显现在我面前的不是相册,不是肖像,是娜佳,活生生的娜佳。栗色头发,玫瑰色的面颊,仿佛炽热的天鹅绒,仿佛映着阳光的桃子,披着石榴红的短披肩(就像珀耳塞福涅②!),不停地打着寒战,随着身体的战栗,披肩一会儿打开,一会儿

---

① 西彼拉:希腊神话中永生的女预言家。
② 珀耳塞福涅:希腊神话中冥国的王后,冥王哈迪斯之妻。

合拢。哦不,她可不会身穿白色殓衣!神话不知殓衣为何物,所有死者都是活的,他们活生生地向死亡走去,有的拿着小树枝,有的捧着小书,有的带着玩具……

(独木舟上的一切都在变换更迭,唯有船夫始终如一。)

这是谢廖沙,是逝去的几代人生命的余晖。(哦,你怎么一点也不明白,我的历史学家!)优雅,纤弱,满是孩子气的脸上蓄着连鬓小胡子,闪闪发亮的黑眼睛,脸上没有红晕,白得夺人眼目。他简直是从1812年走出来的!从版画中,从家庭纪事中活灵活现地走出。制服是那么合身,仿佛与身体一同生长(只可惜是大学生的制服!)。(从我幼年时光那极深的深处浮现出一个神秘的词语:谢廖沙·玻尔—拉缅斯基……)谢廖沙·玻尔—拉缅斯基,季娜伊达·弗洛里奥特①少女小说中的劳尔·多布里……总之,是少年永恒的幻影,是被宙斯掳走的伽倪墨得斯②,是被宁芙③俘虏的赫勒克勒斯④……而这条河是冥河,这里没有宁芙,没有声响。冥河,它什么也不需要,甚至不需要他那双美妙的眼睛。

亲爱的谢廖沙和娜佳,1903年春天我在那片福地遇见你们,在热那亚的内尔维。谢廖沙在房间的阴影里,在母亲的荫蔽中;娜佳在明亮的光线里,这片亮光在她身旁被母亲的阴影截断。母亲庇护着谢廖沙,而娜佳——被监管着。母女二人坐在鲜花节⑤的四轮马

---

① 季娜伊达·弗洛里奥特(1829—1890):法国作家,其作品曾一度流行,主要读者群为年轻女性。
② 伽倪墨得斯:希腊神话中的美少年,特洛伊国王之子,被宙斯看中并掳走。
③ 宁芙:希腊神话中的精灵或仙女,是大自然幻化的精灵,以美丽女子的形象出现。
④ 赫勒克勒斯:希腊神话中力大无穷的美男子。
⑤ 原文为法语,字面意思为"花朵之战",为意大利的传统节日。

车上。所有的鲜花都献给娜佳,而纸花与小小的豌豆粒(或许,还有铅弹)给了母亲。意大利人向来如此,把玫瑰抛给美人,将杂物掷向恶龙。(这个亚·亚本来就是个美人,四十岁还没有一根白发,她怎么就摇身一变,成了恶龙?)娜佳在微笑。母亲不动声色,然而沿着"海景区"走了一遭后,便让车夫掉头,一去不复返,从鲜花节的战场回到了这个房间。在这个房间里,相对健康的姐姐与重病在床的弟弟同住,他们的咳嗽声常常将对方从睡梦中惊醒。一个名叫凡·德·弗拉斯的大学生爱上了娜佳。他不是荷兰人,是基辅人,也是个病人,一个美男子。我和阿霞管他叫"修道院的猫",因为他胖乎乎的,不知为何格外洁净。他住单间,就像住在修道院的斗室。我和阿霞常常把他写的小纸条带给娜佳,有时也替娜佳传书。那时她便会热烈地亲吻我们的头顶,吻了一遍又一遍,把我们搂在她炽热的胸前。我的母亲庇护着这对恋人。她也很年轻,也患病在身,却得一连几个小时与亚·亚拉家常,分散她的注意力——观察,想象,有时还得编造。亚·亚让她难以忍受,这些话题同样使她不堪重负,比如,谈论怎样腌芜菁……(事后对我们说:"让她腌吧!反正是她自己吃!")不过,这样便能成功吸引这位警觉的看守,使她不亦乐乎,全然忘却了时间。然而,在一个美妙的日子里,这幸福结束了。亚·亚没有等到疗程结束,便借口生活费用昂贵(两人住一间房,寄宿学校每天五法郎,真是数百万的开销……),其实是嫉妒娜佳受到的欢迎和赞许(认为这些"赞许"有着太多不可靠的成分),就这样将孩子们从内尔维的海边带回了伊洛瓦伊斯基潮湿的"斯帕斯科耶"[①]。娜佳哭了,凡·德·弗拉斯也哭了,哭泣的不止他一人(还有

[①] 斯帕斯科耶:位于卡卢加州克留科沃,伊洛瓦伊斯基于1899年购买了这里的斯帕斯科耶庄园,将其作为自己的别墅。

一位哭得尤为厉害,他蓄着褐色的大胡子,甚至不是我们寄宿学校的,娜佳连看都没看过他一眼),我们的母亲哭了,我和阿霞也哭了。家教良好的谢廖沙出于对母亲的尊重没有落泪,他不停地从马车里探出头来,四下张望,仿佛在环顾着内尔维,其实,是在向生命回眸。

* * * * * * *

母亲。她只是儿子的母亲,不是女儿们的母亲。希望她的灵魂能将我宽恕,她会看到,我自始至终都未妄加评判。乌克兰有个关于亲生母亲和教母的童话。一个姑娘深夜路过教堂,看见里面有亮光,便走了过去。礼拜正悄无声息地进行,一位陌生的神甫,在场祈祷的是一群古怪的人。有些人很久都没见过,有些人从来未曾谋面。突然,有人拍她肩膀。回头一看,是死去的教母。"快跑,小姑娘,不然被你亲生母亲看到,会把你撕碎的。"可是已经迟了,母亲看到了她,眼看着穿过人群向她冲来。小姑娘转身就跑,母亲在身后紧追不舍,于是二人在空旷的田野中飞奔(女儿在地上跑,母亲则仿佛贴着地面飞驰)。不过教母出现在身旁,她不允许女儿受委屈,边跑边向小姑娘的生母抛撒十字架,并不停地画着十字。终于,一切都结束了。眼前出现了村落,出现了第一家茅舍。公鸡开始打鸣。教母与小姑娘告别:"小姑娘,不要在半夜看到灯光就进教堂。这是一些躁动的亡魂和无法安息的牧师在做祷告。要不是我,你的亲生母亲早就把你吞下肚了,她从死的那一刻起就恨你恨得咬牙切齿。"

每每向别人讲起这个故事,目的都是为自己解惑,讲完之后总会问:这是怎么回事?究竟是为什么?我的听众里只有一位做出了回答,她语气坚定地说:"这故事讲得很明白。是妒忌。女儿是她的竞争对手。"这是死亡对青春的妒忌,是不幸对幸福的妒忌,是死者对生者的妒忌。回头看看亚·亚,她身上涌动的正是死者那无法平息的激情。这死者从未有过生命,因为亚·亚从未活过。当初她还是个年轻的美人,却嫁给了年迈的伊洛瓦伊斯基,她嫁给他是为了金钱和名望。她的腰间挂上了钥匙,身上也背了十字架。家里传言,他嫉妒得要命。倔强的老头儿也喜欢美人。他从不放她单独出门,她只单独出去过一次,和自己的某个老相识去了舞会,为这事他数落了她一辈子。徒劳。她既高傲又忠诚。(她绝不会卑下到背叛他的地步,也不会屈尊将美貌当成手段。每次看到她,她都以高傲的姿态站立,仿佛睥睨着自己的美。)孩子们出世了。奶妈、保姆、家庭教师、学校教师……他们组成一道陈规的壁垒,将孩子们与她隔离开来,更不用说长幼尊卑这道分水岭。确实,孩子们生活在父母权威的阴影下,就像被锁进了地下室。父母的脚底便是孩子的天空。父母带着一生的重负、用尽全身力量踩踏的那块地面,其实就压在孩子们头顶上。孩子们就像阿特拉斯[1],用身躯托举着诸神的苍穹(无怪乎他们"脚底"有个拱顶[2]!),因此孩子们才不堪重负。再回头谈谈对孩子的培育。层层包围之下,如何才能接近自己的孩子?如何才能突破这世俗谄媚、岿然不动的重围?为此,只能赋予孩子深挚的爱。我只想提一个问题:对于自己不爱的,甚至是难以忍受的男人生下的孩子,做母亲的是否能够去爱,这爱是否不可避免,是否非爱不可?爱这个孩子,安娜·卡列尼娜做到了。可那孩子是个男孩,是她孕育出的儿子,她的儿子,一个彻头彻尾的男孩,她的灵魂之子。亚·亚也有这样一个儿子——她最小的孩子谢廖沙,她灵与肉的结晶。倘若人们没有从一开始就将她扼杀,面对这个孩子,她的灵魂必定是活的。

---

[1] 阿特拉斯:希腊神话中的擎天神,宙斯降罪于他,命他用双肩支撑着天空。
[2] 俄语中,"苍穹"一词是"天空"与"拱顶"的合成词。此处的"拱顶"一语双关,既指地下室的拱顶,又指上文隐喻中的苍穹。

没有灵魂的相像就没有身体的相似。如果说顺从、腼腆、温柔的谢廖沙乍一看与母亲的心性截然相反,那是因为人们只拿他与现在的她做比较,而非当年那个与之同龄的女孩。当年,她嫁与不爱之人的时候,难道不是更加顺从?就这样永远地妥协,永远地屈服,正如她扬起眉毛,使个眼色,她的儿子便毫无怨言地听从她的一切指示。只不过,在尚未被生活触碰的谢廖沙身上,顺从还在静静地安眠,而她身上,顺从已变得冷酷无情。

与此同时,生活一点一滴地锻造着这个美丽的女子。当你知道自己永远无处遁逃,便留在原地,开始生活。就这样活下去,逐渐对这间囚室习以为常。你踏进牢房时感到一切都极尽疯狂,一切都无法无天,如今它们却成了评判事物的标尺。看到她的顺从,狱卒便心软起来,稍稍做出让步,于是扭曲的结合便开始了;可这正是囚徒与看守、无情之人与无情之人真正的结合,宛如雕塑——按照他的形象,按照与他相似的样貌重新雕刻她的模样。然而,这"形象"和"相似的样貌"又是怎样一番模样?年迈的学者与无情的美人之间有何相似之处?亚·亚从德·伊那里又能"仿效"些什么?是历史——他平生的事业?不,历史由他亲自撰写;还是思想?对于任何一个真正的女性来说,思想都无足轻重(假如她对这些思想有些许关心,假如,可是这个"假如"并不存在……)。还是不要妄自诘问了吧!假若非得找些值得仿效的东西,那么她能够从他身上仿效的只有方法。学他的过分节俭,学他的持家之道,还有教子之方,固执己见,凡此种种。很快,这些方法变成她的积习,甚至成为怪癖,因为一个为国家大计,一个为家庭琐事;一个是书本,一个是生活。在她这里,伊洛瓦伊斯基对异族的仇视变成了对一个德国女管家的痛恨,国家财富积累的整套理论被囿于自家金库的藩篱之内,而思想范畴内的治家格言被用来约束自家活生生的孩子。个中道理不言而喻:伊洛瓦伊斯基在家中是个暴君,但他是思想上的暴君,也就是说,他无暇顾及琐事。彻彻底底地将家庭生活摒弃在视野之外。较之暴君,他更像奥林匹斯神,绝不会屈尊过问孩子们的事。而亚·亚足不出户,儿女们的一举一动都了如指掌,也正因为如此,她的一切关怀都浮于表面,始终未能走进孩子们内心。这两人一个如发号施令的教皇,一个像耶稣兄弟会平庸而好斗的信徒,二者真是天渊之别。总之,在这个家里,亚·亚是他的左膀右臂,而手臂挥斥方遒的威力往往比头脑更为强大。"年轻姑娘们应当常去舞会上跳跳舞。"伊洛瓦伊斯基说。"确实,不过回来的时候她们可就要把裙子挂在人家的'小肩膀'①上了。"亚·亚说。(她说得字字有力,显然,姑娘们的青春之泉令她伤心不已。)"年轻姑娘们应当和父母中意的小伙子们跳跳舞。"德·伊说。"也就是说,不要和她们自己相中的人跳舞。"亚·亚说。于是,话语的重心从"应该"转向了"禁止"。肉体的禁令变成了精神的桎梏。

为什么?为什么会有这些禁令?它们究竟从何而来?这是因为不久前她本人便遭遇了这些禁令,人们禁止她生活,她便也一怒之下(也许是出于冷酷的报复心,但一切还是变成了愤怒的妄想!)将生活列入禁忌。正是她本人亲手将自己埋葬在老皮缅的房子里。女儿们都出落成美人,其中的一个尤为动人。她说:"我也曾是美人。"女儿们快乐地成长。她说:"以前我也会笑。"

于是,她下意识地(我格外强调这一点)将自己被扼杀的生活迁怒到女儿身上。在亲戚和仆人们当中有一个露骨的传言:德·伊"侵占"了孩子们的生命,而亚·亚将他们的生命"吞噬"。她没有吞噬,没有。她没有啜饮她们青春的琼浆,因为她体内没有这样的琼

---

① 此处为双关语,俄语中"小肩膀"一词与"衣架"词形相同。

浆,留着也许日后有用。她用粗粝的手将她们钳住,不给她们活路,让她的女儿们同她一样不得幸福。这是另外一种衰老,它以女儿们的青春为食,将墓碑压在她们身上。我窒息而死,你也禁止呼吸。

可怕?这样的婚姻难道就不可怕?一切都是她自己的过错!可她自己是否明白?是否明白婚姻为何物?现在的人们确实明白了婚姻的含义,可五十年前的那些人呢?他们飞向这座地狱,就像飞蛾扑火,满腔热望。他们失足落入婚姻,就像一脚踏进沟壑。究竟——如何才能明白?或许,还要屈从父母的权威,女儿们还要听任母亲的威吓和劝诫。苦痛让心灵变得冷酷——就是这样。但是为什么要迁怒于无辜的儿女?难道她能意识到自己的所作所为?这是她身上那自知自觉的天性所使然——迁怒于儿女,替饱受屈辱的自我复仇。她,在全然无辜的状态下养育着孩子们。(显然,事实证明,夺走孩子们性命的正是她身上的顽疾,她的赏赐和遗产,这顽疾使她的三个孩子中有两个都命丧黄泉。此外,德·伊在青年时代也得过肺结核,不过他的青年时代究竟是什么时候?他是否有过青春?于是,一个关于父母用孩子的性命与死神做交易的传说又流传开来……)

女孩子们并没有受苦。说来,她们很多事情都不受限制。她们有漂亮衣服,有很多女伴,就连这些女伴的兄弟也能自由来往,她们有宴会的入场券,看芭蕾可以坐包厢,最主要的是,她们经历了很多"活的画"①……说这话时,我得讲讲这个时代。这是二十世纪的黎明,是1905年的前夜。此时,学生运动的浪潮还未涌起,只能听到小溪流水的潺潺之声。"学监"这个词是我孩提时期意识到的第一

---

① "活的画":旧时贵族家庭的一种消遣方式,主人和宾客化装打扮,表演历史或神话传说中的某个场景,往往还配有幕布和灯光。

批词汇之一,它与"卷毛狗"谐音。在这个时代,那些活的画组成了一面盾牌,挡住了革命集会、接二连三的疑虑与质问,挡住了可怕的人群和思想。这面颤抖的盾牌,有如一面糊满古老锦缎的墙。而它背后……

静止不动的群像。这些人却是有生命的,身上映着红红绿绿的焰火。这群人没有呼吸,笑容凝滞,火焰颤抖着,噼啪作响,直至熄灭……落幕!掌声雷动。美丽的娜佳,她让每一个迎面走来的人都感受到春的气息,她是春之神那凝固的神谕,蜜桃般的脸颊泛着焰火般的红晕。一个活生生的美人,定格成睡美人的姿态。在老人们的目光下,她的美在沉睡。这群与她父亲同龄的七十多岁的老人,不管是老伊莲娜,还是老苏珊娜……他们戴着眼镜,要么老眼昏花,要么泪光闪闪,天知道还会是什么样子!(我还能再列举出几个名字,列举出其他历史人物,可是何必呢?一切都在神话中随风而逝……)

然而,那些蓄着大胡子的大学生和副教授在这儿做什么?(这群人当中,只有谢廖沙没有大胡子,无论娜佳怎样千变万化,他总能与她相配:她是春之女神,他便是明媚的五月;她是千面美人,他便是永恒的王子。)夹鼻眼镜可以摘掉,可大胡子呢?他们竟也参与到一场场《春之神》和《蓬巴杜》的演出当中。蓄着大胡子的侯爵?在历史学家的宅子里这样胡闹?无论多么悲哀,我还是忍俊不禁。几十年过去,我还是不能不因这凝滞的恐惧而战栗:一座垂死的房子里上演着"活的画"——僵滞的活人构成死一般的图景。

这里有过活的画,有过出门远游,有过行监坐守之下的舞蹈,让我想起早年那些舞会带给我的种种沮丧。但女孩子们得到了补偿。生活总是给予补偿。青年人的茶桌逐渐扩充为年轻自由主义者的圈子(后来,完全变成了右翼立宪民主党人的圈子!)。尽管有坚固盾牌的庇护,老房子里的蜡烛在第一缕"思想"微风的吹拂下也不禁颤抖起来。这是怎样的思想?犹太人同样是人。最大胆的思想莫过于:"难道耶稣自己不也是犹太人……"有个词不无胆怯地响起,胆怯之中却孕育着雷鸣,此时除却自身的声响,它尚无其他含义。这个词便是"自由"。怎样的自由?一切的自由。摆脱什么?摆脱一切。当然,首先要摆脱的是——家庭。不,不,不是摆脱双亲。双亲依旧是不可侵犯、无权审判的,何况,压迫我们的难道是他们?不,不是德·伊早睡早起的命令,也不是亚·亚的严行厉色——父母本身也备受压抑。压迫人的是这座房子,这座房子,连同所有在这里活过的人——他们那种活法,如今已寸步难行。(不过这种活法又在哪个时代能行得通?)这座房子用碉堡一般厚重的墙壁压迫着人们,还有那深深的窗龛,仿佛是特意为幽灵预备的;那一扇扇门,它们从不紧闭,从不敞开,而是半开半掩;那些天花板,深夜总有人不停踱步,来来回回,逡巡不断;那座紧挨着房子的花园,它总是窥伺着房中的一切。噢,最令人压抑的就是这座花园,还有它那虚假的自由。事实上,不眠的树木在巡逻,显然,它们还握着前人的手。潮湿的花园,衰老的花园,篱笆门外,无路可走。最令人压抑的,还有"皮缅"[①]这个词。皮缅是谁?他究竟是何方神圣?为什么没能保全这家人的性命?为什么三人之中只有一男一女未被送进坟墓?伊洛瓦伊斯基家女孩子们的"自由"只需摆脱这个老圣徒便能实现,可他却用手杖将她们打入棺材。自由呵,只需摆脱这位看守,他监管着这座宅子,监管着她们的生命。(哦,皮缅只关心他的

---

① 圣皮缅(340—450):埃及僧侣,东正教和天主教中的圣人。普希金的诗体戏剧《鲍里斯·戈东诺夫》中也有一位名为皮缅的修士,为俄罗斯编年史家,故后文将其称为"编年史家的庇护者"。

房子,只想保全房子里的一切,东西一样不能少,不管是橱柜,棺材,还是儿子。)"从老皮缅那里挣脱出去!"说这话时,他们也不知道意味着什么。又一次,在这样一番豪言壮志之后,娜佳说:"总之,我和谢廖沙不会在这里住太久。房子留给奥莉亚。"奥莉亚似乎对这样的安排(或者说礼物!)感到不忿,怒气冲冲地说:"那我就把它炸掉!"可在这之前,俄罗斯却早早地炸了个粉身碎骨,这土地上所有老皮缅式的房子也随之坍塌。

来自父母的压迫的确存在,但这种压迫源自执行,源自对父母之命的不可违抗。(不要忘记,宙斯头上还有厄运的胁迫。)这压迫并非源于他们的存在,而是源于他们的无所不为,无处不在——这座房子以及周围方圆三十俄里内都充溢着他们的气息(纵向来说则至少三十年!)。"你的右手随时将我触碰。"[1]——这绝不意味着亚·亚骑在女儿脖子上喋喋不休(对于她来说,女儿只是家务的一部分,和箱子橱柜没什么两样),也不代表她们在规定之外的时间段玩耍时德·伊会突然闯进来抓个正着。这压迫在于,根本没有什么"规定之外的时间",也不可能有。因为这座房子本身就是一堂无限拖延的"历史课",在身体上逃离压迫,或是投机取巧,其实再容易不过。如若参透事情的本质,你会看到,这是信任的考验。不,不能用这个字眼,因为父母根本不会想到儿女会欺骗他们。他们盲目的信念(对自己不容置疑的正确性和权威的自信)构成一道闸门。门上没有锁,不过,信念是比任何锁链更为强大的绳索。信任你的人是不容欺骗的,又怎能欺骗一个从不怀疑、从不质疑你的人呢?和母亲一样,这家的女儿们既诚实又高傲。尽管背负着重压,老皮缅的房子依旧充满了高尚气度。这里没有任何卑微龌龊。("我们确实

---

[1] 化用自《圣经·诗篇》中的诗句。

艰难，可我们从不低三下四。"奥莉亚这样形容自己的新家。她被老皮缅的房子赶了出来。）这并非一出充斥着命令与欺骗、苛责与诡计的寻常悲喜剧。寻常之剧的结局都很美满。老皮缅的房子无法以美满告终，恰恰因此它才那样威严，震撼着我的心灵。它是一出彻头彻尾的悲剧，丝毫不逊于普吕阿莫斯①的城邦。它头上悬着厄运。厄运，表现为父母在肉体上的无形压迫，隐藏在他们奥林匹斯神的表象之下：他们高高在上，被光芒笼罩，无形的禁令如洪流一般向下方倾注，倾注到半地下室的花园的浓雾之中。（顺便提一句，在我对俄罗斯的记忆中，只有这座房子里父母住在上层，孩子住在下层。）在我们三塘巷的家，孩子们的卧室和这里一样低矮而拥挤，但它在温暖而明亮的顶层，父母的卧室华丽而宽敞，却位于底层，空旷而寒冷。在楼上，孩子们从父母的管束下逃脱。可在这里，孩子们被父母抛向地府，头顶上压着个信任的拱顶……这是冥土的穹隆。显然，老皮缅的房子比贵族时代的俄罗斯更为古老（比乌拉诺斯、提坦神还要古老……）。

然而，有时我会将德·伊的形象进一步神化，此时便觉得他不像宙斯，而是哈迪斯——地府的统治者。

可怜的娜佳，她被迫吞下了许多石榴籽，于是只在意大利度过了一个春天，余下的一生都要将冥国当成故土！②

还有她可怜的母亲，在诱惑之中吞食了整个石榴果，一粒石榴籽都没剩下，于是永世留在冥国。

还有可怜的瓦·德，她迈出了父亲的王国的门槛，却依旧被石

---

① 普吕阿莫斯：特洛伊的国王。
② 希腊神话中，冥王哈迪斯令珀耳塞福涅吞下四颗石榴籽，这迫使她每年有四个月在冥府度过。

榴石项链束缚着……

还有不幸的奥莉亚,这不幸反而给她带来了幸福。她将冥王的全部宝藏换成大地的一根麦穗,换成人间的爱情。

不幸的你们呵,还有可怜的你。

宙斯也好,哈迪斯也好,这位父亲掌控着自己的孩子,俨然是个奥林匹斯神,像他这样的父亲是不能妄加评判的。世间不会再有这样的父亲,他们已成为过去。

但是他身上还有一个领地,既非奥林匹斯神山,也非冥国。这里没有月桂,没有石榴,只有渣滓和灰烬。这个领地充斥着他的仇恨:对犹太人的仇恨。我还未提及,伊洛瓦伊斯基其实有一颗《旧约》式的、狂热的犹太人的心。因为他对犹太人的恨,不恰恰像虔诚的教徒在万军之主的命令和摩西的戒律下对《圣经》的信仰和对异教徒的仇恨吗?这种恨,不恰恰是犹太人对基督徒仇恨的余孽吗?那个身上流着犹太血液的外孙(奥莉亚可怜的儿子,出世没多久便夭折了),未曾谋面就被伊洛瓦伊斯基暗自抛弃,他常为这个外孙流下热泪——换作一个狂热的犹太信徒,他面对自己流着基督徒血液的外孙,不也是这样哭泣吗?德·伊诅咒着自己的女儿——自己家中活下来的最后一个孩子,因为她将犹太人带进了这个家族,倘若一个犹太信徒的女儿将基督徒带进自己的家族,不也会遭到这样的诅咒吗?

他们难道不像孪生兄弟?不像双面人?

一条仇恨的绳索,将这样的反犹主义者和这样的犹太信徒维系在一起。通过这条彼此维系的血脉,他们对视着,仿佛看到了镜中的自己。

不过,犹太教徒的仇恨是合乎教义的,东正教的仇恨却是犯罪。

如果德·伊有自己的上帝,那么这个上帝一定是《旧约》式的,有着致命的毁灭性。这个上帝,呼吸带来干旱,怀里抱着蝗虫。他是另一个上帝,不是我们的。

面对罗扎诺夫①那狂热教徒式的、灵感四溢、针砭时弊的长篇大论,十七岁的阿霞用一句话便说出了自己的想法,她回答道:

"瓦西里·瓦西里耶维奇!世界上只有一个这样的犹太人。"

(罗扎诺夫皱起眉头:"?")

"那就是您。"

* * * * * *

尽管浮于时代、场所和生活的表面,伊洛瓦伊斯基却很难被视为一个刚愎自用的人。他从不说:"我想怎样就怎样。"(我现在心情不好!)②他总是用头脑说话。他和祖父巴格罗夫之间几乎没有任何共通点,除了不可避免的沉郁的个性。此外还有一点共同之处:二者均为一个被命运带到他们屋檐下的孤独而无畏的女性感到动容,这也是他们人生中唯一的一次动容。这是一个新型的女性,一个独一无二的独立个体。德·伊对我母亲表现出明显的尊重。她是那样热情,总是毫无保留地发表自己的见解,然而在我的记忆中,却从未就任何事对德·伊有过苛责,一次也没有。这种好感因为二人之间的关系显得颇为怪异:第一任妻子的父亲对自己女婿的第二任妻子怀有好感;第二任妻子因丈夫的第一任妻子备受折磨(简直处在前任的阴影之中!),可对这位前任的父亲却爱戴有加。实际上,某种东西使他们彼此疏远,但走着走着,却越来越近(完全就像性格迥

---

① 瓦·瓦·罗扎诺夫(1856—1919):俄罗斯白银时代的批评家、哲学家。茨维塔耶娃姐妹与之相识并有书信往来。

② 作者的文字游戏,原文直译为:"我左腿想怎样就怎样。"(就是支撑我站起来的这条腿!)俄文中"想怎样就怎样"的表达方式直译为"左腿想怎样就怎样";"心情不好"的表达方式直译为"靠左腿站起来"。

异的索菲亚·尼古拉耶夫娜和祖父巴格罗夫之间的关系)。进一步讲，要不是世间存在这样一条规律：孤僻的学者和老人的女儿往往是美人和歌唱家(或舞蹈家)——要不是这条逆向遗传的规律，我母亲可能更适合做他的女儿，比他的亲生女儿，比他所有的亲生孩子都要适合。他呢，从未将妻子和女儿视为自己的助手(何况也不允许她们帮忙)，却对另一个男人的助手，对爱女在他唯一的友人[①]心目中的替身格外欣赏。虽然血统疏远，我的母亲却是个真正的日耳曼女人，最喜欢迎难而上，而且尊重劳动，因此面对这样一位将毕生心血倾注到工作上、对生活中其他事情一无所知也不想知道的老人，她不可能有任何苛责。他们彼此认可的是对方身上的力量。我想，倘若让她用几句话概括她对德·伊的看法，她定会说："这不能妄加评判。""这"——指的是什么？也许是他那非人的孤独，这种孤独使他亲生儿女血管中的血液彻底冷却。这种非人的孤独是献身事业的孤独。

他对她也很宽容，不仅原谅了她身上对他来说实属野蛮的怪癖，而且原有了她灵魂中最要命的特质——对犹太人的好感。无论是在俄罗斯还是在国外，她身边总是围绕着一群犹太人。这一点简直难以理解，无论是她的出身(半个波兰血统)还是她的圈子(她倾向右翼团体)都无法解释，只能认为是亨利·海涅、鲁宾施坦和犹太人的天才契合了她女性的灵感，她的理智和良知。我想说，也许只能用她的基督徒精神来解释，然而想起"既无希腊人，也无犹太人"[②]这句话，我又不能这样说，因为于她而言，犹太种族的概念是存在的，比"希腊人"更为亲切。也许，她对犹太人的喜爱是因为所有因

---

① 指茨维塔耶娃的父亲伊万·弗拉基米罗维奇。
② 引自《圣经·新约》，用于形容耶稣的平等之爱。

素(不可能一一列举!)的共振,因为她的人生与我的人生那共同的主旋律——托尔斯泰①式的"反潮流"!我们的人生与任何事物的流向都截然相反,无论是自身流淌的血液,还是周遭那一潭死水。

母亲对犹太人的好感在伊洛瓦伊斯基看来难以理解,难以接受。就像对待至亲之人身上那固有的缺陷,他无法立刻原谅,而是保持缄默,然后彻底谅解。

她离世时,老人深感悲痛。我还记得他写给我们一封信,寄到塔鲁萨,言语哀戚,唯有笔迹一如既往,遒劲有力。"您失去的不仅是一位亲人,而且是一位伟大的人。"他向自己唯一的友人、我的父亲写道。"朋友们有很多,至交却没有。"他常常惭愧地抱怨着。我想,他们之间的友谊全然不是以志同道合为基础的。如果说我父亲是个忠君主义者,那么他也只能算是一个东正教式的忠君主义者,消极而传统,源自与生俱来的顺从,不妄加评论的秉性,以及漠不关心的态度——总是毫无保留地接受他人的看法。他将自己的勋章戴在身上,只为替某个在集会上被抓走的未曾谋面的学生请愿,难道这样的人也算是"忠君主义者"吗?他不想让亲友难堪,不想让自己的死造成某些"事件",于是他(神甫的儿子、孙子和曾孙)尽管知道死之将至,却没请神甫,默默离世,难道能把这样的人称为"东正教徒"吗?这样的"忠君主义者"和"东正教徒"首先是人,而且,只是人。"天下所有人都有广阔的天地。"这是他在每一种情形下都会对孩子们讲的至理名言。而伊洛瓦伊斯基,他对俄罗斯的爱表现为对异族的恨,对君主政体的爱表现为对君主的抨击,除此之外他什么也不关心,也不想关心。他们之间的友谊建立在珍贵的躯体和阴影

---

① 这里指阿·康·托尔斯泰(1817—1894),俄罗斯诗人、戏剧家、小说家,列夫·托尔斯泰的远亲。

之上。没有什么比建立在白骨之上的友谊更牢靠！这是两位老人的友谊,他们失去了共同的家。这对年迈的老友,人们无权评判。

我看见他们两人在一起,在低矮而宽阔的房间里。房间里有许多许多窗户,通向花园,和他们一样孤独。伊洛瓦伊斯基房间的门楣上,悬挂着他狩猎用的号角(可他从没打过猎),每当召唤客人和孩子们就餐,他便将号角吹响,强有力的声音和强大的肺活量总是让年轻人大为震惊。历史学家的罗兰的号角,如今已永远沉寂。

我和阿霞去过斯帕斯科耶,按照尼古拉铁路的车站名称,又名克留科沃。童年时代,我们总觉得这个未曾谋面的克留科沃是一把钩子①,是旧货商手里的铁钩子,要么就是雅伽巫婆的拐杖,也就是说,同样意味着衰老。出车站便坐上敞篷马车——一种没有未来也没有过去的东西。马车在变幻不定的情境中行驶,仿佛经历着一连串惊心动魄的大事件。经过黑色的枞树林,湿漉漉的树枝像柔软带刺的爪子,拂过我们的脸颊,宛如泼洒圣水的刷子。漏斗状的房屋,在遍布沼泽的平原上格外显眼。在抵达目的地之前,还要经过一个花圃。这样的花圃属于过去,这样的花圃如今已不复存在。房子里一片寂静,到处是古老的气息。我感到这里的房间在独自生活。这家人有一半已经离世,可它们依旧兀自活着,对此毫无察觉。它们对活着的那一半同样漠不关心。亚·亚从一旁走过,系着灰色的连胸围裙,怀里抱着一叠衣物,她后面跟着德·伊,也穿着灰衣服,怀里也抱着一摞白色的东西(是报纸!)。对于这座房子来说,他们的出现与其说是意外,不如说是……干扰。我们永远也不会知道,我们不经意间走过了多少老房子里的多少房间,而它们也不曾察觉我们的到来,就像古老海洋的波涛,从我们身旁绕过,径自奔涌

---

① 俄语中,"钩子"一词与"克留科沃"为同一词根。

而去。家族是一片汪洋，它的波涛一去不返，只是偶尔出于无理的任性，跨越百年的悠悠岁月，将我们的戒指送回到岸边，将我们的容颜返还给后代。

亚·亚把我和阿霞安顿在花缎小沙发上，起初我们如坐针毡，后来便如同牢牢钉在了沙发边缘。亚·亚本人则坐在我们对面的一把坚硬的椅子上，手里做着活儿。看得出来，她很不舒适，只能威严地将后背挺直，仿佛站立着一般，似乎对自己的双手和手里的活儿也不肯屈身俯就。两位老人之间摆着一个枝形烛台，上面燃着两支蜡烛，烛光从绿色灯罩中流溢出来，落在他们的脸上。他们皱着眉头说："伊万·弗拉基米罗维奇，您难道不认为……""而您，德米特里·伊万诺维奇，难道不认为……"不过，不管"伊·弗"和"德·伊"是怎样认为的，我们都不闻不问。我们坐在那儿，仿佛被老人们的语调和无聊的话题催眠了一般，而亚·亚那紧逼不舍的目光（这目光是在回忆，在比较，还是对我们视而不见？）使我们像小鸟般地着了魔，我在她的目光中认出了谢廖沙那双美妙的眼睛。谢廖沙曾是她的活的肖像，而现在，在他死后，她便成了他的活的肖像。一模一样的嘴，生来带着嘲讽的神情，眼睛里藏着一模一样的笑意（深藏不露的笑），可无论是他，还是她，都不曾真正发出过这种笑。她的儿子仿佛在临死前将自己的青春遗留给了她，青春的光芒在她的嘴角嬉戏跳跃，仿佛玩着捉迷藏的游戏。这天晚上，我爱上了亚·亚，而她似乎有所察觉。也可能是丧子之痛使她的心变得柔软起来，总之，她的言谈举止颇有魅力，与我们这两个腼腆的孤儿平等交谈。一方是失去孩子的母亲，一方是失去母亲的孩子。她夸我们的鞋子很耐穿，夸我们的法语很纯正，最后，她竟然莫名地动了感情，答应送我们礼物：给阿霞一本《索恩采夫家的孩子们》，给我一本《卡佳·

索恩采娃与瓦利娅·索恩采娃的青春时代》，都是她的一个亲戚写的书。最奇妙的是，我们真的得到了这些书，每一本都是崭新的，每一本都有题词："真心爱你的亚·亚。"

于是，这一晚，儿子的身影浮现在了母亲身上。

……不过，伊洛瓦伊斯基家年轻人的聚会桌旁自有一个安静的角落。这便是"小天使"谢廖沙的天国。在周围那群阔少大学生当中，他宛如一只天鹅；在一群被妈妈宠坏的孩子们当中，他是母亲的男子汉。这里没有争论，也没有疑问。这里的一切生来就已注定，一切都是命运的安排。所有孩子当中，只有谢廖沙生来就信任皮缅，临死前也没有争辩。这个身穿洋装的小人儿是个模范的乖孩子，后来成为模范中学生，模范大学生——可恶吗？是的，若不是他一颦一笑、举手投足间那令人无法抗拒的魅力，还有那略显轻浮的气质。或许带着某种负罪感，或许是自嘲，或许是在和你们开玩笑，因为你们竟然相信了所谓的品行端正……那双明亮的黑眼睛微微眯起，与那张似笑非笑的嘴和仿佛闭成一条缝的嘴角完全相配。他的眼睛总是闪烁着某种勇敢的光芒，无论是送别还是做客（难怪他在客厅中死去）都毫无畏惧。他的眼睛看上去总比盯着他看的那些眼睛更老成，这是整个家族的眼睛，是这个家族最后一个人的眼睛。

他是个怎样的人？是一个文静的孩子，一个小天使？是妈妈的宝贝，老妇人的宠儿？是身穿白衣的纨绔子弟，还是黑色百人团分子？

他不是个文静的孩子，却是最最安静的人。不是小天使，而是基路伯；不是妈妈的宝贝，而是母亲的男子汉；不是老妇人的宠儿，而是古老训诫的捍卫者；不是身穿白衣的纨绔子弟——他本身便洁净无瑕，也不是黑色百人团分子，而是一只白貂。

奇怪的是，这个美男子和保罗①有某种相似之处，是的，尽管一个美丽，一个丑陋。他们是同一类人，只不过保罗是丑的极致，谢廖沙是美的极致。他们都是死神之子。鼻孔很是显眼，鼻子有些短，仿佛被剪刀裁掉了一截。牙齿同样显眼，眼窝深陷，颧骨凸出。仿佛若想让死神显出本来面目，需要的不是加重他们身上的死亡阴影，而是减少死神对他们的加工（或者说，塑造）。这样的脸庞往往孩子才有，确切地说，许多孩子都有这样的脸庞（孩子们有很多，脸却一个样），往往是男孩子。一定要有深色的眼睛。我希望读者能充满同情地（并带着回忆）想象一下他们的模样。

我将思绪伸向越来越久远的过去，试图确定和捕捉我最初爱上的那个人，发现我在最早的童年、在童年时代以前爱上的第一个人，但我越来越失望，因为在所谓的"第一个"（那是《温莎的风流娘儿们》中的绿衣女演员）之前，我总是会发现更多的"第一个"（比如商场里的绿衣洋娃娃），而这个"最初的人"之前，还有更多"最初的人"（比如大牧首池塘的陌生女郎），等等，等等（简直进入了另外一个遥远的国度！）。于是我觉得，一切都如一位诗人所说：

> 我不知回眸多少次，
> 似乎永远忘却了，
> 我是何时初恋萌生，
> 抑或不爱——竟是何时？

---

① 保罗一世（1754—1801）：俄罗斯沙皇，1796年至1801年在位，举止乖僻，死于宫廷阴谋。

而我从出生起便怀着爱恋,抑或从出生前就陷入了一种有失体统的僵局:我从一开始便爱上了第二个,或许是第一百个……这种状态没有开端,也生来注定无止无休地延续下去……爱情的言语周期本质上是无穷无尽的,因此我的这种状态不可能终结。

的确,我两岁的时候便疯狂地爱上了一个黑眼睛黑皮肤的大学生艾纳罗夫,我的母亲可以做证,可我却不记得这段爱情。再说,母亲怎么知道这就是我的初恋?怎么能保证我不会从乳母手中挣脱,投入别人的怀抱?(既然有的事物永远不会终结,永远在继续,既然这样的事物存在,而且众所周知,那么理所当然,也会有永远未曾开始、永远存在的事物吧。)但是现在,我是那样强烈地深入到谢廖沙的内在,我曾在他心中唤起的那股情感的洪流,如今又应他召唤,重新在我心中涌动,于是我开始觉得,不,我几乎深信不疑——我爱上的第一个男子,就是他。

我又记起自己四岁时的模样。一个胖乎乎的小女孩,一连几个小时站在谢廖沙旁边,缄默不语,看着他在奥卡河通向我家别墅的陡峭山坡上用平头铁锹掘着一个个台阶。我固执地站在他旁边,在他挖好一个台阶前绝不迈动步子。有一天,奥古斯塔·伊万诺夫娜对我的固执与执着忍无可忍:"你干吗总是眼巴巴地瞅着这个台阶?这个台阶上又没什么好玩儿的东西!"我深深地吸了一口气,说:"我在看他蓝色的裤子……"蓝色的?我记不清了。他那时是个中学生,中学生的制服都是灰色的。也许,穿的是夏天的粗麻布制服。莫非,是奥卡河的蓝色?是蓝色的爱情?但我记得"蓝色"这个词,也记得"蓝色"的感觉。

然而,又有一段思绪涌上心头,是先前的,还是后来的?"谢廖沙和娜佳"——不是伊洛瓦伊斯基家的,而是别人家的,不是谢廖沙哥哥和娜佳姐姐,而是别人,完全不同的人。是在《田地》①的副刊上见到的。究竟是读来的,还是听来的?和俄罗斯所有类似的家庭一样,我们塔鲁萨的别墅总是在黑夜亮起灯光,全家人聚到台灯的白色光圈之下(台灯的底座像熊掌那么大:活像狗熊钻蜂箱!),这时便会有人读点儿什么。有时,大人们会"忘记"小孩子的存在。我只记得一种灼伤的感觉,在胸腔里,在肋骨分叉的地方,潜藏着一种对秘密的恐惧:不能对任何人提起谢廖沙和娜佳,谢廖沙和娜佳……谢廖沙和娜佳。《田地》的副刊,二十世纪的黎明。

奇怪的是,在老皮缅这里我上了第一堂关于轻率的课,尽管对此还不习惯。瞧,这不就是,白纸黑字,写在娜佳深红色的纪念册里,当时这本纪念册放在瓦列里娅姐姐那里。

  我匆匆在闲暇时分
  为你写下几句小诗。
  请听从姐妹和友人的规劝,
  对男人不要轻信,我的友伴!

  你那么快活,总是笑逐颜开,
  你的小脑袋里有微风缱绻,
  可是你若是不想哭泣,
  就莫要轻信男人,我的友伴!

  纵使他们对你山盟海誓,
  纵使他们扣上扳机,以死相逼,

---

① 《田地》(1870—1916):俄罗斯一家画报,刊登文学、政论、生活等内容。

哦，就算他们碎骨粉身，
我的挚友，对男人也不要轻信！

倘若你相信了他们，
他们便会给你教训，
到时你便永生不忘，
对男人莫要轻信，我的友人！

　　我说是关于轻率的一课，尽管从这首诗的内容看，应当称其为审慎的一课。不过，无论是轻率，还是审慎，这两种特征我生来都不具备，因此这堂课的幼苗在我这里并没有成活。而且，我，还有奥莉亚本人，还有可怜的娜佳，我们这些曾经活过，依旧活着，以及在未来仍将活下去的人，直到世纪末，阿门，对"不要轻信"也还是不信，对遇见的每个心上人都付出真心。

　　然而问题不在于我，问题在于时代的风尚。这种风尚指使那些才华横溢、品行高尚的姑娘在纪念册中写下这样的诗行，赠给极有才华、心灵极为高尚的姐妹。

　　我不去指责。这是无辜的。这与"一次在洗礼节的晚上"[①]如出一辙，最主要的是，这些少女是那么相似！（"您叫什么名字？"他凝视着，回答道："阿加封。"）一个姐妹对另一个姐妹发出永恒的警示性的呼唤（她们一个比一个更容易轻信！）："不要相信，会欺骗你的！"这不是少女（少女是永生的）的退化，而是整个文化的退化。它由普希金开创，一直传承到贵族小姐的纪念册的最后一页，上面不知是谁的笔迹，写着：

---

① 俄国诗人茹科夫斯基的叙事诗《斯维特兰娜》的第一行诗句。

当我结束了自己的旅行,

女士啊,那时我便属于你!

(这是索比诺夫①同莫斯科女郎们的告别,二十世纪的旭日正缓缓升起。)

我六岁那年,有一回,谢廖沙对我说:"能把你写的诗给我抄一份吗?""那当然啦,见鬼去吧!""可'见鬼去吧'是什么意思?"他尽管挤出一丝微笑,语气中却充满不解,甚至痛苦。我当即就想用下巴朝自己的胸膛撞一下(为什么不撞他一下呢?),一下子将自己前爪的四根手指塞到了下嘴唇后面。这是一种奇怪的感觉,好像并不属于当时的我,好像我在谢廖沙面前永远为那样的自己感到羞耻。究竟是怎样的自己呢?健康(他那时也尚未患病),粗暴,鲁莽,带着脏兮兮的指甲。我像一个黑人一样对自己不可改变的黑皮肤感到羞耻。我还记得,自己需要多大的勇气才能走进客厅,因为他在那里,坐在绿色的沙发上,在一丛碧绿的蓬莱蕉之间,穿着天蓝色的制服上衣,周围环绕着一群大学生。但他们和他不一样,虽然也穿着制服上衣,却和他的不一样。我还记得自己沿着空旷的镶花地板穿过大厅,把手伸给他,我的下颚抖得是多么厉害。"还写诗吗?写吧,写吧!"我听到这个声音,瞬间就想哭泣。我想哭泣,想忏悔,因为我是那么凶,那么粗鲁。我又用盛牙粉的铁皮盒打了家庭教师的牙,只因为她激怒了我。可他呢,他对我还是那么和善,那么温柔……他似乎觉察到了什么,竭力想逗我笑:"喏,笑一笑,笑一笑,还是笑

---

① 列·索比诺夫(1872—1934):俄罗斯歌唱家,曾在柴可夫斯基的音乐剧《叶甫盖尼·奥涅金》中扮演连斯基。

一笑吧，你这个不苟言笑的小姑娘！"他越是温柔和善地询问，我的头垂得越低，泪水蓄满了眼眶，最后说："我还是把本子拿来，您自己读吧……"想来，他是我童年时代唯一一个没有嘲笑过我的诗作的人（母亲对我写诗的行为感到愤慨），从没把我写的诗当作斗牛士手里的红布，试图将我激怒……莫非，他自己也写诗？我知道他常常写散文。十二岁那年（是听我母亲说的，她亲眼所见），经父母一再要求，他开始在周五聚会上朗读自己写的剧本《母与子》。主人公有："母亲——二十岁，儿子——十六岁。"听众哄堂大笑，作者虽不知道原因，却感觉到了耻辱，立即头也不回地跑向自己的卧室，就连母亲的呼唤也无济于事。

母亲可以指使他做任何事。进一步讲，他不能与母亲背道而驰，也不能违背母亲的心愿。我想，他们很少以言语来沟通，更多的是眼神的交流，因为言语往往是危险的。若是开口，他想必会对母亲说："妈妈，你为什么要打搅娜佳？妈妈，你为什么总让我们的青春充满忧郁？妈妈，我们很快就要死了。"然而换作眼神，他只用目光对母亲说一句话："我爱你。我属于你。"

青年自由主义者们将这种爱称为"保守主义"，称为"政治反对派"，恰如个人自保的本能。人们往往用古怪的语词（往往是外来词）来形容再简单不过的事物。不过当你料及那简单的本质……

可爱的谢廖沙，时间过去了四分之一个世纪还多，今天，请您接收我的谢意。我替那个一头短发的大脑袋小姑娘向您表达谢意。她不漂亮，谁也不喜欢她，可您是那么珍重地从她手中接过笔记本，又以同样的姿态将它返还。

我替旧世界向您致谢。如今，所有人都背叛了它，所有人，尤其是那些想要将它复活的人，尽管他们也是无辜的。您是这个世界最明澈的一面镜子。

感谢您对这座房子如此忠诚,即便它是那样一座老宅。

我替母亲感谢您。

* * * * * *

内尔维之旅结束后,姐弟二人相继离世。

他们不是立即死去的。我们在国外陆续听到消息,说他们的父亲要把他们送到斯帕斯科耶去。在那儿他给他们吃燕麦,让他们开着窗子睡觉。"好吧(母亲拿着信说),吃燕麦,开窗子,都对身体有益,可你瞧,那里太潮湿了……要知道斯帕斯科耶建在沼泽地上……把他们送到克里米亚去不更好吗?"然而,将他们自己送去克里米亚无论如何是不行的(来自老皮缅的种种借口:),因为娜佳很快就会被爱慕者们包围,而且万一要有个放荡女人围着我们的乖孩子谢廖沙转呢?若是让母亲同行,便意味着抛下一切。抛下一切,便意味着抛下房子。抛下房子,也就意味着抛下房里的箱子柜子。把它们丢给谁呢?丢给那个年轻的德国女管家?可她自己也还是个雏儿,她怎么应付得过来?她只会惊恐地瞪着一双蓝眼睛,一眨不眨地盯着所有人,尤其是谢廖沙,他可连苍蝇都没欺负过呀……她又如何对付得了贼头贼脑的女佣、诡计多端的看守、醉醺醺的厨娘还有他们那群老乡和亲戚,如何对付得了这帮强盗?此外,去克里米亚,便意味着家庭一分为二。到时谁会在德·伊的星期五学者聚会上为大家端茶倒水呢?奥莉亚?奥莉亚本人都需要家庭教师的照顾,因为三个孩子当中,她是最强势、最神秘、最固执的一个。瞧,又在她那儿发现了生眉毛和睫毛的硼酸软膏。她不仅固执,而且大手大脚,因为那支软膏我已经锁起来,这就是说,她那支是新的。这些软膏啦,睫毛啦,还不都是为了讨那个 P—H 的欢心?刚进得门来就这样放肆,上帝保佑可千万别得逞!还去什么克里米亚?

傍晚，面对种种设想，德·伊言简意赅地回答：

"我带他们到斯帕斯科耶去。新鲜空气和燕麦，这才是最主要的。"

谢廖沙先一步离开人世。死神已降临，他知道。这是世事的终结，是尘缘了却的开始。在最后一刻，这个不谙世事的无辜的小天使却表现得恰如天使一般，无所不知。在我母亲患病期间，在波里瓦什，在克维西桑（几乎在这里的每座小教堂！），在利维耶尔，在黑林山，还有雅尔塔，我见过许多人。我见过许多医生，他们把肺里的最后一块碎片都咳出来了，还信心十足地说，这只不过是"小小的支气管炎"而已；我见过许多家长，他们全然没有料到即将与孩子诀别；我见过许多少年，他们尽情描绘着二十年之后的晚宴；我见过饿狼般的老人，他们如吞食生肉般吞噬了生命的最后一线希望（而女人们，甚至是最年轻的小姑娘，总是能看穿真相）；我还见过许多重病缠身的患者，他们满以为自己患的是另一种病，是寻常的小灾小患，可身上却带着死亡的迹象，直到被送往某某病室，那儿只容纳垂死之人；或者，像在内尔维一样，顺着螺旋状的铁梯推进对面那栋房子，被护士严加看管，置于死气森然的穹顶之下。——而他呢，他没有任何死亡经验，因为他是家中第一个患这种病而死的人，也从未住过疗养院。人们向他许诺去克里米亚，他脸上泛着红晕，身体异常轻盈，很轻易便被误认为精力充沛，可这些全都骗不了他。死亡在血管中流淌，总被误认为生命，可他一下子就明白了，继而坦然接受。他对尘世的所有牵念全是关于娜佳（他也看透了她的命运）：快把娜佳带走，救救娜佳……而余下的意念，全部寄托于上帝。

母亲呢？母亲在他心里。他死时，把母亲藏在心里，就像用胸腔拢着自己的心脏。

娜佳已卧床不起，她躺在大厅，从高高的窗子看着弟弟被抬出去。昨天,她望着弟弟的同学,她喜欢他,他许诺还会再来;今天,她望着自己的弟弟,她爱他,可他却再也不会来。她,将跟随他而去。马上就出发,踏过同一片雪地,被同样的枞树枝覆盖身躯,被同样的人扛在肩上……此时,她最后一次凝望着他,俯视着他。她居高临下,他仰面苍天。她从未这样审视过他,如此陌生的角度,如此清晰的视野;站得如此之高,离得如此之远。那么遥远,又那么清晰,就这样徒劳地望着,那么近,又是那么远——五指之间,却倏忽隔开一俄里之遥! 就像自己映在井底的遥不可及的脸庞。最后一次凝望谢廖沙的脸庞。在天蓝色的衣领的衬托下,他脸上的神情仿佛依旧那么无畏……

讪笑……睫毛……

棕色眼睛的女孩面带红晕,奄奄一息。她身旁是一个淡金色头发的姑娘,双眸含泪,淌下的泪水仿佛也是淡金色的。她的头颅仿佛苏醒过来,似乎第一次意识到了自己的重量。她抱着女友的肩膀,搀扶着她,甚至是托着她的身体。她是薇拉·穆洛姆采娃。她嗫嚅着,想说些什么,却吐不出一个字,唯有默默垂泪。窗下的雪地上,一个黑影孤独地伫立着,是那个德国女管家。她连看谢廖沙一眼都觉得胆怯,可当她真正望见他的时候,却怀着某种比恐惧更为强烈的情感。人们没让她站到日祷结束,也不许她去墓地送葬。她得留下来收拾屋子,在人们回来之前收拾完毕。于是她匆忙地收拾起来,不是屋子,而是院子,收拾院子里那些树枝(千万别让看院子的人发现!)。她怀里抱着一大捧树枝,黑幽幽,毛茸茸,和斯帕斯科耶那些枞树一个样。她要把这些树枝珍藏到死去的那一天,将它们铺在自己棺椁的底部,铺在自己管账用的小箱子底层。针叶凋落的时候,她便把它们收进小口袋,用巧克力盒上的缎带将小口袋扎紧。这盒巧克力是去年圣诞夜伊洛瓦伊斯基家的年轻人(也就是说,是他)送给她的。圣诞夜……枞树枝……

一个月后娜佳死去了,上帝让她死得格外痛苦。一位年轻美人的死,以及世间所有永恒的事物,我们都不应用科学术语来描述。无论她的疾病引发的生理现象作何称谓,她都经历了可怕的痛苦,没有一个医生能帮她摆脱。她之所以死得比弟弟更加痛苦,是因为她的求生欲。她祈求的不是体面的无病痛的死,而是生,不管怎样,只求活下去!

娜佳从滚烫的被子里伸出滚烫的手,把钱偷偷塞给一个修女,请她去莫斯科所有的修道院为她的健康祈祷。还有什么比这更残酷呢。

她在二月死去,人们踏着同一片雪地将她抬走。葬礼上,那个倔强的老人哭了。他早已年过七十,可在这一天才头一次显现出衰老的模样。娜佳躺在棺材里,依旧那么美丽。这个从老皮缅活的画儿里走出来的睡美人,如今真的沉睡了。嘴角依旧挂着笑,当初她总笑得那样狡黠,如今却带着些许看穿世事的意味。或许,这不是笑,只是熟睡者惯有的神态。是啊,我们凝视那些沉入梦乡的人,总把他们脸上的神情当成微笑。"我从没见过比这更美的景象。"父亲说。他带着我和阿霞漫步,我们也经过一片黑幽幽的枞树林,只不过这里的枞树不是湿漉漉的,而是在酷暑的炙烤下干裂作响。这里是黑林山,不是斯帕斯科耶。(我闭上双眼,嗅着枞树的气息,听到针叶林发出裂声……他们全都死了,死了,死了……)"蓬乱的栗色鬈发(她死得痛苦,人们没能帮她梳理头发),脸颊是红扑扑的,还带着微笑……"若不是一向顺从,父亲的语气定会近乎愤怒:"这样一个美人……这样一个美人……"突然,父亲中断了自己的话,也中断了这次漫步:"好了,该回家了。不然妈妈该着急了。"(一年后我母亲也去世了,死于同样的疾病。)

现在,我要讲一件非常奇怪的事。这件事我还是第一次讲(事情发生在 1905 年 2 月)。我之所以讲述这件事,是因为那个世界——老皮缅处的伊洛瓦伊斯基家和我们三塘巷的茨维塔耶夫家代表的那个世界,娜佳这样的年轻美人以及我这样的孤独小女孩的世界,完全地终结了。结束的不仅是我的那个时代,而且是整个世纪。我之所以讲述这件事,是出于心灵的无法偿还之债。

当时我在弗莱堡的寄宿学校上学①,从父亲的来信中听闻娜佳的死讯,我瞬间有了一种感觉——一条绳子陡然到了尽头,它的末端留在我的手心。随后,我觉得自己必须去追赶。沿着依旧炽热的痕迹将她追回,甚至顺着来路将一切都赶回原处,正如把泪水逼回眼眶。想方设法,让一切回到尚未发生之时。抢先一步回到过去,让她在从前的位置上复原(那时她是活的,是我的),并且挡在她前面,不放她走。遭遇打击之后,我的第一个反应是:立即离开。可是去哪儿呢?新圣女公墓太过遥远,况且她不在那儿。去哪儿寻找她的踪迹呢?去内尔维。当然了,我在这儿见了她最后一面,在利古里亚海湾的映衬下,白帽在她额上弯成一道弧线,帽檐从正在拐弯的马车里探了出来。于是,我像得到了一道指令,来到内尔维。心灵随脚步颤抖,我跑遍了我们花园中的每一条小径。它们被葡萄架的绿荫覆盖,柠檬和柑橘垂挂下来,悬在我头顶上。顺坡道下行,我来到与自己同名的"海景区"("瞧见了吗,你可是名人呀!到处都写着你的名字。"娜佳曾笑着对我说……),之后,便走进屋子。先走过他们的房间,就是在这儿,她和谢廖沙两个人曾此起彼伏地咳个不停;然后来到餐厅,新年前夕,他们在这儿将满载着愿望的小船放下

---

① 1904 年至 1905 年间,茨维塔耶娃两姐妹在弗莱堡寄宿中学读书。参见《爬满常春藤的塔楼》。

水,所有人想的都是同一件事,她却怀着别样的心愿,可到头来一切都落了空!随后,我走进修道院的屋子,我没能在任何地方发现她的踪迹,却蓦地发现,哪里都不会有她的身影,于是我陷入了绝境。我在哪里才能寻到她,好对她说……说什么呢?就说那件事好了。我已经疲惫了,不再胡思乱想,还是入睡之前再想吧。我又读了一遍父亲的来信:"告诉你们一个悲痛的消息。昨天,二月某日,可怜的娜佳在巨大的痛苦中死去了……"

死去了。也就是说,哪里都找不到了?

于是开始了固执的探寻——不放过任何一个角落。

"你去哪儿?""手帕忘在寝室了。"我三步并作两步地跃上楼梯,在走廊上飞奔,身后回荡着我的脚步声。我飞跑着,双腿不断追赶,却依旧追不上我急切的心,拐弯处,心神几乎飞离了躯壳……或许,她就在这儿?莫非她知道,所有人都去了楼下?然而什么也没有,唯有刚刚被我擦净的盥洗池那冰冷的反光,唯有刚刚被我整理好的床铺那寒冷的白色。一排排同样的床铺,同样的白色,空荡荡的,令人绝望。这里太过明亮,我怎么没想到呢?这里的一切都只能存在,抑或不存在。此时此刻,又有什么地方是昏暗的呢?确实有个昏暗的处所,永远是幽暗的,那就是音乐室。一个房间占据了整个楼层,无人居住。可是在练琴的时间到来之前,那里谁都不许进。又该怎么熬过六点钟之前的这三个小时呢?

"练琴了,玛丽娜。"我故意放慢脚步,不再奔跑,即便空荡荡的楼层只有我一个,却依然没有奔跑。我无比镇静,无比谨慎,一丝不苟地推着那扇沉重的门(只开一个门缝,能让我进去就好……)。我小心翼翼,唯恐惊动她。我把头探进去,随后才把身子放进来,如同放进一个不可靠的旁观者。(现在对我来说最古怪的是,我不但不怕她,反而害怕让她受惊。)我坐下来,目不斜视,打开琴盖,弹奏卡农。我规规矩矩地弹完了所有规定的练习曲,按兵不动,也许它会自己回来(她会自己回来)?……然而,当我弹起《华尔兹邀请舞曲》,心灵已不堪重负。我并没有停止弹奏,而是随着踏板的节拍开始呼唤:"娜佳!娜佳!娜佳!"先是默念,随后喃喃自语,随后低声呼喊……(我没有嘶声呐喊,我从未高声喊过她的名字。)

"小姑娘睡着了/父母莫悲伤……"竟是哪位神明突发奇想,让笨头笨脑的利斯基小姐教我们班读这首诗?是不是同一位神明让平庸无才的安妮小姐教我弹贝多芬的《献给爱丽丝》……

我再也没见过娜佳。无论我怎样呼唤,怎样祈求都无济于事。我总是伺机窥探,在每个走廊拐角,都像长颈鹿一样扭过头去,捕捉每一丝若有若无的声响和微弱的细语;总是久久伫立,在别人玩球的时候,像一只伺机而动的猎犬,顽固地守在我们每日漫步的那片空地上;总是蹑手蹑脚地钻进衣柜间的缝隙,身子紧贴墙壁,等候她如往常一样从旁边走过;总是置身于一群有着七百多年历史,或疯癫或理智的木雕圣母像之间,向神香那遂人心愿的帷幕后面窥探,并且更加执着地瞪大双眼,盯着大有希望的客房门帘……还有客房的门槛,病房的床榻。一切活动着的,一切若隐若现的,每一次沉默,每一个声响,我都不放过。时而悄悄窥伺,时而猛然偷袭,不断地自我肯定,不断地寻找新的化身……

娜佳再也没有出现在我眼前。

然而却常常入梦。永远是同一个梦:我来,她刚走;我尾随而去,她渐行渐远;我呼唤,她回眸一笑,继续前行;我想追上她,却无能为力。

然而痕迹是有的。散步时,花店飘来芳香,鲜花节的战场一下子在我眼前重现,她也复活了,宛如绽放的花儿。天边一抹红霞是她绯红的脸颊,云朵的轮廓是她面容的曲线,还有沏好的大麦咖啡,在放入牛奶之前闪耀着金色的光泽，如同她明亮的眼睛。痕迹是有的。怀着爱，便总能找到她的踪影。处处都有她的痕迹。

或许，从我的叙述中人们看不出最主要的东西——我的思念。那么我来告诉你，这种爱就是思念。致命的思念。对死的思念。死去，以便相逢。焦急难耐，满是孩子气地说一句："现在就要！"既然此地不能相见，就到别处去。既然活着无法相见，就等死后。"我要死掉，这样就能见到娜佳。"一个声音在我脑海中回荡，比二二得四的答案还要坚定，坚定得有如"我们在天之父"的祈祷词。梦醒时分，面对"我最想要什么"这样一个问题，我便会如此回答。接下来呢？接下来什么也不做，已经足够了。看到她，凝望着她，永远地凝望。说来也怪，我对自己外貌的自我评价是如此苛刻，在她的美貌面前（还有谢廖沙，以及所有人的美貌）为自己的其貌不扬感到如此羞愧，却竟然片刻都不曾有过这样的怀疑："如果娜佳这样的美人看到我这个相貌平平的小孩子，不愿意接近我，该怎么办？"似乎我那时就已经明白歌德那句诗的真谛：

"心灵所盼的样貌，注定是未来的模样。"

未来，我定会拥有心灵期盼的形象，成为娜佳这样，即便没有实现，即便仍是这副旧皮囊……

> 天空的云朵之间
> 既无女儿的容颜，
> 也无男子的面庞。

也就是说，在那个世界无所谓美与不美……如今令我深信不疑、沾沾自喜的道理，似乎那时我就已明白：到了那个世界，我便能应对自如。那些关于家犬和雄狮、山雀和仙鹤、赶骡子的人和皇帝的谚语①无比坦诚地展现了人们最后一点先见之明,这使我懂得,在这份爱当中,我不会有竞争者。

对爱来说什么才是最主要的?了解与掩饰。了解所爱之人并掩饰起对他的爱。有时掩饰的本能(即羞怯)会超越了解的冲动(即激情)。一个是藏于隐秘的激情,一个是寓于事实的激情。我就是如此。和旁人提起娜佳我便羞怯得要命,听不到她的消息时同样痛苦难耐。不过,喊出她的名字比得不到她的消息更叫我无法忍受。如同一个胆怯的乞丐,我靠偶然的施舍活着。长大后,革命年代,我站在深夜的街头,站在别人窗前,寻觅着音乐的施舍。(比如,有一次在阿尔巴特街深夜的窗下,人们将拉赫玛尼诺夫②施舍与我,不,给我施舍的正是拉赫玛尼诺夫本人。)我靠着偶然听到的关于她的只言片语活着,自己却从不将她提起,也不做任何提示。我再补充一点。我们随父亲在枞树林远足时(而母亲一直躺着,躺着,躺着,这是她生命中最后一个夏天,她已经卧床不起,身躯很快就要被枞树枝覆盖),只要父亲提起关于她的事,我便想方设法用提问的方式岔开话题,迂回地诱导他纠缠于疾病的细节,带着一种离奇的、与我本性截然相反的狡猾与侥幸,将话题从我心爱的人身上引开。于是,年纪尚幼的我在圣诞节前一天的清晨祈祷上帝,祈求傍晚不要有圣诞枞树出现。可我曾是那样疯狂地期待着圣诞树,它曾是我活着的希望。后来,长大了一些,每当我听到爱的告白,对方刚一开口,我便用诡辩或玩笑的方式打断了它,这以后我再未听到过完整的告白。

---

① 这里指的是俄罗斯谚语"活着的家犬强于死去的雄狮""宁要掌心的山雀,不要空中的仙鹤",以及赶骡子的人和沙皇的故事。

② 谢·瓦·拉赫玛尼诺夫(1873—1943):俄罗斯著名作曲家、钢琴家。

是什么召唤着这位年轻的死者,将她从新圣女公墓吸引到黑林山(如此遥远!),从神秘的远方吸引到我跟前,吸引到一个不甚熟悉的小女孩身边?现在我明白了。我的爱其实是她的意志,她凭着自己的意志向我走来,跟在我身后,走在黑森林树木葱茏的山冈上。她轻声呼唤,执着地邀请我去看当地"尼亚加拉"的细浪。那是一条小而寒凉的河流,深邃,湍急,它的水流陡然跌落,就像兀自中断的生命。她让我对她的死保持缄默,不向任何人提起,尤其是母亲。她借着疗养院安乐椅上每一个面容姣好、脸颊炽热的女性的目光审视着我。她利用了我近视的弱点,使我爱上一个与她相似的女病人。她利用了相似与相异、迷醉与失望的更替,说得直白些,她知道在不可避免的强烈对比中她必然占上风,也使人更虔诚地将心交付于她。我当时是真诚的,向来是真诚的,无论是察觉到爱,还是将爱说出口,我都无所畏惧,因此,我片刻都未觉得这种爱是背叛,只不过是替身——多么痛苦的偷换!

我再补充一点。年轻的死者仿佛将她尚未耗尽的红晕全部传递给了我,因为一旦有人说:"可怜的娜佳!"抑或母亲盯着自己的女伴(就是那个!)说:"我真担心她会像娜佳一样死掉。"我便如一根绷直的弹簧,一跃而起,甚至不是从椅子上跃起,而是仿佛跃出了自己的躯壳,飞奔着去"找书"或"拿小木棒"。我知道,再过一秒钟,我的脸颊便会绯红一片,任何力量,任何意志都无法制止,简直像熊熊燃烧的大火!爱是盲目的?可人们对爱又是多么盲目!即便是母亲也没能猜到我的秘密,尽管它像写在额头上一样明显!我回来时母亲竟然关切地说:"你怎么跑得那么急!话刚说一半……你不知道这有多吓人。书……小木棒……又没着火!"不,已经烧起来了。

……为什么我爱的不是谢廖沙?为什么不继续童年这份忏悔的爱?为什么如此平静地与他的死亡和解,就这样接受了它,如所有人一样?

因为谢廖沙自己平静地接受了死亡,而娜佳没有。

因为谢廖沙已经没了求生的欲望,而娜佳却有。

因为谢廖沙已彻底死去,而娜佳没有。谢廖沙彻底消失在彼世,带走了生命的全部。而娜佳生命中的一切还在躯壳中奔涌!她没有与之诀别,她完完全全地留在了这个世界。

或许,还因为谢廖沙的死有母亲为之悲伤,而为娜佳感到如此悲痛的,除了我(我现在依旧能肯定),永远不会再有第二个。

可爱的娜佳,你需要我为你做些什么?为你写诗?可那时它们还是稚嫩的儿童诗,是德语写成的……

你为什么跟在我身后,站在我面前?不久前围在你身边的人有那么多,你为什么唯独选择了我?

或许,亲爱的娜佳,你是否在那时就已瞬间看穿了未来?你跟在我身后,跟在那个小女孩后面,追随着属于自己的诗人。三十多年后的今天,她会将你复活。

* * * * * *

我最后一次看见德·伊·伊洛瓦伊斯基,不,确切地说是听见他的声音,是在亚历山大三世博物馆揭幕的前夕。那是1912年5月,在我家,夜已深,一般不会再有访客登门。敲门声响起,女仆迟迟未起身,她住在院子另一头,可能已经睡着了,我的新婚丈夫谢廖沙·埃夫隆便亲自去开门。门厅嘎吱作响,传来一阵低语,嘈杂之中依稀分辨出这样的话:"就是说,主人不在家?"随后走进大厅:"存衣柜有吗?"沉默。继而是答话者的咳嗽声。问话者更加执拗:"我是说,存衣柜有吗?我问你话呢,这儿凭收条取衣服吗?"我从餐厅向外张望,看见谢廖沙脸上依然挂着客气的微笑,裹着裘皮大衣的来客坚定不移地向他步步紧逼,身上透着对厄运的冷漠,使他不禁稍有退却。看到这件裘皮大衣(这是在五月!),我一下子认出了德·伊·伊洛瓦伊斯基。"可不是吗(他拍了拍自己法衣般宽大的袖子),我这大衣可是海狸皮的,可别(用尖刻而讽刺的口吻)在隆重的场合给弄丢了!现在时兴的就是这个,把衣服在胳膊上一搭,'阁下放心吧。'满脸赔笑,可连个凭条都没有……谁知道他是什么货色,是仆人还是化了装的强盗?脑门上又没写着,就算写着,也是骗人。不,我要牌号,牌号!"我躲在茶炊后面,继续观望。他停顿片刻,眯起了眼睛:"对您我好像没什么印象……在前厅我把您当成安德留沙了,现在看清楚了,不是安德留沙,比他高,比他瘦(带着不以为然的神气),好像比他还小几岁……""我是您女婿的丈夫……不,是女儿的女婿——玛丽娜……我想说的是,伊万·弗拉基米罗维奇的女婿。是丈夫。"伊洛瓦伊斯基半信半疑地说:"丈夫?"继而又恢复了漠不关心的神气:"啊——啊——啊……年轻人,那么就转告伊万·弗拉基米罗维奇,他的老皮缅家的岳父来了,找他问存衣柜的事。"

把亲外孙同别人家的女婿弄混了——这真是奇闻!真是见鬼了!海狸皮大衣的下摆拖在大厅幽暗的橡木地板上,在他走过的几分钟内,周遭完全昏暗下来。他走在大厅里,就像踏过一片荒寂的雪原。穿越孤狼的宿命的雪原,走过嘎吱作响的前厅,踏过一座座木桥,穿过犬吠之中的柴门,走过刚刚亮起的路灯,告别最后一缕晚霞,他一步步走回家去,走向自己的庇护者,走向皮缅,走向所有编年史家的庇护者,到皮缅那里去,回到小德米特罗夫卡的老皮缅那里,走向小德米特里,走向被杀害的德米特里,回到那幢绝嗣的、死气沉沉的、将死的老屋。

* * * * * *

时光流逝,宛如一个长长的破折号。这是一个长达六年的破折号,连接着整场战争与革命的开始。伊洛瓦伊斯基的整个世界都失落了,这些遗失的东西填满了破折号的空白。

1918年,春天。一阵敲门声。一位稀客,来者是哥哥安德烈。这些年我没有他的任何消息,无论是生活,还是境遇,是痛苦,还是喜悦,我都一无所知,甚至不知道他的住址。我只知道,他爱着我们这些同父异母的妹妹,比爱自己的亲姐姐还要多得多。在这世上能让他如此执着地爱着的,只有我们。

"玛丽娜!那个房客还在你那儿住着吗?叫什么来着?""就是那个谁吗?住着呢。""那就拜托你打点一下,让他们把外公放了。""怎么回事,放了?""是啊,这不,在肃反委员会那儿已经蹲了一个礼拜了。""为什么?""信仰问题。闯进家里把他逮捕了。真是下作。""他今年多大年纪了?""天晓得……快一百岁了吧。""是吗?!""不管怎样也有九十了。""好吧,我试试看。"

入夜,某某房客的电话仍响个不停,我守在电话机旁边。噔——噔——噔——噔,楼梯上传来脚步声。我打开门:"亨利希·别尔纳尔多维奇!""嗯?""没得说,您那些布尔什维克可真棒,百岁老人也要抓!""哪有什么老人?""我外公伊洛瓦伊斯基。""伊洛瓦伊斯基是您外公??""是。""历史学家?""是啊,当然了。""我还以为他早去世了。""根本没有。""可他到底多大年纪了?""一百岁。""什么?"我减掉几岁:"说实话,九十八岁,他还记得普希金呢。""记——得——普——希——金?!"他突然迸发出痉挛般的歇斯底里的笑声:"可这,这简直是个笑话……我……我……把历史学家伊洛瓦伊斯基给抓了!!我还学过他的课本呢,得了个一分……""这可不怪他。不过您得明白,您这样真不像话,逮捕一个参加过博罗季诺战役的老兵,简直可笑。""是。(他迅速地沉思了一番)这——的确……对不起,我立刻就打电话……"出于礼节,我走开了。已经走到楼梯上,我听到捷尔任斯基的名字,他是我的某某房客唯一的朋友。"同志……大概是误会……伊洛瓦伊斯基……对,对,就是那个……真是不可思议,竟然还活着……"

我这位质朴的某某房客为伊洛瓦伊斯基的事奔走了一个礼拜,不过,他,连同两条生机勃勃的腿,一直坐在轿车上!这个星期,我对事情从未过问,与其说信任,其实更多的是了解。第七天,同样是入夜时分,我听到"噔——噔——噔——噔"的脚步声——(刚好蹦了四下就爬完了整个楼梯)——随后是"笃——笃——笃"的敲门声:"玛丽娜·伊万诺夫娜!""在。""允许我祝贺您!您外公放出来啦。"他容光焕发,脸上却藏着刻毒,声音里掺杂着同样的喜悦与冷酷。"不过您知——知——知道吗,办成这事可真不容易!"我怯生生地说:"谢谢,我真不知道怎样感谢您……""完全没必要。我很乐意帮忙,要是自己不乐意的话,我才不会这样忙活,不过……他真的九十岁了吗?"为了起码能表达一下感激,我很配合:"九十八岁。""可看起来像六十岁的人,声音也很洪亮。确实。您之前说——他还记得拿破仑?""无所谓,全都记得!主要是记得普希金。"一瞬间,某某房客半闭起眼睛:"棒极了!"我抓住这一瞬间的机会,问道:"为什么逮捕他?"某某房客开诚相见:"因为德意志倾向。"我发自内心感到惊讶:"可他是哥萨克人哪,甚至还有个哥萨克集镇叫伊洛瓦伊斯基呢。""我说的不是'德意志出身',对于我们来说,出身问题不起任何作用,我们可是(他一字一顿地说,仿佛朝我嘴巴里接二连三塞了六块方糖)英——特——纳——雄——奈——尔。我说的是:'倾向。'"我意味深长地感叹道:"啊——啊——啊……""照他这个年纪,他还真的,真的是精神矍铄。年纪比他小的也不及他有精神。""不久前他还骑着自行车兜风呢。一边骑一边吹号角。""吹号角?您快说说!(一时间充满好奇)到底怎么回事呢?""为了让大家都听得见。这是罗兰的号角——您知道,就是历史上的那个号角。他的

213

马没被夺走之前,还骑着马到处溜达呢。""是我们夺走的。"某某房客兴奋地结束了这次谈话。

第二天清晨安德烈来了。"玛丽娜,你那个某某可真棒!把外公放出来了。""知道了。""蹲了三个礼拜。一直骂骂咧咧!""有没有说是谁从中走动?""哪儿能说呀!""没事儿,务必转告他,是一个犹太人某某把他从监狱救了出来。""这怎么行啊,小祖宗,要是他知道了,准会要求回监狱去!"

他没要求回监狱,自己先一步离开了。离开了人世,离开了某某将他拘捕,又由某某将他释放的那个世界,去了另外一个世界。我想,他一生对彼世都思索甚少,生来就全身心地沉浸在往昔的世界。往昔,便是他的彼世。

伊洛瓦伊斯基逝世于1919年,享年九十一岁[1]。死因不得而知,将来也未必能打探清楚,因为唯一能将详情告诉我的人——他唯一的外孙,我唯一的哥哥,于1933年4月也离开了人世,死于老皮缅代代遗传的沉疴,比自己年迈的外祖父仅仅多活了十四年。他唯一的外孙女,我同父异母的姐姐瓦列里娅,真正地继承了老皮缅式的全部激情,最主要的是,继承了他永不饶恕的脾气。直到今天,她仍不能原谅我母亲(死于1906年),因为她取代了她母亲(死于1890年)在家中的位置。她憎恨我和阿霞,因为我们身上有母亲的影子,憎恨我们的声音、面容、手势,乃至我们名字里的字母!她极尽所能地仇恨那唯一可憎的人,当这人在我们身上得到双倍的复活,她便采用了另外一种仇恨的方式:心怀憎恶,不愿看到我们,一旦看到了,便死死盯住不放。自然,我的这个姐姐瓦列里娅什么也

---

[1] 伊洛瓦伊斯基死于1920年,享年88岁。茨维塔耶娃一直没能弄清外公确切的生卒年月,一切都是从哥哥安德烈处得知,她曾在给薇拉·穆洛姆采娃的信中提及此事。

不会告诉我。我可以拿《圣经》里关于仇恨的场景来打比方,这是笼罩着墓穴的仇恨。姐姐瓦列里娅便是怀着这种仇恨,恨着我那最温顺的妹妹阿霞。安德烈就是在阿霞的怀里死去的。不过这是我们的家事,暂且不谈。

现在,让我们继续讲完德·伊的故事。我只知道,他死在老皮缅的房子里,伏案工作到生命的最后一天。即便未曾听闻,也还是知道。

我有一份关于他的纪念,一直珍藏在身边,是他写的书,一本关于我的同名人、在某种程度上也算同乡的玛丽娜的书。为了纪念她,母亲给我起了这个名字。

* * * * * *

究竟是哪一个冬天?所有冬天都汇聚成一个漫漫无期的严冬。总之,那个冬天到处都是"跳跃者"。这是一群身穿白色殓衣的生灵,个头儿高得出奇,藏在白皑皑的雪堆后面,偷袭独行者们身上的皮大衣,有时是皮大衣下面的一套西装。尔后,这个高得出奇的白衣生灵个头儿突然变小了,摇身一变,成了一个穿皮大衣的夜行者。就这样,在跳跃者横行的冬季,我与现在已经离世的塔·费·斯克里亚宾娜一同前去拜访她音乐界的朋友,迎头便听到这样一番话:"这个老人真不一般!硬得像石头!首先,他刚一坐下,我们一个女侦查员就把一套五卷本法典从书柜上扫下来,差点砸在他头上。我对她说:'伊达·格里高利耶夫娜,您还是得谨慎些,这样会杀死人的!'他却跟我说:'别担心,太太,我不怕死,书就更别说了,我一辈子写的书比这些多得多。'审讯开始了。N同志直插要害:'您有什么政治信仰?'犯人拖长了腔调说:'我的政——治——信——仰?'N想,这老头儿可能完全糊涂了,应该问得简单些:'说到底,您究竟是什么人,见您的鬼去吧,是保皇党,立宪民主党,还是十月党人?'

而老人用说教的口吻说：'我的著作读过吗？以前是保皇党人，现在也是。仁慈的阁下，您多大了？大概三十一吧？可我，九十一岁了。活到第十个十年啦，我的老爷，什么也变不了。'听到这儿我们都笑了。了不起的老爷子！有尊严！"

"历史学家伊洛瓦伊斯基？"

"正是。您怎么猜到的？"

"您不知道，他说话的时候，眼睛里燃烧着怎样的火光。简直是一道蓝色的火焰！"

* * * * * *

最后是亚·亚的风烛残年。她遭遇了极为可怕的末日。亚·亚失去了所有亲人（她最后一个女儿旅居国外），落得只身一人，瑟缩在那些家具和箱箱柜柜之间，蜷缩在一个孤零零的房间。就是那个半地下室房间，带着拱顶，窗子朝向花园，以前这里住着娜佳。周遭是一个崭新的世界，从第一批拥挤不堪的形形色色的房客，到全新的思想和眼界，再到一片火光中的、无比宏大的革命视野，一切都是新的。她如何应付得了呢？起先，她试着争斗了一番。她得以保命，却依然坚守着。坚守着什么？守着自己的财产，并且守卫到了最后。在如火如荼的革命年代，冠着这样的名字，在这样的审判中，与这些"房客"（为了体面，她这样称呼那些人）周旋着，赢了不止一次，而是整整两局。要做到这一点，她必须保持本色，用她的一个密友的话来说，必须成为财产的狂热信徒。

让我们试着重现她的一天，在革命的十一个寒冬里，她的生活日日如一。

在寒冷中起床。（没什么，寒冷是有益的，她一生都开着通风窗睡觉。）喝一杯茶，不加糖（生活艰难）。吃一块黑面包（同样因为生活艰难）。排队买肥皂。（没关系，排多久的队，她都坚持得住。她捍卫着属于自己的一切,一切属于自己的,都要捍卫!)瞧,在整个队伍玩笑般的高度赞许声中("真是个严肃的女公民!有她在你可别想插队!")胜利地赶走了"无赖",属于自己的那块劣质肥皂已经拿在手里。回家,吃饭。吃得很少——习惯了。(只是燕麦没有了!她和德·伊仿佛是为了一块儿吃燕麦才结合的。这样的联想中蕴含着一种感人的马一般的情谊……)吃完饭,开始翻箱倒柜。我仿佛看见她双膝跪地,用依旧是侯爵夫人般的高傲的头颅撑住包着铁皮的箱盖。头痛。没什么,自己的担子不重!一匹匹呢绒、麻布、哔叽、波纹绸、缎子……我该把什么舍弃?该把什么抛下?想想看,这些都将穿在下流女人们身上。下流女人!为了下流女人我双膝跪地……

斯摩棱斯克市场。一位年迈的妇人,穿着皱巴巴的皮大衣,脚踩高高的尖头皮鞋。洁白的高加索风雪帽(之前是谢廖沙的)下,是一双毫无善意的黑眼睛。不叫卖,不揽客,把东西搭在伸出的手臂上——成色自己看。一言不发,然而货物自己便能招揽顾客。"怎么卖?""就这么卖。""说什么,大婶……(在犀利目光的逼视下,对方不由得让步)瞧您,女公民……(仍受不了这样的目光,再次让步)得了吧,太太,真让人吃惊……您是想让男公民倾家荡产呀……对吗?"(报了个数。)"不卖。"声音冷冷的,仿佛冰块发出裂声。呵,想让这位女公民对这种人做一尺一戈比的让步?她对自己青春的激情,对亲生儿女都未曾让步!无论何时,对任何人,任何事,都寸步不让。就这样,在毫无善意的眼睛和成色极好的货物的双重压力下,男公民把一卷钞票放入她的掌心,把料子夹到自己腋下。站在原地点数一番,双方各有所得,毫不羞怯,呈现出一派完全平等的景象。

回家,回到自己的巢穴,带着小小的一纸包精制方糖,还有一块白面包,但不是夹在腋下,而是藏在英国造的猪皮小皮箱的箱底。

女儿的信一封接一封,坚持叫她去国外。可是,又怎能与这些东西告别?带在身上?带不了全部。卖掉?一想就不寒而栗。又怎能只身离去,什么也不带,怎能没有这些箱子、篮子、口袋、包袱做后盾?她偶尔还会给穷困潦倒的女儿寄些东西呢。只要斯摩棱斯克市场的一笔好买卖能赚来几个英镑,只要卖出一件灰珍珠丝绸连衣裙,光是这条裙子的一个后襟就足够给塞尔维亚的女儿缝制一整条裙子了。

1927年,有人从莫斯科给她的女儿寄去一封信:"妈妈的处境很糟糕,一间房,堆满了各种各样的东西,黑天白日地亮着灯⋯⋯"

白天点灯,是因为窗外的灌木丛,冬季积满了雪,夏季满载着萋萋的绿叶,一年四季遮挡着日光。

夜里点灯,是因为思绪万千,辗转难眠。

就这样,她活到1929年。

* * * * * *

一月的一个夜晚,亚·亚准备睡下。灯亮着,一盏白色的顶灯,发出均匀的白光,已经亮了一天。窗外,是冰雪封冻的花园。窗下,是丁香的灌木丛,与橡木窗板一样高,如哨兵一般在严寒中瑟缩。

脱掉最外层的格子裙,脱掉里面带钩扣的裙子,还有钉着十二个扣子的胸衣(第四个扣子挂在一根线上,摇摇欲坠,看来得缝一缝),解开带子,把衣服整整齐齐叠成一叠。只穿一件衬衫,从挨挨挤挤的箱子之间吃力地穿过,驼着背掀起倾斜的盖子,露出大理石板,把海绵放在水流下。穿上睡袍,拿起针线,纫上针。取下发卡,用刷子把它们擦得锃亮。用头绳把发辫打理好。起身跪在草席上,对着圣像前的小油灯祈祷:"保佑我们丰衣足食。"祈祷灵魂安宁。

有人敲窗。原来是灌木冰冷的树枝像冻僵的手指一般敲打着窗板。真的像是手指在敲,用弯曲的第二指节。一下,两下。要是真有人来怎么办?……第三下。这会儿,准是悄悄躲起来了。亚·亚冷冷地说:"简直是神经质。"不过,为了确认一番,她还是从箱子尖尖的棱角之间费力地挤了过去,单膝跪在那堆一直未曾收起的《克里姆林宫报》上,欠了欠身,额头贴在窗棂上。什么也没有。窗板如一堵密不透风的墙。玻璃结了冰,冷漠而疏远。

在这样一座房子里有什么可怕的?这里有那么多住户。有多少住户,就有多少支左轮手枪。有这么厚实的护窗板,还有管院子的看守,有什么可怕的?再说谁会在半夜出来吓人,何必呢?(这一刻,亚·亚忘了,敲门可能不只是为了吓人,还可能是来警告。倘若她没有在最惶恐的那一刻扼制自己的冲动,现在就出门去,很可能,她看到的不是可怕的东西,而是格外亲切的一幕——漆黑的夜色中闪烁着一双明亮的黑眼睛!这个幽灵不是在地面上,而是悬在空中,渐渐飞离了窗子。假如门外什么人都没有,假如她除了伏在窗前的丁香丛以外什么也没看见,那么这位警告者一定是别无他法,不得不用树枝敲打窗棂……)

定了心神,她钻进冰冷的被窝。

合上双眼,留着灯。灯亮着,还是白天那盏,灯光也和白天一样,均匀,暗淡。闭合的眼睑下浮现出一张脸,是市场上那个士兵,昨天她把一匹缎子卖给了他。(本来要用这匹缎子给娜佳做一套贵族礼服,可一直没做成。)年轻的脸,没有胡须。脑门上翘着一缕"布尔什维克"式额发。真可惜,一俄尺才卖了那么一丁点钱,多好的缎子,他该多给些才对……

那么儿子呢?忘记了?没有。(如今,她给花园松土时,铁锹碰到了一株灌木,灌木像花环一般,叮当作响。周年忌日别忘了收拾陶瓷花圈,花儿剥落了,只剩下一根铁丝……)可地底下她永远也不会去,是的,他在那里,那里只有他一个。去了,就没法再活。可她

219

应当活着。为什么要活下去呢？不然呢，那些箱子怎么办？箱子里的东西会被谁拿了去？都是些没穿过、没碰过、没裁剪过的，存了几十年，几十年了，一直保存到今天。给女儿？隔得太远了……给这些人？全都给这些人?! 不，应当活下去，比一切都活得长久，什么也剩不下，什么也拿不走。一样不留，谁也不给。

她睡着了。

厄运没有从窗子降临，厄运从门口走来。敲门声。亚·亚还在睡着。又一阵敲门声，更加急促。"谁？""伊万，看院子的。亚历山德拉·亚历山德罗夫娜，有事找您。""什么事？明天再说吧！""不行，事情不容耽搁，请您原谅，打扰了，不会太久的。""等一会儿自己进来，我开了门可就躺下了。"

……进来了。那人默默站着，眼神异样。亚·亚威严而神经质地问："干什么？"随后压低嗓音说："到底怎么回事？"那人冲门外说："进来吧，弟兄们。"

* * * * * *

这座老房子等待的仿佛就是这样的结局。

* * * * * *

进来一伙强盗。为了百万财富而来，找到的只有六十四卢布和一些戈比。她的"财产"他们没动—— 一堆破烂罢了。他们逃到高加索，被一路跟踪，捉拿归案，判了刑，有几个还被枪毙了。

老皮缅的房子在双方的血泊中宣告生命的终结。

* * * * * *

我以薇拉·穆洛姆采娃的名义开始自己的讲述，现在，我再用她同名回忆录中的话结束这篇文章：

"如今，老皮缅教区的教堂是共青团俱乐部。"

1933 年

爬满常春藤的塔楼

不久前，我翻开里尔克的《哀歌》[①]，读到其中一首："献给图伦-乌恩德-塔克西斯侯爵夫人。"图伦-乌恩德-塔克西斯？有些似曾相识！噢，只不过记忆中的是"图尔"。啊，明白了，是那座爬满常春藤的塔楼！

* * * * * *

"俄罗斯小孩儿们，有人来看你们啦！"锅炉女工玛利亚飞奔进空荡荡的教室，教室里只有我和阿霞。所有的寄宿生都离开了，唯独我们还留在学校。此时，我们正无精打采地翻着文选课本，等待明天那无所期待的复活节的到来。

"是一位先生。"玛利亚继续说。

"什么样？"

"跟别的先生一个样。地地道道的一位先生。"

[①] 《哀歌》：即《杜伊诺哀歌》，是奥地利诗人里尔克所作。1910年，里尔克与玛利亚·图伦-乌恩德-塔克西斯侯爵夫人相识，应邀居住在塔克西斯家族的杜伊诺城堡，在此写下十首哀歌。

"年轻的还是上年纪的?"

"我都说了,跟别的先生一个样。不年轻也不老,正当年。动作快点儿,哎呀,阿霞小姐,把脑门儿上的头发理一理,不然您的眼睛都看不见了,和抓耗子的狗一样。"

呵,是"绿房间"!这可是个神圣的地方,是女校长的接待室。客人从绿椅子上站起身,朝我们迎面走来,看上去既熟悉又陌生。平日里他从不穿西装,现在却连衬衫领子都那么笔挺;平时手里总端着啤酒托盘,现在拿的却是礼帽和手杖,和女校长并肩站着,在绿色帷幕的衬托下显得格外怪异。他是"天使庄园"的主人,我们那座奇妙的乡村旅店的所有者,我们夏季结识的朋友卡尔和玛丽莱的父亲①。

"迈尔先生盛情好客,邀请你们明天去他家,做客一整天。他明天早晨六点三十分来接你们,晚上六点三十分再送你们回来。当然,前提是天气足够好。我已经同意了。还不快感谢迈尔先生。"

突然而至的幸福和接待室的神圣感使我们目瞪口呆。我们怯怯地道了谢,不知为何,我的声音竟变得像男低音一般低沉,阿霞则发出吱吱的尖叫。一片沉默。戈尔·迈尔在这神圣之地承受的压力丝毫不亚于我们,也许还由于衣领的不适,总之他倍感压抑,死死盯着自己的脚。穿了一双新皮鞋,这双脚确实有些认不出了。

我莫名觉得,他迫切地想要冲我们使眼色。在场的无一就座。走出接待室,阿霞终于放开手脚,胡思乱想起来,并且壮着胆子询问:卡尔长高了吗?跟他父亲比有多高?

* * * * *

寝室空荡荡的。玛利亚刚刚把灯光调暗,我脑海里便浮现出明

---

① 1904年至1905年,茨维塔耶娃两姐妹在弗莱堡寄宿中学读书。1904年夏,两姐妹住在当地一家德国人家中。

天的景象。眼皮底下先是出现了陡坡上的一条公路,随后拐了一个弯,赫然是我最喜爱的、寒凉的波列尔巴赫河。温蒂涅般的河水不急不缓地流淌着,隐没在夹岸的柳林之中。与其说是看到,不如说是感知。由于河水冰冷,我们禁止下水。有一回,我们连人带衣服跌入河中……再往前,拐弯处有一座耶稣受难十字架,再往前,下了公路向左转,再走一段路,目的地已近在咫尺!李子树和苹果树的绿荫丛中,映入眼帘的先是旅店,然后便是天使了。胖乎乎的,长着一对小翅膀,据说它已经很古老了,不过看起来依旧那么年幼,比我们还要年幼不少!简直是个三岁的小娃娃。这个浑圆可爱的小天使就悬在大门上方,维尔汀小姐走出房子迎接我们,不过,我们最想看见的是玛丽莱和卡尔。我最想见玛丽莱,最令阿霞迫不及待的则是卡尔。

"明天!……六点三十分……假如天气足够好。"

* * * * * *

醒来的第一眼便是看向窗外。确切地说,一下子看了两次。一次看向窗外,一次看向时钟。一切都令人满意。天色明亮,时间已是五点钟。我帮阿霞把胸衣背后的六个扣子扣好。不过该穿哪条裙子呢?日常的裙子肯定不合适,这可是复活节。穿节日盛装?不仅爬不了树,就连在树下玩耍也不方便。

"到了目的地,我就换上那件旧水手服。"

"可我呢?(阿霞很是不悦)穿在我身上,水手服就会拖到地板上了!"

"你,就换上卡尔的裤子吧!(我看她已经哭开了,赶紧改了口:)你就穿水手服上衣吧,正好到你膝盖。把袖子卷起来就行了!"

早餐铃响了——专门招呼我俩。校长们还在睡觉,只有我俩和玛利亚一起吃早餐。同往常一样,早餐是燕麦咖啡,不加糖(整个寄宿学校的学生在入学第一天就"自愿地"把糖永远让给了"穷孩子们"），还有面包，不加黄油，但抹着一种恶心的红色植物胶，只有那个永远饥不择食的不幸的巴西女人阿尼塔·雅乌茨才能吃得津津有味。她什么都吃得下去，而且饭量惊人，不出意外的话，她能把所有人的盘子都舔个干净。

"哎呀，阿霞小姐，瞧您又把油布给糊满啦！让我来替您吃完吧，只剩一刻钟了。"

* * * * * *

六点半。差一刻钟七点。七点。天气不是很好，确切地说，状况很一般，乌云蔽日，可不管怎么说，没有下雨。还没下起来。七点半。他肯定是在市场上耽搁了，马上，马上就会来。像戈尔·迈尔这样的男子汉绝对不会把这几滴雨看作是下雨！雨点越发密集，先是细雨霏霏，后来大雨如注。八点钟，年轻一些的那位女校长安妮小姐出现了。

"孩子们，你们准备一下，半个小时以后去教堂。戈尔·迈尔现在肯定是不会来了。"

八点十五分，铃响了，催促我们去洗套鞋。依旧专门招呼我俩。

* * * * * *

牧师都讲了些什么？阿霞是整个寄宿学校年纪最小的孩子，每逢布道必定打瞌睡，可这回破天荒头一次没睡觉。没睡觉，而是在静静地哭泣，哭得很厉害。比"没有来"更糟糕的念头是："万一来了呢？万一谁也没遇见就走了呢？现在可是复活节，整座城市的人都会去'天使庄园'登高，戈尔·迈尔带着食物，根本等不得。"

回去的路上，安妮小姐对我说："为什么你一句话也不说，俄罗斯小孩儿？阿霞至少哭了一场。难道你不想去登高，不想去找自己的伙伴？"

"唉,我总是有先见之明,早就想到啦。这事太过美妙了,难怪不会实现!"

我没有落泪,口中却突然迸出一首著名的两行诗:

  上帝保佑你,这实在是太过美妙!
  上帝保佑你,这注定无法成真!

"玛丽娜,你这么热爱诗歌,我替你感到高兴。不过,读舍费尔①的诗,你毕竟还是年龄太小。"

"我没读过,妈妈总是唱这两句!"

* * * * * *

复活节早餐同以往一样。一种食物我们叫不出名字,于是称其为"红色野味",此外还有大黄熬水果。用罢早餐,再次响铃,专门招呼我俩去寝室洗手。落雨之后,天空变得格外晴朗。

玛利亚气喘吁吁地跑过来:"俄罗斯小孩儿们,小姐吩咐你们赶快穿上最好的衣服。"

"我们穿的已经是最好的了。"

"你们没有花边领子?"

"没有。"

玛利亚扬扬得意地说:"我有。我这就借给你们,因为……我自己在这儿也怪难受的!"

她跑开了,回来时拿着两条短披肩,大大的,镶着凸花花边,布满奇异精美的花纹,一直延伸到腰身以下。中间脑袋钻进去的地方活像两只巨大的海星。带有凸花海星的那条给了我,手工编织的那

---

① 约瑟夫·舍费尔(1826—1886):德国诗人、小说家。

条给了阿霞。我的那条垂到腹部,阿霞的那条垂到膝盖。

"这下你们漂亮多啦,像小天使一样!"

(啊,天使,天使!)

……要去散步了。我俩即将与安妮小姐一同散步,是去施洛斯伯格城堡那边,而且穿着复活节的盛装。要知道以往穿上节日盛装就意味着哪儿也不去,什么也不做……安妮小姐,只陪我们两个……

开始穿衣服。我的那件外套紧紧贴在身上,仿佛处处都想把我推挤出去。阿霞的外套则大得出奇,好似一个活物,全然不听主人的话。我们闷闷不乐地迈着脚步,拖着郁郁寡欢的影子下了楼。

等待我们的是一辆马车,居然是一辆四轮马车。地地道道的四轮马车,如它的名称一样高贵,光芒四射。车子周身涂着靓丽的油漆,由两匹马儿拉着。马儿是巧克力色的,皮毛也像巧克力一般顺滑。两位小姐坐在马车里,都是一袭黑衣。衣裙上缀满珠子,显得那么神秘,仿佛是去参加一场隆重的葬礼,黑帽上点缀着淡紫色花束,手里拿着几束铃兰。

"上车吧,孩子们!"

我们怯生生地踩上踏板。

"玛丽娜,你是姐姐,坐在我对面。阿霞,你年纪小,坐在安妮小姐对面。"

(谁的眼睛更好看些呢?宝拉小姐的大眼睛眨都不眨,活像虾子和青蛙;安妮小姐的眼睛则像狮子狗那样眨个不停,狮子狗的卷毛一般的额发,蓝蓝的眼睛带着红血丝。)

四轮马车在一片缄默中启程了。

* * * * * *

沿途是一幢幢古老的房屋,紧接着映入眼帘的是矗立在田边的房子,它们幸福地眺望着原野。幸福的原野……随后,长满枞树的山冈浮现在远方,倏忽近在眼前……这是黑林山的山冈……

我们这是去哪儿?万一—(真是个疯狂的幻想),万一是去"天使山庄"呢?可是走的不是那条路,那是一条上坡路,可我们一直在平地上行驶。大门也不一样,那里的大门有圣乔治的雕像,这扇门旁边却是圣马丁……可如果去的不是那儿,我们又要去哪儿呢?也许哪儿也不去?也许只是散步?

"俄罗斯小孩儿,你们怎么不问我们要去哪儿?这些马匹又是哪儿来的?"

"不应该向大人问问题。"阿霞说。

"也许不知道更好。"我说。

"阿霞很有教养,值得嘉奖。你呢,总是幻想,这很危险。我们要去……"突然,我耳边敲响了一组和弦:图尔-乌恩德-塔克西斯。瞬间,一座爬满常春藤的塔楼如闪电般从我脑海中掠过。如今,我左思右想,头一次弄懂了这幻象的奥秘。起先,我把"Thurn"(图伦)当成了"Turm"①,也就是法语的"tour"(塔楼);而"塔克西斯"与"Taxus"②这种植物谐音,当时我并不知道它的确切含义(一种杉树,紫杉),把它当成了常春藤。图尔-乌恩德-塔克西斯。爬满常春藤的塔楼。

* * * * * *

事实上,这里并没有什么塔楼,只有一座带露台的白房子。即便是白天,窗子也是黑洞洞的,好似一只只深邃的夜的眼睛。露台上那个年轻女人的眼睛也是如此。她的外貌与众不同,身穿栗色衣

---

① 德语,意为"塔楼"。
② 法语,意为"紫杉"。

服,全身上下都是深褐色的,眸子也是深褐色,和旁边那只长着栗色绒毛的小狗一个样。她用深邃的眼睛盯着我们,从露台上站起身,好似一朵栗色的云,飘然而至。

"我由衷地感谢您带孩子们来做客。复活节,孤零零地在学校?可怜的小人儿!她们叫什么名字?玛丽娜?阿霞?多美的名字,真有意大利情调。您说她们都是俄罗斯小孩儿,可她们小小年纪都这么成熟,简直是两个小大人儿!"

这个女人有着美妙的声音,如旋律般扣人心弦,这声音仿佛也是栗色的。("昨天我听了大提琴演奏,它发出的声音同你褐色的目光一模一样。"歌德年迈的母亲给年轻的贝蒂娜的信中就是这么说的。)

"阿霞,你来这儿高兴吗?"

"高兴,亲爱的女士。"(还有圣母的意思。)

"不该说'亲爱的女士',应该说侯爵夫人。"宝拉小姐纠正道。

"看在上帝的分上!教孩子们这么多做什么?何况是这么出色的孩子!(继而回过神来)当然了,亲爱的阿霞和玛丽娜,你们应该听宝拉小姐的话,事事都要听,不过今天我们一起——玛丽娜,阿霞,还有我……"

"还有提拉斯。"阿霞插嘴道。

"当然了,还有提拉斯,我们一起请求宝拉小姐原谅我们小小的任性和错误,因为我和提拉斯犯的错一点也不比孩子们少。对吗,提拉斯?"

提拉斯,全身巧克力色,不是红色的,也没有蓬松的绒毛,就算是塞特犬,也并非爱尔兰塞特犬。近处端详,你会发现它的眼睛泛着绿光,目光中满是一家之主的神气。我们初来乍到,很是腼腆,大人们的注意力全都集中在我们身上,使我们越发窘迫,只得做出一副漠不关心的样子，一个劲儿地抚摸这条小狗。不过我们心里清楚，等大人们打开话匣子，我们的自由时刻就会到来，一切就都有救了。

这里的下午茶美妙得难以形容。若想描绘出下午茶的美妙，就得把我们进入寄宿学校以来这忍饥挨饿的六个月都描绘一番。不，对于孩子来说最糟糕的不是饥饿，而是斯巴达式的难以形容的单调饮食：面粉糊糊，小扁豆，大黄；豌豆汤，土豆，大黄。大黄，大黄，一成不变的大黄。显然是因为大黄就长在花园里，煮的时候也不加糖。这种饥饿想必是万分难耐，这种单调想必是极度残酷。我们这两个从不贪吃、从不杀生的小姑娘竟然会一连几个小时幻想着有朝一日，从花园的小溪里亲手捞起那些游来游去的小鳟鱼，用油灯烤了吃。这些小鳟鱼温顺，神奇，身上有蓝色斑点。它们是"安妮小姐的小鳟鱼"，因为据安妮小姐说，它们还懂音乐。

让我们把这顿妙不可言的下午茶先搁置一旁。我们吃了纯正的巧克力，数量不限，还有装在小盘子里的纯正的酥皮点心，同样数量不限。我只想说，我们的胃简直幸福极了，同样幸福的还有眼睛和耳朵，耳朵呢，就像心灵一样欢乐。

不过，耳朵开始有些不听话了。大人们的谈话中，有些东西我不明白，有些则听不出来。按照宝拉小姐的说法，我们的父亲是一位著名的建筑师，已经在莫斯科建了第二座博物馆（第一座显然是鲁缅采夫博物馆[①]！），我们的母亲是一位著名的钢琴家（她从未公开演出过），我，有着非凡的天赋，"很有修养"（不知是算数方面，还是手工方面？），阿霞则"热诚非凡"（多情善感）。我那么"有修养"，那么"早熟"，已经在俄罗斯的儿童杂志（只有《儿童之友》和《源泉》）发表过文章，而阿霞是那么多情善感，每顿饭之后都会跑到宝拉小姐

[①] 伊·弗·茨维塔耶夫1909年以前曾担任鲁缅采夫博物馆的馆长。

跟前"扮小猫",也就是表示亲热。(学校不给学生们提供餐巾,于是,每次进餐之后,离不开餐巾的阿霞都会有意识地擦干净自己的嘴巴、腮帮和双手,也就是把豌豆、黄油、大黄全都抹在宝拉小姐的黑裙子上,无辜的宝拉小姐浑然不觉,反而大为感动。这事所有人都知道,只有当事人一无所知,而且,每天,大家都怀着复仇的甜蜜,饶有兴致地等待着这一刻的到来。)

"不管她们做出什么事……我都会原谅的!因为她们在街上看到一条狗,都会用可爱的声音说:'一只狗!'"

此时此刻,颇有修养的我和多情善感的阿霞已经和狗一同躺在了地板上,认真而陶醉地亲吻着它,阿霞亲这半边脸,我亲那半边脸,我俩分别躺在狗的两侧。

"最好不要吻它的脸,"女主人有些迟疑地说,"据说,它们有……"

"它们什么也没有!"我激动地反驳道,"我们已经亲了一辈子了!"

"一辈子?"图伦-乌恩德-塔克西斯反问道,"你们的一辈子好长、好长呵!看来,它们身上真的什么脏东西都没有。"

耳边又传来宝拉小姐的溢美之词,语调如细纱一般平缓:父亲如何如何……母亲如何如何……善良的妹妹看见一只小虫都会热泪盈眶……(撒谎!)聪明的姐姐能背诵所有的法文诗歌……侯爵夫人不妨亲自考考她……

"孩子,给我背诵一首你最喜欢的诗吧!"

话音刚落,我的耳朵便竖了起来,听到了自己的声音。雨果宏伟的颂歌《拿破仑二世》有如磅礴的巨浪,我的声音就在波浪间起伏飘荡。

"告诉我,玛丽娜,你最大的心愿是什么?"

"见到拿破仑。"

"还有呢?"

"希望我们俄罗斯人把日本人消灭光,把整个日本打垮!"①

"还有呢? 咱们不说历史,其他愿望没有了吗?"

"有。"

"说说看。"

"想要一本书,《海蒂》。"

"这是本什么书呢?"

"这本书讲的是一个小姑娘回到大山里的故事。人们把她带走了,让她当用人,可她不肯。于是又回去了,回阿尔卑斯牧场了。他们有山羊,他们养的,也就是她和爷爷。他们孤零零地生活在山上。谁也不去他们那儿做客。这本书是约翰娜·斯比丽写的。一位女作家。"

"你呢,阿霞? 你的愿望是什么?"

阿霞急匆匆地说:"嫁给爱迪生,这是第一个愿望。还有,我想有个升降机,不过不是在家里,要在外面,在花园里……"

"还有呢?"

"第三个愿望我不能告诉您。(她瞟了宝拉小姐一眼。)根本不能说!"

"孩子,孩子,不要害羞! 你肯定不会有什么坏心思吧?"

"倒不是坏心思,只是……不方便说,说出来不太体面。(宝拉小姐一脸惊恐。)这个词的首字母是'W'。不,不是您想的那样!"突然,她踮起脚尖,搂住面带微笑却不无惊恐的侯爵夫人的脖子,大声地耳语道:"逃跑! 从寄宿学校逃出去!"

不过两位小姐没有听到。也许,她们什么也没听见,因为这时候她们正热烈地交谈着,谈起另外的话题,谈圣灵降临节的假期,讨

---

① 1905 年的日俄战争中,俄国惨败。

论寄宿学校会去哪里度假,究竟会不会去。

* * * * * *

道别的时候,我们背对马匹坐着,这是一件多么美好的事!马儿头也不回地拉着我们离去,把我们送到不想到达却无法逃避的目的地。不过马儿在我们的视野之外,此时,我们眼中只有依依不舍的人和依依不舍的一切……我们的目光无畏而放肆地绕过坐在对面的人:阿霞绕过安妮小姐,我绕过宝拉小姐,我们透过她们帽檐的缝隙窥视着,越过她们的头顶眺望着。阿霞先是坐得直直的,后来径自站起身来。我们眺望着掩映在幽暗而茂密的针叶林中的白房子,耳畔飘来提拉斯渐行渐远的吠叫。说好的去散步,可它却被主人引到了屋子里。我们多想与它换换位置啊!而且不仅仅是调换位置!内心深处,比听觉更为深远的无声的深处,我用心灵的听觉捕捉到一个悠长的、不可抗拒的声音,知道自己被爱着,被守护着:"上帝保佑你们,亲爱的异国的孩子!"

* * * * * *

一个星期过去了,那座白房子彻底隐没在针叶林中,枞树彻底合拢了枝叶,那呼唤彻底消失在心灵深处。我们又被召唤到绿房间,宝拉小姐交给我和阿霞一人一个包裹。写着"玛丽娜"的那个包裹里是一本《海蒂》以及另一本《将来她会怎样?》,书名中"她"这个字的上方用漂亮的斜体字写着"你",而"会怎样"的后面写着:"玛丽娜的人生会怎样?"(你将来会怎样呢,亲爱的玛丽娜?)写着阿霞名字的包裹里是一大盒积木,不仅能用它们搭一个升降机,还能建造整座纽约城。纽约城里,她将和爱迪生举行婚礼。

* * * * * *

里尔克的《杜伊诺哀歌》。图尔-乌恩德-塔克西斯。爬满常春藤的塔楼。

1933 年

母亲的童话

"妈妈,你更爱谁,我还是穆霞?不,不许说都一样。不可能都一样。对其中一个总是会爱得多一点点。虽说不会对另一个爱得更少,可是总会对其中一个爱得多一点点!说实话,如果你更爱穆霞,我是不会感到委屈的(说着用胜利者的眼光挑衅地看着我)。"

除却她的目光,一切都是纯粹的虚伪。因为无论是她,还是母亲,最主要的是,就连我也清清楚楚地知道母亲更爱谁,她只不过在等待那句对我来说最为致命的话。满脸通红的我也怀着同样紧张的心情,等待着那句话,尽管我知道母亲不会说出口。

"更爱谁?为什么非要争个高下呢?"母亲的话语中明显透露出慌张(而且明显在试图岔开话题),"对你和穆霞我怎么可能偏心,你们都是我的女儿。偏心是不公平的……"

"好吧。"阿霞犹豫不决地说,她很是失望,默默忍受着我那胜利者般的目光,"可归根结底,究竟爱谁多一点呀?哪怕是多一点点,一丁点,稍微多一丁点?"

"从前有一位母亲,她有两个女儿……"

"穆霞和我!"阿霞飞快地接了话茬,"穆霞的钢琴弹得更好,胃口也更好,而阿霞……阿霞的盲肠被切掉了,她差点死掉……她和妈妈都会把舌头卷成小筒,可穆霞不会。总之,阿霞的身材(吃力而自信地说)小——巧——玲——珑……"

"没错。"母亲肯定地说。显然,阿霞的话她没有听进去。她继续编着故事,或许,心中想的完全是另外一回事,比如,想的是两个儿子。"两个女儿,一大一小。"

"大女儿很快就变老了,小女儿却永远年轻,富有,后来嫁给了一位将军。嫁给了将军阁下,或者嫁给了摄影师费舍尔。"阿霞激动地说,"大女儿则嫁给了养老院的奥西普,他一只手臂萎缩了,因为他用黄瓜打死了自己的兄弟。对吗,妈妈?"

"对。"母亲肯定地说。

"小女儿后来又嫁给了公爵和伯爵。她有四[①]匹马,叫'小糖块''小黄瓜'和'小男孩'。一匹是棕色的,一匹是白色的,还有一匹是黑色的。可大女儿在这段时间已经老得不像话了,变得又穷又脏,被奥西普从养老院赶了出来。奥西普抄起一根棍子就把她赶出来了。于是她就在泔水池里生活,喝了好多好多泔水,结果变成了一条黄狗。有一天,小女儿坐着四轮马车经过这里,瞧见一条又可怜又肮脏的黄狗在泔水池啃一根没肉的骨头。小女儿非常非常善良!她很可怜这条狗,于是说:'小狗呀,快上车吧!'那狗(说着用憎恶的眼光瞟了我一眼)嗖地一下蹿了上来。马儿出发了。不过,伯爵夫人看了狗一眼,不经意间发现它的眼睛不像是狗的眼睛,这双眼睛那么龌龊,绿幽幽的,显得老奸巨猾。她突然意识到,这是她的老姐姐,于是一下子把它从马车里扔了出去——这狗摔得粉身碎骨,摔成了整整四块!"

---

① 原文如此。

"是呀。"母亲再次肯定地说,"她们没有父亲,只和母亲相依为命。"

"父亲得糖尿病死了,对吗?因为他吃了好多糖,还有小甜饼、各种各样的蛋糕、奶油、冰激凌、巧克力、牛奶糖,统统吃了个遍。对了,还有用小镊子夹的银白色糖果,对吗,妈妈?扎哈林①禁止他吃甜食,因为甜食会把他送进坟墓,可他不听!"

"关扎哈林什么事,"母亲突然回过神来,"这是很久很久以前的事,那时候还没有什么扎哈林,也没有任何医生。"

"那么有盲肠吗?有阑尾炎吗?那么小、那么小的一段盲肠,又瞎又聋,可人们什么都往里面倒。各种各样的骨头,有鱼刺,有樱桃核,有熬水果的果核,还有各种各样的指甲……妈妈,我亲眼看见穆霞在咬铅笔!没错,没错,她没有铅笔刀,就用牙齿咬铅笔,咬了之后还吞下去,一边咬一边吞,把铅笔啃成了铅笔头。后来她的铅笔都不能用来画画了,于是她就使劲儿掐我!"

"胡说!"我大吃一惊,怒不可遏地嘶吼起来,"我之所以掐你,是因为你当着我的面吞掉了我的铅笔,上面还用墨水写着'穆霞'两个字呢。"

"妈——妈!"阿霞埋怨起来,不过由于形势不利,她立刻掉转了航向,"如果一个人想说'是',嘴上却说'不是',那么他究竟说的是什么呀?他两个都说了,对吗,妈妈?他每个只说了一半,对吗?如果他这个时候死了,他会去哪儿呢?"

"谁?什么去哪儿?"母亲问。

"去天堂还是地狱?就是那个人。他撒谎撒了一半。是去天堂,对吗?"

---

① 扎哈林(1829—1897):俄国医学家,著名的内科医生。

"嗯……"母亲思索片刻,"我不知道我们这里会怎样。不过按天主教的说法,这样的人会去炼狱。"

"我知道!"阿霞得意扬扬地说,"是清洁工①迪克,他送给小公子一个带马掌和马头的红套子。"

"那个强盗命令她在两姐妹之间做出选择的时候,她将两姐妹紧紧抱住,说……"

"妈妈!"阿霞抱怨着,"我压根儿没明白,什么强盗呀!"

"我知道!"我以迅雷不及掩耳之势抢下话头,"强盗,就是那位夫人的敌人,就是那位有两个女儿的夫人。当然了,正是他杀死了她们的父亲。后来,由于他太过邪恶了,想要杀死一个小女孩,起初想把两个都杀死……"

"妈——妈!穆霞竟敢抢了你的故事!"

"起初想把两个都杀死,可是上帝禁止他这么做,于是只能杀一个……"

"我知道他会杀哪个!"阿霞说。

"你不可能知道,因为他自己都不知道要杀哪一个,因为杀哪个他都无所谓,他只是想刁难那位夫人,因为她不肯嫁给他。对吗,妈妈?"

"也许吧,"母亲专心地听着,"不过我自己也不清楚。"

"因为他爱上她了!"我郑重其事地宣布,一发不可收,"他宁肯送她进坟墓,也不……"

"又是那套匪夷所思的爱情故事!"母亲说,"你从哪儿学来的?"

"跟普希金学的。可我已嫁与他人,可我要一生无二心。(稍稍思忖一番。)不对,好像是从《茨冈人》那里学来的。"

---

① 俄语中,"炼狱"和"清洁工"是同根词。

"依我看,你是从《通讯》里学的。我不是不让你读吗?"

"不对,妈妈,《通讯》里讲的完全是另外一回事。《通讯》里面有精灵,也就是茜尔芙[①],他们在林间草地上跳舞。有个年轻人在草垛上过夜,因为他父亲把他赶了出来。突然间,他爱上了茜尔芙的首领,因为她长得像那个溺水而死的同乳姊妹。"

"妈妈,什么是同乳姊妹?"阿霞问道,她被我的气势压倒了,安分不少。

"就是乳母的女儿。"

"那么我有同乳姊妹吗?"

母亲看着我,说:"这不就是。"

"呸!"阿霞很是鄙夷。

"妈妈,阿霞不是我的同乳姊妹,对吗,妈妈?"

"对,"母亲说,"因为阿霞是吃我的奶长大的,而你是乳母喂大的。你的同乳姊妹是你乳母的女儿。不过你的乳母没有女儿,只有儿子。她是个茨冈人,很凶,贪婪得要命,非常贪婪。有一回外公给了她一对耳环,不是纯金的,是镀金的,她发现之后把耳环从耳朵上硬生生扯下来,扔在地板上使劲踩,踩到地缝里去了,谁也找不到这对耳环啦。"

"那两个后来被杀掉的小姑娘有几个乳母呢?"阿霞问。

"一个也没有。"母亲回答,"她们的母亲亲自喂养她们,也许因此才太爱她们,一个也舍不得放弃,于是就对强盗说:'我不能选择,永远也不会这么做。把我们都杀了吧。''不,'强盗说,'我想让你永远痛苦,我不会把两个都杀掉,为的就是让你永远为自己的选择遭受折磨。究竟选哪个?''不,'母亲说,'与其让我亲自断送一个女儿

---

① 茜尔芙:西方传说中的空气仙子。

的性命,不如让你一直站在我面前,直到你老死或因仇恨而死。'"

"不过,妈妈,她究竟更舍不得谁呢?"阿霞忍不住问道,"因为有一个女儿患了病,胃口不好,不吃肉饼,也不吃豆子,吃鳕鱼还会呕吐……"

"没错!给她端来鱼子酱,她就把鱼子酱抹在桌布下面,还把嚼碎的鲱鱼吐在奥古斯塔·伊万诺夫娜手里……她椅子底下简直就是个泔水池。"我厌恶地说。

"恐怕她一不小心就会饿死,于是妈妈只好跪在她面前说:'喏,看在上帝的分上,吃一口吧,张开小嘴,小乖乖,就喂你这一口!'也就是说,妈妈更爱她!"

"也许吧……"母亲诚恳地说,"只是更心疼她一些,只是因为喂得不好。"

"妈妈,可别忘了阑尾炎!"阿霞激动地说,"因为小女儿刚满四岁就撞在了一块石头上,于是她得了阑尾炎,差一点就死掉了。不过亚尔霍医生从莫斯科连夜赶来,顾不上戴帽子,也顾不上打伞,当时还下着冰雹呢!他全身都湿透了。真是一位圣人,对吗,妈妈?"

"是位圣人,"母亲用坚定的口吻说,"我还没见过比他更像圣人的人。何况,他自己也患了重病,那么大的雷雨!他会感冒的。真可怜,他在别墅前一下子跌倒了……"

"妈妈!那他为什么没得阑尾炎?是不是因为他是医生?要是医生得病了,谁来救他?上帝吗?"

"救人的永远是上帝。你的病也是上帝治好的,借亚尔霍医生之手。"

"妈妈,"我听腻了阿霞的阑尾炎,"他要是圣人,为什么不说'腹部',而说'肚子'呢?'怎么啦,穆霞,肚子又疼啦?'这么说岂不是非常不文雅?"

"是不文雅,"母亲说,"或许,从小大人们就是这么教他的……当然了,这很奇怪。不过,他有这样一颗善良的心,说什么都无伤大雅。不光是用词,他的一切所作所为都情有可原。只要我活着,就会为他点上一根蜡烛,永远祈祷他平安健康。"

"妈妈,那两个女孩怎么样了,没有被杀死,对吗?"阿霞沉默许久,终于开口问道,"是不是因为母亲想了很久很久,让他等得不耐烦了,于是就离开了?"

"没有离开,"母亲说,"他没有离开,而是对她说了这样一番话:'让我们在教堂里点两根蜡烛,一个代表……'"

"一个代表穆霞!另一个代表阿霞!"

"不对,这个故事里面没有具体的名字。'……左边那支代表大女儿,右边那支代表小女儿。哪一支最先熄灭,谁就……'瞧,就是这样。他们点燃了两支蜡烛,两支一模一样的蜡烛……"

"妈妈!两支一模一样的蜡烛是不存在的。总会有一支稍微长一点点,一丁点……"

"不,阿霞,"母亲严厉地说,"我已经说了,一模一样。'自己把它们点燃。'强盗说。母亲画了一个十字,点燃了蜡烛。蜡烛燃烧起来,燃烧得非常平稳,仿佛一点也没变短。夜幕降临了,蜡烛还在燃烧。两支蜡烛燃烧的速度完全一样,就像一对双胞胎。只有天知道,蜡烛还要燃烧多久。于是强盗说:'回家吧,我也回家去,明天早晨太阳刚刚升起的时候,我们就都到这里来。先来的要等着对方。'他们走出教堂,用一把大锁把门锁好,把钥匙藏在一块石头下面。"

"妈妈,肯定是强盗来得早,对吗?"阿霞问。

"等着瞧吧!早晨,太阳出来了。原来,他们来得谁也不比谁早,谁也不比谁晚。因为他们从两个方向来,强盗从左边来,母亲从右边来,而教堂两侧是两条一模一样的路,就像一对手臂,就像一对翅膀。于是强盗和母亲沿着两条路,从两个不同的方向,一步步、一秒秒地向教堂走去,教堂对面,太阳升起来了!他们开了锁,走进教堂,一看——"

"一支蜡烛已经完全烧光了,不亮了!另外一支还剩一点点……"阿霞激动地叫着。

"两支都熄灭了。"我冷冷地说,"因为烧了整整一个晚上,两支蜡烛当然都烧光了,可哪支蜡烛先熄灭,谁也没看见,于是只能从头再来。"

"不。两支蜡烛还亮着,燃烧的速度一模一样,一点也没减少,也没烧到桌面……昨天是什么样,现在依旧是什么样。母亲站在那里,强盗也站在那里,谁也不知道站了多久,不过当母亲回过神来,强盗已经不在了,什么时候走的,谁也不知道。强盗再也没有出现,也没有回到自己的城堡。几年后,民间开始流传一位圣人的传说,一位住在山洞里的隐士……"

"妈妈!这就是那个强盗!"我叫嚷着,"事情总是这个样子。当然了,他成了世界上心肠最好的人,仅次于上帝!只不过太可惜了。"

"可惜?什么可惜?"母亲问。

"强盗呀!因为他那么颓丧地走了,就像一条受伤的狗,一无所有!她呢,当然……如果是我,当然了,我会疯狂地爱上他,把他带回家,然后无论如何也要娶了他。"

"应该说要嫁给他,"母亲纠正道,"男的才可以娶妻。"

"因为是她先爱上强盗的,只不过她已经出嫁了,和塔季扬娜一样。"

"好吧,不过你忘了,是他杀了她丈夫,"母亲激动起来,"难道可以嫁给杀死孩子父亲的凶手吗……"

"不能,"我说,"那样的话,一到夜里她就会害怕得要命,因为死去的丈夫会捧着被砍掉的脑袋出现在她面前,还会听到各种各样的声响。也许,孩子们还会生病……那样的话,妈妈,我倒是愿意成为一个隐士,住在水沟里……"

"可孩子呢?"母亲意味深长地问道,"难道可以把孩子们抛弃吗?"

"那……妈妈,我就在小本子上为他写诗!"

1934 年

亚历山大三世博物馆

"亚历山大三世的丧钟敲响,此时,莫斯科一位老妇人也即将离开人世。听着钟声,她说:'我想在死后把财产捐给慈善机构,纪念故去的沙皇。'她的遗产不多,只有两万块。博物馆就是从老妇人这两万块钱中诞生的。"这便是亚历山大三世艺术博物馆①的由来,逐字逐句,分毫不差。从我小时候起,我父亲伊万·弗拉基米罗维奇·茨维塔耶夫就常常这样讲。

不过,建造博物馆的梦想很早就有了,比这早得多。当时,我的父亲——弗拉基米尔省舒亚县塔里查村的一个穷神甫的儿子,二十六岁的语文学家,受基辅大学派遣走出国门,第一次将罗马城的石头踏在脚下,这个梦想就诞生了。不,我还是弄错了。踏出国门的那一刻,父亲脑海中诞生的是将博物馆落成的决定,而关于博物馆的幻想,当然,在来到罗马之前就存在了——那时他还在基辅的花园中散步,或许,还在偏僻的舒亚县塔里查村,在松明的光亮下研读

---

① 亚历山大三世博物馆:今俄罗斯普希金造型艺术博物馆的前身,由伊·弗·茨维塔耶夫创立,1912年5月31日揭幕。

拉丁文和希腊文。"若是能亲眼瞧瞧,那该多好啊!"后来,他愿望成真,于是又说:"要是别人(也就是和他一样赤着脚、点着松明的穷孩子)也能亲眼瞧瞧,那该多好啊!"

我敢说,关于创建俄罗斯雕塑博物馆的梦想是与父亲一同诞生的。我父亲生于1846年。

* * * * * *

卡卢加省的塔鲁萨城。佩索奇内别墅。(这是一座旧式贵族庄园里的宅子,庄园破败之后,就成了"别墅"。)佩索奇内别墅距离塔鲁萨城两俄里,孤零零地坐落在奥卡河峻峭的河岸上,坐落在林莽之中。白桦树是那么美丽……啊,秋天。车辙中绽放着秋季最后几朵小花,那么鲜艳。这浅粉色的无名小花散发着醉人的芳香,后来,我随时随地都能认出这种小花。爸爸妈妈去了乌拉尔,采购建博物馆用的大理石。年幼的阿霞问我们的家庭女教师:"奥古斯塔·伊万诺夫娜,博物馆是什么?""是一座房子,里面有各种各样的鱼和蛇的标本。""用来做什么?""给大学生们学习用的。"我们为"大学生们"即将拥有的学识感到高兴。也许,仅仅是由于父母不在家而兴奋不已,于是抓住时机,猛地爆发出一段绚烂的蒂罗尔"越德尔歌谣"。我们给爸爸妈妈写信。我来写字,不识字的阿霞则画着一座座博物馆和乌拉尔山,每座乌拉尔山上都有一座博物馆。"再来一个乌拉尔,再来一个乌拉尔,再来一个乌拉尔。"她画得十分沉醉,舌头几乎伸到脸颊外面去了,"再来一座博物馆,再来一座博物馆,再来一座博物馆……"我同样吐着舌头,勤恳而卖力地写着:"找到建博物馆用的大理石了吗,石头结实吗?我们塔鲁萨也有大理石,只不过不够结实……"心中却默念:"给我们找到小猫了吗,是不是乌拉尔小猫?我们塔鲁萨也有猫,只不过不是乌拉尔品种。"然而,按照我们的家规,是不准这样写的。

一个美好的清晨,佩索奇内别墅里一下子堆满了各色各样的石头:有天蓝色的,有粉红色的,还有淡紫色的,上面布满了小溪与河流一般的纹路,各式各样的花纹……有一块石头活像烤牛肉,还有一块浑身布满气泡,就像深蓝色的滚烫的咖啡。至于那些正方形大石块,白中带灰,还有些许闪光,我们连看都不看一眼。这正是建造博物馆用的大理石。父母许诺给我们的乌拉尔小猫却没有带回来。

* * * * * * *

在关于博物馆的最初印象中,有一点记忆犹新,那就是奠基仪式。奠基这个词和其他的词语一样闯入我们的生活,自发地在我们的生活中扎根,超越了它本身的含义,或者说,获得了另外的含义。为了奠基,妈妈和廖拉忙着缝制衣裙;为了奠基,外公专门从卡尔斯巴德赶来。上帝保佑,奠基仪式那天千万是个好天气。奠基仪式上,沙皇和两位皇室女性都会出席。终于,我们当中有人按捺不住(当然不是我,我总是与求知欲相悖,是个彻头彻尾的宿命论者),问道:"妈妈,什么是奠基呀?""先要祷告,然后沙皇在石头底下放一枚硬币,博物馆就要落成了。""为什么要放硬币?""为了祝福。""然后又会把硬币取走吗?""不会,硬币会留在那里。""为什么?""别问了。"(硬币,放在石头底下。在塔鲁萨,我们埋葬瓦西卡[①]弄死的那些小鸟时就是这么做的。坟墓上方插一个小十字架。)自然,奠基仪式没有带我们去,不过那天天气格外晴朗,妈妈和廖拉盛装打扮,沙皇也成功放置了一枚硬币。博物馆落成了。父亲一连三天都在哼唱自己平生所知的唯一一段乐曲:威尔第某个咏叹调的前三节。

* * * * * *

头一次见到博物馆时,那里还只有一座脚手架。脚手架上,我

---

① 瓦西卡:茨维塔耶娃家的猫的名字。俄罗斯民间常给猫咪取名"瓦西卡"。

跳来跳去,如鸟儿在枝头雀跃,如山羊在石阶上蹦跳,在无限的自由中,在浩渺的高空中跳跃,宛如一场幻梦……"你别那么跳!小心点儿,小山羊!"我希望你们能记住这只"小山羊",因为我与博物馆最后一次相见时,它再度从我面前一闪而过。

我和阿霞在前方开路,大人们跟在后面——父亲,母亲,建筑师克莱因,还有几位先生。父亲用平静而愉悦的声音介绍着:"这里会有某某,这儿竖立一个某某,从这儿到那儿……"(这些"某某"呀、"那儿"呀,父亲都是怎么看见的?他看得是那么清楚,还能用手指点出来!)下方,透过纵横交错的梁木,可以看到黑黝黝的土地。上方,透过同样纵横交错的梁木,可以看到蔚蓝的天空。仿佛从这里能够很轻易地飞上蓝天,如同向下坠落一般容易。博物馆的脚手架。这是我第一次离开地面。

另一番梦幻般的景象:严寒时节,博物馆尚未建成,院子里,一群黑眼睛的人快活地滚动着庞大的方形大理石块,这些石块比他们的个头儿还要高,宛如一块块巨大的方糖。他们用洪亮的声音交谈着,话语中充斥着饱满而响亮的卷舌音,恰似大理石的声响①。"他们是意大利人,从意大利来,专门来建博物馆。快跟他们打招呼:'早上好,你们过得好吗?'②"他们对我的问候报以最热情的笑,洁白的牙齿嵌在微笑的轮廓之中,比任何方糖和大理石都要洁白。几年过去了(在我看来,恍如过去了几个世纪),我读着曼德尔施塔姆③在信纸上写给我的诗《莫斯科的佛罗伦萨》,我想起了,不,是真真切切地看到了沃尔洪卡街的那些意大利石匠。

---

① 俄语中,"大理石"一词包含两个卷舌音。此处一语双关。
② 此处为意大利语。
③ 奥西普·曼德尔施塔姆(1891—1938):俄国白银时代诗人。

* * * * * *

"博物馆"这个词传到我们孩童耳中时,总是不可避免地被诸多人名环绕:谢尔盖·亚历山德罗维奇大公、涅恰耶夫-马尔采夫、罗曼·伊万诺维奇·克莱因以及古谢夫-赫鲁斯塔尔。第一个名字的出现完全可以理解,因为大公是艺术的庇护者,建筑师克莱因的名字出现在这里也情有可原(正是他建造了横跨莫斯科河的德拉戈米罗夫大桥),可是,涅恰耶夫-马尔采夫和古谢夫-赫鲁斯塔尔与博物馆有何相干,这个问题确实需要解释。涅恰耶夫-马尔采夫是古谢夫城最大的水晶玻璃厂厂主,因此又被称为"古谢夫-赫鲁斯塔尔[①]"。我不知道是何原因,是出于对艺术赤诚的爱,抑或仅仅是"为了灵魂",甚至是为了灵魂的救赎(俄国人心灵中金钱等同于欺诈的观念还未根除),总之,在父亲孜孜不倦、热情洋溢的感化之下(可以说,父亲不断"打磨"着马尔采夫,正如那些意大利人打磨大理石一般),涅恰耶夫-马尔采夫最终成为博物馆最主要的,坦白地说,唯一的赞助者。如果说父亲是博物馆精神层面的创立者,那么马尔采夫便是博物馆物质层面的创始人。(莫斯科甚至流传着一句俏皮话:"茨维塔耶夫-马尔采夫。")

涅恰耶夫-马尔采夫不住在莫斯科,我们童年时期从未见过他的面,不过时常听闻他的大名。对于我们来说,涅恰耶夫-马尔采夫简直成了日常生活的一部分。"涅恰耶夫-马尔采夫拍来的电报。""与涅恰耶夫-马尔采夫共进早餐。""去彼得堡拜访涅恰耶夫-马尔

---

① 赫鲁斯塔尔为俄语"水晶玻璃"一词的音译。

采夫。"他几乎渗入了日常生活,而且带着些"卡尼特菲尔施坦"[①]的意味。在天真无知的童年时代,其实没有一个孩子能真正领会这个字眼的幽默内涵,亦即它最真正的内涵——对人的指称(好可怜、好可怜的卡尼特菲尔施坦!)。

"我该拿涅恰耶夫-马尔采夫怎么办呢?"每次用完那样的早餐之后,父亲都会向母亲抱怨,"又是些肥母鸡和牡蛎……牡蛎我压根儿不碰,更别说沙伯利葡萄酒了。唉,我这个乡村牧师的儿子干吗要吃牡蛎呢?可他逼着我吃,这个可恶的家伙,非逼着我吃下去不可!'我亲爱的,就不能赏个脸尝一尝吗!'难道他以为我是在跟他客气吗?我有什么好客气的,我是感到可惜,心都碎了。这一百卢布能为博物馆做多少贡献啊!每个门闩都要讨价还价,何必呢。这些钱用来胡吃海喝,用来吃这些不中用的牡蛎却一点也不心疼。钱就这么没啦!让我拿去建博物馆该多好!明天还要和他共进早餐,还有后天,光吃早餐就花去整整五百卢布。把我那份儿早餐的钱给我不就行了!最可气的是,我竟然自己把博物馆吃掉了……"

随着时间的流逝,父亲逐渐确立了与涅恰耶夫-马尔采夫相处的原则——把既成事实摆在他面前,也就是摆出账单。核算方法很是可靠,账单要付,提议则应当拒绝。对于商务人士来说,账单就是命运。账单是命中之劫。而请求意味着意志的完全自由,甚至为个人意志开辟了广阔天地。个中奥秘就在于"不得不做"和"既然可以不做"的差距。这就是我父亲这个非商务人士中最缺乏实用主义精神的人思考出的结论。于是,涅恰耶夫-马尔采夫用松露款待我父

[①] 卡尼特菲尔施坦:德国作家黑贝尔同名短篇故事中的字眼,俄国诗人茹科夫斯基曾把它改写为叙事诗,是荷兰语"我不懂"的音译。故事中,一个德国人在阿姆斯特丹用德语问话,听到对方回答"卡尼特菲尔施坦",将这句话误认为人名。

亲,父亲则用账单报答涅恰耶夫-马尔采夫。每当早餐用罢、即将被追畅饮沙伯利葡萄酒之时,父亲总会把账单呈上。"人们都把自己的一份账单给他,我也这么做,我自己的一份账单,不,许多账单……""怎么样?""没怎么样。只不过哼哼哈哈了几声。"我父亲心满意足,得意忘形,可当他吐露了之后的计划(用罢早餐,订货也即将谈妥):"尤里·斯捷潘诺维奇,我们从国外订货岂不很好……"警觉的赞助人立刻打断了他的话:"办不到。我破产了。工人们……您干吗,是想让我彻底破产吗?说到底,这可真是个无底洞啊!让沙皇来付钱好了,这博物馆毕竟是以他父亲之名建造的……"提出的建议开销越小,赞助人回绝得就越坚定。就这样,凭着他那股老年百万富翁的倔劲儿,一些鸡毛蒜皮的小事根本就没商谈的余地。1905年他的玻璃厂停止运营,给他带来不可计量的损失,然而他却没从博物馆的资金中削减一分一毫。

　　涅恰耶夫-马尔采夫为博物馆出资三百万,已故的沙皇出资三十万。这些数字我记得准确无误。亚历山大三世博物馆是我父亲十四年无私的努力与马尔采夫同样无私的三百万卢布的结晶。茨维塔耶夫与马尔采夫之间有过大量的往来书信,父亲把书信给了自己的一个外甥女——牧师的女儿,圆脸蛋的女学生托尼亚[①],让她把这些手书抄写到一本大厚书上,好让她赚几个钱花。可这个可怜的托尼亚呼哧呼哧埋头苦干了许久,却一点也弄不懂信里的内容(她是学医的!),愁眉苦脸地把它们叫作"我的不毛之地"。这些信现在去哪儿了呢?我还记得,这姑娘辛勤耕耘了三个月,得到了三十卢布的报酬。当时就是这个价钱。不过,这也彰显出了父亲在博物馆

---

　　① 托尼亚:伊·弗·茨维塔耶夫的兄长彼得·弗拉基米罗维奇之女,这位兄长继承父业成了一位牧师。

这件事上的精打细算。"她赚了三十卢布呢,至少,她还见识了什么是博物馆,有幸目睹它的建设过程。总比和朋友们一起喝茶要好得多!"

父亲最亲密的同事是我母亲,玛利亚·亚历山德罗夫娜·茨维塔耶娃,娘家姓梅因。父亲与国外广泛通信,全部书信往来都由母亲负责。母亲有着出色的口才,与法国人通信时,她会开一两个优雅的玩笑,说几句奉承话;与英国人通信,便引一行诗;与德国人通信,就谈谈关于孩子和花园的家事。母亲的口才赋予商务信函几丝人情味儿,也使公函拥有了几分个性魅力,有时一个恰如其分的短语,就立刻达成了父亲费尽心思、改弦易辙才能达到的目的。当然了,母亲成功的秘诀并不在于短语的使用,措辞只是手段,最关键的是她那发自内心的热情,没有了这种热情,口才和文采都不值一提。说到母亲对父亲的种种帮助,我首先要指出她始终热情不减的精神支持,她用女性那奇迹般的热忱参与整个过程,凡事都要过问,并以胜利者的姿态攻克一切难题。为博物馆贡献一己之力首先意味着给父亲提供精神上的援助,信任他,在必要的时候给予支持。就这样,从与赞助人争执不下的门把手问题,到圆柱上花纹的拟定,整座博物馆的根基都是母亲那女性的热忱。作为那段岁月的幼小的见证者,我应当将这些事实公之于众,因为如果我保持沉默,便不会有人替我开口,也不会有人了解得如此深刻。1902年她患了肺结核,带着幼小的孩子们出国疗养,为博物馆的操劳却分毫未减,反而更卖力了,她用全部精力挂念着这座博物馆,为它忧心。博物馆每拓宽一寸,每增高一厘,都会从莫斯科寄来详细的报告,有时寄到热那亚的内尔维,有时寄往洛桑,有时寄往弗莱堡。(恰如父母兴高采烈地在门框上和日记本中记下孩子的成长情况。)从内尔维、洛桑和其他城市同样向莫斯科寄去了充满爱意的嘘寒问暖的信函。健康允许之时，确切地说，是病情稍有好转之时，她便按照父亲的委托，跑遍德国的古老城镇。父亲与这些德国城市有着诸多联络，母亲便帮他挑选，寄送，忙忙碌碌，热火朝天，努力赢取降价的优待和对方的微笑。（从德国商人那里往往只能赢得微笑……）我和阿霞也没忘记我们这个身材巨大的"兄弟"。从洛桑和弗莱堡寄出的每一封信中，在描写了某次湖边散步或又一次登高于黑森林山丘之后，我们都会加一段附言。起初因为年幼无知，写得非常愚蠢："瓦西卡好不好？博物馆怎样了？"然而随着时间的流逝，书信也变得更有文采。十一岁那年，我也参与到工作之中。当我们在国外齐聚一堂时，我便替父亲给德国人写信。（父亲通晓多种语言，不过，由于自学成才，无论是写还是说，都得逐字逐句从俄语翻译过去。唯有意大利语掌握得如母语般熟练，年轻时曾在博洛尼亚大学用意大利语学习多年。）现在我还记得"希尔德斯海默的白银宝藏"以及"弗洛伊教授"。每每对方不忘在回信的末尾、在日期后面加一句附言"向您可爱而善良的小女儿转达问候"，我心中都会洋溢起无限喜悦。

我一直替父亲与德国人通信，直到他逝世的那一天（1913年）。

现在我要讲述一次可怕的灾难，对父亲母亲、对我们所有人来说，都是莫大的痛苦。1904年至1905年的冬天，博物馆部分藏品被焚毁（显然，被烧毁的是从德国订购的那尊木雕）。我依稀记得，那是一个圣诞节，父亲与我们同在弗莱堡。来了一封电报。父亲默默地把电报递给母亲。我记得她几乎窒息，上气不接下气，只"唉！"了一声，便一句话都说不出来了。那时她已经病得很重，父亲不停地劝慰，声音柔和，却充满无尽的疲惫："没事儿。上帝保佑。总有办法的。"（这封十万火急的电报上写着：博物馆失火。）我还记得他沉默不语的泪水。我和阿霞从未见过父亲流泪，于是惊恐地背转身去。

直到生命最后一刻,母亲仍挂念着博物馆。临终前,母亲还在用最后一丝气力为父亲的(也是她的!)孩子祈祷,祈祷它前景幸福。我想,她临终的眼睛看到的绝不仅是我们姐妹的成长。

说到母亲,便不能不提她的父亲,我的外公亚历山大·达尼罗维奇·梅因。在那位老妇人尚未捐出两万卢布之前,在克莱因还未拟定平面设计图之前,在一切尚未酝酿成熟甚至一切都渺无踪影的时候,外公就已经对父亲的梦想满怀信心。后来,他重病缠身,却孜孜不倦地支持着父亲的工作,并将自己的部分财产留给了博物馆。因此,我可以问心无愧地说,博物馆的根基其实坐落在我外公亚·达·梅因的宅子上,在莫斯科河涅奥帕里莫夫巷。他们都已不在人世,这些往事应由我来述说。

1933 年 8 月

桂　冠

（纪念伊·弗·茨维塔耶夫教授）

　　大约是博物馆揭幕的两年前，人们建议我父亲搬到国家为馆长兴建的公寓中。"想想看，伊万·弗拉基米罗维奇，"我们的老管家奥林匹耶夫娜循循善诱道，"又宽敞，又安静，所有房间排成一排。还有厨房，再也不用穿过院子搬运东西啦。还有电灯，再也不用给油灯灌煤油啦。有浴池，再也不用去澡堂啦。手边什么都有……这座房子嘛，可以租出去……""租出去，租出去！"父亲一下子火了，"我一辈子都是个曲高和寡的人！"接着自言自语地说："我的孩子们都是在这座房子里出生的……杨树是我亲手种下的……"尔后，他的声音完全低沉下来，几乎听不见了，而女管家也根本听不懂："我一生中十四年光阴都用来经营这件事……我干吗要用电？！把公寓给仆人们住吧，正好四套房，再好不过了……每户两个房间，还有一个小厨房……"事情就这样解决了。

　　这年春天，父亲又自己掏钱从德国给博物馆带回一个礼物——剪草机。"没有交关税，一分钱也没交。把它装在小盒子里，上面摞几本书，放在脚底下。'您带的什么？''这些吗？几本希腊文的书。'没错，他们看得出来，一位上年纪的教授，穿着朴素，是不会说谎的。

这样的人不带希腊文书籍又能带什么呢！总不会带香水吧。就这样，没交关税就把它带了回来。真是万幸！交关税的那点钱足够再买一台这样的剪草机了。"（他在亲手栽种的草坪上初试这台机器，满腔热情，毕恭毕敬，卖力而笨拙，这个情景我永远都忘不掉。）我想，这大概是父亲平生唯一的一次违法行为。与此同时，为了博物馆，他随时准备冒更大的险，至少，他还准备花更长时间来磨洋工。比如，他坐在莫斯科河畔某个富商的妻子家里，时不时品一口茶，不停地怂恿对方："这么办的话，老妈妈，大家都开心，还有好处呢。外甥怎么了？外甥迟早要把这些挥霍掉。"老妇人问："当真？""上帝做证，准得挥霍一空。要么拿去换了酒，要么打牌输个精光。"老妇人有气无力地说："准得挥霍掉。"父亲乘胜追击："这些东西呀，恐怕都是亡人攒了大半辈子才攒下来的。让您外甥自己赚钱去吧。我小时候不也是光着脚跑来跑去……"我记得，父亲就是用这种方法，费尽周折，这次终于从高高在上的老妇人那里为博物馆夺得一件美妙的珍宝——狄托皇帝的大理石头像。直至今日，这件珍宝还在为博物馆增光添彩。

  对于兴建当中的博物馆，人们的态度莫衷一是。记得1909年，我还在上中学，莫斯科著名教育家瓦赫捷罗夫对我说："为什么要建博物馆？现在我们需要的是实验室，不是博物馆。我们需要产科医院，不需要博物馆。需要市立中学，不需要博物馆。没什么大不了！让他们建吧！等革命爆发了，我们就把这些雕像搬走，换成床铺，还有课桌。建的是什么不重要。多几堵墙对我们来说总有用处。"知识分子和年轻人则大体持冷漠态度。在自己的事业上，父亲很是孤独（每个真正热爱自己事业的人都是如此！），然而，他并没有注意到自己孤军奋战的事实，抑或视而不见。尽管如此，每当人们表现出一丝微弱的同情，或者提出一个关于博物馆的极小的问题，父亲都是何等高兴！这个年过六旬的老人，这位忙碌的学者，总是乐此不疲地亲自充当我们的向导，为我们的同龄人，为一群群小男孩和小女孩展示，讲解，一本正经地回答每一个极其天真幼稚的问题。后来，他又将博物馆展示给上层人物，我确信，他在国家要人面前的殷勤不会比对孩子们付出的热忱多一分一毫。每次都倾尽心之所有，不能再多了！观众之间的分野消泯了，甚至可以说，被他一成不变的激情焚毁了。唯有别处的激情才能使他的这种激情变得更炽烈。它是罕见的，却又是无处不在的。

我不能不给大家讲讲父亲当博物馆向导的轶事。有一次，我们家新雇用了一个管院子的，他从农村来，是个圆脸盘、棕色眼珠的十七岁小伙子，他的脸蛋热烘烘的，就像他热火朝天生起来的热气腾腾的炉子。他叫阿列克谢，的确是一个笃信上帝的人，甚至堪称上帝之子。他不喝酒，不抽烟，整天睡大觉。一旦睡着，谁都叫不醒。

有一回，这位"上帝之子"对我说："小姐，我能不能看看咱们老爷办公的机关？人们都说，沙皇要亲自光临祝圣仪式，要是我也能顺便……"喝早茶的时候我对父亲说："爸爸，你能不能带阿列克谢参观一下博物馆？""非常乐意。阿列克谢是谁？""是咱们家管院子的。他很感兴趣……""嗯……他可不见得……不过，还是让他去看看吧……"当天喝晚茶的时候，我又问："爸爸，带阿列克谢去过了吗？""那还用说！""怎么样？""你瞧瞧，像他这么个没文化的人，还有点傻乎乎的，看见咱们的赫拉克勒斯和维纳斯，竟然害羞起来，甚至吓坏了。你能想象吗，一路上他都像个瞎子。对，对，对。用胳膊肘挡着眼睛，全程都是这副德行。我说：'得了吧，阿列克谢，睁眼看看！已经没有那些东西啦！'别提啦！脸红得像虾子，从胳膊肘下面偷偷瞅一眼，像被开水烫了似的，又把眼眯起来了。我只好放过了他。"第二天早晨，阿列克谢来生炉子。"怎么样，阿列克谢，喜欢博物馆吗?""房子不错。""为什么你一路上都捂着眼睛?"阿列克谢悄声说:"那些女人都裸着……"在厨房里,他说得就随意多了:"当然啦,老爷看得更清楚,他们都挂着奖章,可我是个乡下人,不过真的挺奇怪!一大把年纪了,干的都是些啥!摆着些光身子的婆娘,还有光身子的汉子!竟然还想祝圣呢……要是牧师看见了,准得吐唾沫!什么博——物——馆!"

博物馆揭幕前的一段时间,家中传言,说因为博物馆要授予父亲"荣誉监护者"的头衔。流言得到证实,于是开始谈论礼服的事。"用真金缝制,"父亲沉痛地说,"想想都吓人,这金子得值多少钱哪……""没法子,爸爸!授予您监护者的头衔,就得穿礼服呀!""我不反对穿礼服,礼服就礼服……可我这个老头子干吗要把金子穿在身上呢?""爸爸,可制服都是这么穿的!""知道,知道,不过你想想,做礼服的钱可以把打赤脚的穷学生派到罗马去,就像我当年一样……七百卢布啊(这时,已经满脸带笑)!监护者从头到脚也不值这个价钱!"当然,礼服还是做好了。在我家大厅里,父亲头一次把它穿在身上,全家人细细打量。礼服妙极了,木纤维的,全身开满小花。"爸爸,别难过!这全是为了博物馆呀!"父亲和蔼地笑着,不过还是不住地叹息:"好吧,既然这样,就当是为了博物馆!"父亲的礼服做好了,接下来开始为女儿们缝制衣裙(要求"女士们穿城市式样的白裙子,长袖满领")。没得说。父亲亲自去一家熟悉的商店购买衣料。"去一个熟人那儿买,我跟他讨价还价已经三十年了……""衣料首先得结实。博物馆揭幕只有一次,可白裙子永远穿得着。我建议缝最简单的样式,比如,两片笔直的前襟,用缎带束腰,后面缀一块接角布。"(父亲虔诚地相信,接角布是女性服装的救世主。)缝制衣裙的依然是我们的奥林匹耶夫娜,她秉着家庭女裁缝的使命,恪尽职守。真是没得说,每次试衣服,父亲都热心参与。"别裹得太紧,亚历山德拉·奥林匹耶夫娜,不要裹得太紧!布料绰绰有余,玛丽娜又那么瘦,真不知道干吗要缝这么紧,别把她裹成皮包骨呀。放宽松些,宽松些!"对于父亲的种种苛求,奥林匹耶夫娜满口答应,可在缝纫机嘈杂声的掩护下,依然自行其是,也就是说,按照我们这些姑娘的意愿行事。最令人感动的是,当父亲看到我们穿上做好的衣裙,也就是说,实际上已经面目全非的衣裙,他竟然认出了自己心目中的样式,认出了接角布,非常自豪,赞叹不已!

说出来你们可能不信,博物馆揭幕前的几个晚上,父亲都在以前的儿童卧室手把手地教我和阿霞行宫廷屈膝礼。"我在接待仪式上见过很多次,再清楚不过啦。(父亲稍稍提起上衣的下摆,微微屈膝。)两腿交叉,屈膝,弯腰,停住别动,然后……不对,拜托,别像山羊一样跳!哎,对了。当然了,你们的妈妈可能会教得更好……"

"我跟你们说过,别急着嫁人①,"奥林匹耶夫娜抽出最后一根线,悄声说道,"做姑娘就挺好……反正我是这么想的。要是千金小姐,现在就能去宫里当女官,天天都能见到沙皇和皇后。可你们呢,都嫁给男孩子啦!""亚历山德拉·奥林匹耶夫娜!""不然的话,我还会给你们缝漂亮衣服,又苗条又轻盈,都是小姑娘穿的,宫廷衣服……可如今你们嫁给了中学生,一辈子都得穿最普通的粗布衣服……嗨!"

博物馆揭幕的前一天,一大早,博物馆的一个信差就匆匆跑来接父亲。"什么事?""我不知道,只是说得快点去,就穿平常衣服……"父亲立刻出发了。回来得相当快。"叫您去做什么?""领年

---

① 1912年,茨维塔耶娃两姐妹先后出嫁,玛丽娜嫁给谢尔盖·埃夫隆,阿霞嫁给鲍里斯·特鲁哈乔夫。

轻的皇后①参观博物馆。""就她一个?""对。她呀,这个可怜人,神经衰弱,人多了受不了,于是就决定提前参观。""怎么参观的?""随从推着一把轮椅,我在旁边跟着。""她问了些什么?""什么也没问。一句话也没说,就这么参观完了所有展厅。""连喜欢也没说吗?""没有。她呀,这个可怜人,大概是病得厉害。从面色来看像是在发疟子,眼神空洞……起先我还报了各个展厅的名字,后来就不说了,看得出来,她根本没心思听我说。一路上目不斜视,不往左看,也不往右看,总是盯着一个方向。最后总算说了一句话:'感谢您,教授……'可怜的女人!可怜的女人!"

我从未亲眼看见这一幕,可它却长久地烙在我心里:清晨,一个女人坐着轮椅,经过空荡荡的大厅,在一座座洁白的雕像间穿行……

博物馆揭幕那天是五月的一个艳阳天,天空湛蓝,阳光灼热。一大早,门铃响了。门铃响了,送来了桂冠!送桂冠的是我家的老友,一位已经俄罗斯化了的那不勒斯女人,在这伟大的日子里专程赶来向父亲祝贺。我永远也忘不了这一幕:父亲穿着旧袍子,面前站着一位灰色头发、目光如炬的美丽妇人,隔开两人的是一顶桂冠,一个执意让对方把桂冠戴上,另一个无论如何不肯接受。父亲温和而坚定地推辞着:"得了吧,亲爱的!穿着睡袍的老教授却突然戴上桂冠啦!这顶桂冠应该给您戴上,为您的美丽加冕!不,亲爱的,算了吧!衷心感谢您,不过请允许我把桂冠给您戴上……您真是的,不过您可真敏捷!"意大利女人泪光闪闪,为表衷心,把桂冠按在父亲头上:"以我祖国的名义……这里的人们不善于向伟大的人表达敬意……伊万·弗拉基米罗维奇,您完成了一项伟大的事业!""得

---

① 即亚历山德拉·费多罗夫娜,俄罗斯末代沙皇尼古拉二世的妻子,身患血友病。

了，得了，亲爱的，您真让我难为情！只不过实现了自己由来已久的梦想。上帝保佑，还有大家的热心帮助。"

第二件礼物是我们这些小孩子送的，桂冠已经放在了这件礼物上面，因为这是一个——大托盘。这件礼物并不像乍一看上去那样平庸。第一，爸爸经常在书房饮茶；第二，这会儿，托盘上放的是所有即将到来的拜访者的名片（热心的奥林匹耶夫娜说："给伊万·弗拉基米罗维奇的信都要放在银托盘上递过去，就像呈给伯爵和王公那样！他哪一点比他们差！"接着，开始讲那个传说："他亲自用轮椅推着皇后！"）；第三，也是最重要的一点，盘子上刻着日期，所有意义都在于这个日期。托盘献上去了，父亲又开始了自己的老生常谈："我这么个老头子干吗要用银托盘呢？你和阿霞才用得着呢，你们已经出嫁啦，正好用来招待客人……谢谢，谢谢。这托盘真好，沉甸甸的，赫列布尼科夫样式的……只是可惜，你们为我破费这么多……"

我永远也忘不了这一幕：五月艳阳的第一缕阳光下，洁白的大厅里，铺着绿呢的牌桌上，有个银托盘，托盘上——摆着一顶桂冠。

1933年9月

博物馆揭幕

　　天空蓝得奢侈,蔚蓝的天幕映着博物馆洁白的身影。大门两侧各自站立着两排贵族学校的学生,由于站得太久,他们背靠背相互支撑,使得他们看上去宛如一排多面孔的双面雅努斯[①]——这些面孔是多么年轻呵!第一个来到大门前的是一位身穿长襟皮大衣(这是五月!)的老人。"您这儿哪里可以更衣?""您请进,阁下。""给牌号吗?我这大衣可是海狸皮的,可别在隆重的场合给弄丢了……"一听便知,是我父亲的岳父,年迈的历史学家伊洛瓦伊斯基。

　　楼梯洁白的影子凌驾于一切事物之上,也凌驾于所有人之上。楼梯右翼,米开朗琪罗的大卫如哨兵般伫立着,姿态非人非神,这是英雄的姿态。宾客散布在各个展厅,等待着沙皇的到来。突然一阵叮当作响,接着是轰隆一声巨响,人们惊慌逃窜,银色碎片纷飞,水流横溢。原来是我父亲的八旬岳父打翻了盛着高加索泉水的托盘,泉水迸溅,光芒四射,恰似奔涌而出的山泉。现场的老人们在确信并非炸弹之后,情绪逐渐平息下来。

---

　　① 雅努斯:古罗马传说中的门神,有两个或多个面孔,面向前后和四方。

到处都是老人,老人,老人。到处都是勋章,勋章,勋章。每个人的前额都有车辙般的皱纹,每个人的胸前都有闪耀的星章。我哥哥和我丈夫是这里硕果仅存的年轻人。那群年轻的大公自然不能算在内,因为这群大公只是一组大理石浮雕。我觉得,俄罗斯所有的老年人都在今天纷至沓来,向希腊永恒的青春致敬。这是一堂生动的历史课和哲学课。时光使人们面目全非,却未曾在神明身上刻下丝毫印痕。瞧,时间给人留下了什么?而艺术留给人的又是另一番样貌(看一眼雕像便知)。还有最后一课。这就是时间给人带来的一切,这就是人给时间留下的所有。那时我还年轻,没有想到这些,只是感到不寒而栗。

年迈,最主要的特征是褪尽铅华,甚至能征服金子对眼睛的冲击,因为整个老年都是黄金浇铸而成。越是年迈,这黄金的成色越足;越是衰老,就越是辉煌;眼眸越是浑浊,胸前的勋章就越是耀眼。他们也是雕像,只不过是另外一种。如果说那些年轻大公是形体的雕塑,是栩栩如生的大理石像,那么这些达官显贵便是材质独特的雕塑:僵硬的石膏,是衰朽的空心骨架,骨头里填满死亡的石灰。我永远不会忘记一位老人摔倒在楼梯的那一刻。他摔倒在楼梯上,就那样躺在原地,一动不动,只是一个劲儿转动脑袋,直到我丈夫跑到他上方,小心翼翼却无比坚决地扶他起来,如同扶起一个玩偶。说到"玩偶",我得谈谈那些女士。清一色的白色衣裙,清一色的纤长脖颈。高高的衣领直逼咽喉,使脖颈显得格外颀长。清一色的高高的束胸,清一色的高高的发髻,有如高大的"门洞"。或许她们还年轻,或许已经老了。即便仍是风华正茂,却也尽显衰老。这不是那种上了年纪的衰老,而是陷入了生命中并不存在的年龄段,一种属于某种群体的概括性的年龄,是时间、地点和妆容共同缔造的结果。也许,还由于博物馆的灯光,大厅的顶灯漫不经心地洒下均匀的光,如同一架立体照相机……这些玩偶的姿态极尽庄严,令人惊惧,却带着致命的吸引力,全然不是孩童的玩物。三重白色——白墙,老人的华发,还有通体洁白的女士。这仅仅是背景。仅仅是衰老的、金色的、不断蠕动的饰带和勋章汇成的帕克托尔之岸[1]。还有一组鲜明的对比:崭新的建筑与无尽衰老的参观者之间的对比,纤尘不染的地板与杂沓其上、不断衰朽的一双双脚的对比。幻影(雕像),幽灵(达官显贵),梦境(那活灵活现的大理石花坛),以及玩偶……我敢说,在博物馆揭幕的盛大日子里,这些雕像看上去比所有人都更有活力,不仅看上去是这样,事实就是如此,因为每一尊雕像都倾注了雕塑家的生命和关切;每一尊雕像都由我父亲怀着诚挚的关爱从刨花中取出,再由一双双质朴的手充满爱意、带着爱的嘱托,安放在早就准备好的一席之地;每一尊雕像落座之后,都会有人后退一步,感叹一声:"真妙!"这些达官贵人,这些女士,恐怕早就无人敢爱了,也许从未有人爱过他们,而他们呢,也从未爱过任何人,任何事……真正的博物馆不是周围的展厅,而是他们自身。博物馆带着这个词语所有冷峻的寒意坐落在他们体内。博物馆就是他们,他们就是博物馆。不过等一等,竟然还有一丝活力!在女宾们如云的白色中间,竟然出人意料地,甚至不可思议地浮现出一条五彩斑斓的裙子,那么孤单,那么遗世独立!一条半身裙,上身的衬衫蓬松地束在腰际。是积习难改的"六十年代社会女活动家"?是家道中落的女贵族?不,这是最为守旧的历史学家那最为富有、最为保守的妻子[2],她把自己的保守主义全都用在了自己的箱箱柜柜上面,也

---

[1] 帕克托尔河(又译"帕克托罗斯河"):希腊神话中盛产金沙的河流,在西方文化中逐渐成为巨大财富的代名词。

[2] 即伊洛瓦伊斯基的妻子亚历山德拉·亚历山德罗夫娜,见《老皮缅的房子》。

就是说,无视规定("女士们要穿城市式样的白色衣裙,长袖满领"),决意要省下多余的五俄尺白色罗缎。她沉浸在使命完成的沾沾自喜之中,沉浸在自己遗世独立的花裙子营造的无限魔力之中,把那颗精心梳妆、高傲而年轻的侯爵夫人的小脑袋抬得更高,两鬓垂着两绺天生卷曲的鬈发。我内心对一切孤独的勇敢之举都怀着强烈的向往,我深知这勇气混沌的源泉,尽管不敢亲力亲为,却很是欣赏!不过,典礼官却欣赏不来。他朝着给他带来屈辱的对象频频投去迅疾的目光,显然在用心思索,琢磨着将它赶到何处,如何能赶得更远,只有当另外一桩操心事浮出水面,他才暂且忘怀。除了那些戴勋章的大胡子商界元老,在场的谁也不肯站到队伍中去,而这些老商人一进门就自动排成队。"先生们,女士们……沙皇陛下要来啦……请你们……请你们……女士们排在右边,先生们排在左边……"然而谁也不听。人们都在听一个肥胖的大块头官员讲话,他一脸精明,打着平缓而有分量的手势,对一个人说着什么,当然也是说给大家听,这人就是维特。商界元老们则盯着涅恰耶夫-马尔采夫的白鹰勋章,这是"造博物馆"立的功。"先生们……先生们……请你们……沙皇陛下……"

  我们都已经上了楼,来到即将举行祈祷仪式的大厅。这里铺着为沙皇准备的红毯,在它跟前,每一双脚都会自动绕开。僧侣们到齐了。众人翘首以盼。近了,近了,可能马上就要来临了,因为人们脸上如波涛般涌起激动的神色,呆滞的眼睛里忽然显现出颤抖的光芒,恍如倏忽而过的烛光。"马上就来了……已经到了……来了!……来了!……""仿佛权杖一挥",人们自动分列两侧。这个比喻用在这儿不仅恰当,而且无可替代。权杖一挥,女士们自动向右,男士们自动向左,中间空荡荡一条红毯。显然,有人正沿着这条红毯走了过来。马上就走过来了……

稳健而迅捷的脚步，一双蔚蓝色的大眼睛，闪烁着和善而快活的光，仿佛随时都会喜笑颜开。忽然，他的目光径直落在我身上，与我的眼睛对视。在这一瞬间，我看到了这双眼睛。它们不是普通的蔚蓝色，而是晶莹透明，那么清澈，明净得犹如冰块。这是一双孩童的眼睛。

女士们深深行礼，仿佛纵身一跃，仿佛激越的潮水，涌起又平息。沙皇身后既没有皇子，也没有皇后。

一群白衣少女……一个……两个……四个……
一群白衣少女？不。是空中飞舞的
一群白色蝴蝶？原来，是美丽动人的
尊贵而娇小的小公主……

她们从容地走着，脚步和父亲一样迅捷，不时左顾右盼，点头微笑……年纪小一点的公主都是长发披肩，有一位小公主高挑的眉毛上还垂着金色的额发。她们全都戴着一模一样的卷檐浅底大白帽，活像一只只白蝴蝶！仿佛随时都会翩然飞去……跟在孩子们后面的是玛利亚·费多罗夫娜①，同样微笑颔首，同样一袭白衣，却不徐不疾，陶瓷般细腻的脸颊上挂着迷人的笑。他们走过去了，我们这两堵人墙疏散开来。

主啊，祝福吧！

* * * * * *

祈祷完毕。沙皇正与父亲交谈，父亲一如往常，略歪着脑袋，一一作答。沙皇回头看了看女儿们，微微一笑。两个人都面带微笑。

---

① 玛利亚·费多罗夫娜：沙皇尼古拉二世之母，已故沙皇亚历山大三世的皇后。

典礼官把莫斯科的女士们引荐给玛利亚·费多罗夫娜。俯身鞠躬,点头致意,再俯身,再点头。她们俯下身去,带着些水底生物的姿态。基捷日河底的水草就是这样起伏摇曳……沙皇在父亲的陪伴下继续前行,金银饰带、奖牌、勋章的洪流尾随其后,仿佛被捕鼠人的魔笛控制了心神……

祈祷结束后,周遭的空气冷落了许多。一些人转过头去观看雕像。他们谈论着诸神的名字……不时传来赞许声……

父亲的老友,那个已经俄罗斯化了的意大利女人,始终谦逊地躲在阴影里——如果这个灯火通明的地方有"阴影"的话。此时,她忽然从阴影中走出,仿佛做了一项伟大的决定,怀着决绝的心情,扯住父亲的袖子,说:"伊万·弗拉基米罗维奇,您应当出来!"接着,她像魔女施咒般重复了三遍:"走出来,站上去。走出来,站上去。走出来,站上去!"奇怪的是,父亲没做任何争辩,仿佛没有听懂话中的意思,只是被语调所折服,像睡熟了似的,走出门,站了上去。一如往常,他那满头白发的圆圆的小脑袋略歪向一边,仿佛在阅读或倾听(此时此刻,他阅读着往昔,倾听着未来),仿佛全然没有看到围观的人群。他在入口处站着,独自伫立在洁白的石柱之间,伫立在博物馆的门楣下,伫立在生命的顶点与事业的巅峰。这一幕是绝对的安宁。

* * * * * *

"爸爸,沙皇对你说了什么?""'告诉我,教授,我们聆听祈祷的漂亮的大厅叫什么?那么明亮,那么宽敞。''叫希腊厅,陛下。''既然这里都是希腊式的,为什么唯独它叫希腊厅呢?'于是,我开始解释,而沙皇对女儿们说:'玛利亚!纳斯塔西亚!过来,听听教授是怎么讲的!'我便对沙皇说:'算啦,陛下,难道这些跳来跳去的小山羊会对老教授说的话感兴趣吗?'……"

"爸爸,沙皇看了我一眼!""当真看你来着?""千真万确!"父亲一本正经地说:"很有可能,总得往某个地方看上一眼。"接着,父亲的目光从我身上移开,移到最近挂出来的母亲的肖像上。这幅肖像里,母亲酷似拜伦。父亲对她说:"博物馆终于揭幕啦。"

他向更远的地方环视,目光停留在另一位为他引路的女性天才的身上,怀着对创造力的全部激情和一位老人深沉的感激之心,说:

"这位美人,这位文学艺术的庇护者,这位闻名于欧洲的才女,被无数诗人歌颂、被无数画家盛赞的公爵夫人季娜伊达·沃尔康斯卡娅①,她可曾料到,她关于俄罗斯雕塑博物馆的梦想注定被一个乡村穷牧师的儿子继承下来。这穷孩子在二十岁之前连靴子都没见过呢……"

1933 年

---

① 季娜伊达·沃尔康斯卡娅公爵夫人(1789—1862):19世纪上半叶俄国上流社会文化生活的核心人物,作家、画家、作曲家,广为举办贵族沙龙,并于1824年设计出一座雕塑博物馆的雏形,与茨维塔耶夫建成的博物馆很是相像。

父亲和他的博物馆

夏洛特堡

我很快就要满十六岁了,阿霞也快十四岁了。三年前,我们的母亲已离开人世。

夏洛特堡靠近柏林。正是一年当中最热的季节,一天当中最热的时辰。阳光如瀑布,似洪流,崩塌一般倾泻而下。那个年月,少女们的时尚简直吓人:长裙,长袖,袖口和袖窝像老虎钳一般束缚着臂膀,领口紧得像捕鼠夹子。这不是衣裙,而是监狱!黑色长筒袜,黑色皮鞋。整条腿都黑乎乎的!

"爸爸,还要走很久吗?"

我们已经走了足足半小时,而与父亲同行一小时的路程相当于别人健步如飞走上一整天。

"快了,快了,再走十五到二十分钟,不会再多啦!"我父亲走起路来十分狂热,确切地说,快得令人绝望。再确切一点儿,他天生就是个赶路人,因为他走路就像呼吸,完全是一种无意识的行为。他停止走路就像别人停止呼吸一样难受。我们姐妹跟在他身后,气喘吁吁。我们像鹅一样排成一队,鱼贯而行,父亲在前,我紧跟其后,最后面是阿霞。

这座"夏洛特之城"(既然以她的名字命名,想必这个夏洛特是位"贵妇人")——夏洛特堡仿佛已彻底变为空城。所有护窗板都关闭着。四下里连一条狗都没有,我们反倒成了游荡在街头的几条野狗。虽然我说"护窗板都关闭着",可究竟有没有护窗板呢?房屋又是否存在?我不知道,也不得而知,因为我只顾头也不抬地向前走,跟随着黑色的脚踏在白色卵石路面上的节奏,仿佛被催眠了似的。

"爸爸,快到了吗?"阿霞又问了一遍。我则意识到自己也是个天生的步行健将,沉浸在无限自豪之中,顾不上搭话。

六只黑皮鞋踏在洁白的卵石路面上。

两只脚领路,两只脚紧随其后,还有两只殿后。

然而,这种状态毕竟坚持不了太久!总该想个法子。于是,我畅想起来:这一切都是梦,我正在沉睡。因为这使人汗流浃背的暑热,这炽热的阳光,简而言之,如此可怕的天气在现实中根本不会存在。何况任何梦境,即便是持续最长的梦境也不会超过三十分钟,这就意味着根本不会有筋疲力尽的那一刻。睡梦中也是如此。

只需坚信——疲惫并不存在。

忽然,传来父亲的声音:"瞧,我们到啦。"

映入眼帘的是一堆堆石膏像,都是按照大理石像仿制的,即便称不上无边无际,却也是一个巨大的石膏像的殿堂。到处都是雕像,雕像,雕像。

"我的孩子们真棒,走了这么多路也没叫苦。"父亲一边说,一边擦拭着头上的汗珠,"奖励你们每人两个石膏像,现在我要和馆长先生谈一谈。你们乖一点,不会太久的"。

于是,这里只剩我和阿霞两个。我们结伴进入了这个魔幻的国度,我们迈开诡异的黑色双脚,在一双双僵滞的白色裸足之间穿行。我们开始寻找心仪的雕像,一座挨着一座,一个身躯挨着一个身躯,一颗头颅挨着一颗头颅。说实话,我并不十分喜爱雕塑。要是父亲让我们挑选的不是两尊石膏像,而是两本书,我当即就能报出几十个书名,都是我渴望已久的。但是毫无办法,我们只能努力寻找某些与雕像不太相似的东西,哪怕寄希望于侥幸。

我们兵分两路,以防撞车,上帝保佑,千万别选出两个完全一样的。我们时不时向对方喊话,就像在森林里采蘑菇那样:

"啊——呜! 找到了吗?"

"还没呢,你呢?"

"我也没呢。"

"你看得到我吗?"

"看得到!"

"你在哪儿?"

"这儿呢!"

简直是在雕像之间躲猫猫。终于,传来阿霞的叫喊声:"找到了! 看样子是个小男孩!"

一时间,我又嫉妒又好奇,恨不得立刻顺着她的声音飞奔过去,不过,此情此景之下,飞奔谈何容易。我只好在雕像之间艰难地穿行,硬生生挤了过去。

一点不假,的确是个小男孩。看上去与我们同龄,甚至可能比我们还小些,额头上垂着刘海,和我们的一模一样。不是全身像,没有躯干,只是一尊头像。

"喜欢吗?"

"给你正合适,给我——还是算了吧。"

说罢,我又准备一头扎进这人类化石的丛林,然而还没来得及动弹,便又听到一声尖叫。

"又找到一个!又是一个小男孩!"

我走上前去,看了一眼,说:"根本不是什么小男孩。"

"是小男孩!"

"我说不是就不是。"

"啊?你觉得这是女孩?你知不知道,你肯定是疯了!"

"我又没说这是女孩。这更像一个天使。"

"可翅膀在哪儿呢?"

"大概是个希腊天使,要么就是罗马天使。不管怎样,肯定不是人类。"

"管他是不是人类,反正我都找到两个了,可你还一无所获。"

确实,一无所获。因为我只想找到属于我自己的那一个,它不应是千挑万选的结果,而是一见钟情,命中注定。寻觅这样一座雕像的艰难程度丝毫不亚于寻找未婚夫。

啊,若是这里有波拿巴的头像就好了!我定会把它久久抱在怀里,紧紧按在胸前。可是他出生的年代比希腊罗马晚了那么多年!不,恺撒的雕像我不要,也不要马可·奥勒留。

接下来,我只得在女性雕像中寻找了。

瞧,就是她!看哪,她的头颅垂在肩膀上,痛苦使她眉头紧蹙,她的嘴巴,不,不是嘴巴,而是呐喊的化身。在所有这些没有灵魂的空洞之美当中,唯有她的脸焕发着生命!

她是谁?不得而知。我只知道,这就是我的雕像!既然我再也找不到像她这般摄我心魄的雕像,既然除了她我什么都不再需要(谁都不再需要!),我便不假思索地把挨在她旁边的一座石膏像顺手捡了起来。这是一个看似品行端正的姑娘,还有些傻乎乎的,头

269

上戴着类似小围巾的东西。尽管如此,我还是把她捡了出来,只因为她是我随手摸到的第一个!

我们找到了心仪的雕像,便悠闲地溜达起来。

"吃糖吗?"

"好呀!"

我的手指头早已汗津津、黏糊糊的,手指上捧着一颗糖,宛如一滴血。这是一颗酸溜溜的俄罗斯水果硬糖,它有个法国名字,叫"蒙潘西埃"。难道它们生命中也有过侨居异国的岁月?我们捧着糖果看了又看,然后不约而同地以迅雷不及掩耳之势,把糖块塞在两张咧开的大嘴里:阿霞把绿色糖块塞进一头狮子的嘴中,我把红色糖块塞进一个英雄的嘴里。

看,这祖母绿和石榴红的糖果给石膏像苍白的舌头带来了怎样的生机啊!

妹妹把手伸进石膏像的嘴里,想要把糖块推得更深:"想不到吧,它们竟然没有喉咙。一点也没有。看,里面是死的!"(传来父亲的喊声:"阿霞,穆霞!""来了,爸爸!")

"应该把它们拿出来才对!"

"不,留着!"

"可馆长会怎么想?"

"他不会看见的,他戴着眼镜呢。就算看见了,也不会相信是咱们父亲的女儿干的……"

"就算他相信了,也说不出口……"

"就算想要说出口,也来不及……"

"……怎么样,挑好了吗?"

哦,真是太可怕了!爸爸和馆长正朝我们走过来!

"找到合你们心意的雕像了吗,可爱的小姐们?"馆长说。

"瞧,这个,这个,还有这个,这个。"

"一眼就看得出来,你们确实是父亲的好女儿(充满赞许地说)!多那泰罗①,还有……(显然忘了名字),还有亚马逊女人和阿斯帕济娅②。选得真棒,真棒!尊敬的教授,请允许我把这些石膏像赠给您的女儿!"

原来,我一见钟情的雕像是亚马逊女人!是阿喀琉斯的爱人,也是敌人。阿喀琉斯将她杀死,又为她痛哭失声。而另一个,那个品行端正的女子,我"随手摸到的第一个",不是别人,正是阿斯帕济娅!

"还不快谢谢馆长先生,谢谢他赠给你们的美妙礼物!"我们表达了感谢。不过,我们真正的谢礼馆长先生大概要过一会儿才能发现——它们静静地躺在英雄和狮子咧开的大嘴中。

我们心满意足地告别了这充满魔力的王国。

"现在,让我们去喝点啤酒吧。"父亲说。

剪草机

有一回,父亲从国外办事回来,带回一台剪草机,用来修剪博物馆正门前被他亲手弄坏的小草坪。

"这是给你的,这是给阿霞的,这个给安德烈,这个,给博物馆。""给博物馆"的礼物是一台小小的剪草机。这个园艺用的小玩意儿好看极了,沉甸甸,亮闪闪,简直令人心生敬意。父亲小心翼翼地将它从一个被绳子捆了三圈的小箱子里取出来。

---

① 多那泰罗:文艺复兴时期意大利雕塑家。
② 阿斯帕济娅:古希腊政治活动家、哲学家。

"怎么样,很棒吧?"

"好极了!"

"猜猜看,花了多少钱?"

"大概一百马克?"

父亲笑开了花:"比这少一半。"

"关税呢?"

"一分也没掏。"

"怎么回事?"

"是这样的。我带着它上了火车。'您箱子里面是什么,教授先生?''是希腊文的书,我的朋友。''啊!先生是教希腊文的?''朋友,我在莫斯科大学教书已经三十年啦。''希腊语大概很难吧!''不,不太难,耐心一点,就学会了。''我要是能看懂希腊文,真不知道会有多自豪!'两分钟后,我当场在车厢里给他上了一堂希腊文课。真是个可爱的人!告别的时候我们都算是好朋友啦。"

"好吧,不过万一他让你打开箱子呢?"

"那样的话,我就说我什么都不知道,是书店的店员把东西弄混了……不过其实一点风险都没有,我除了在行李箱装几本希腊文的书,还能藏些什么?你瞧,我看上去像那种人吗?"

的确,父亲看上去绝对是个表里如一的人,是个最最诚实的人,因此不可能有一点怀疑……

人们大概都是凭着这样的小伎俩才升入天国的吧。

礼　服

对于我父亲来说,新衣服带来的绝非愉悦,而是痛苦,甚至有如一场灾难。

"爸爸,该给你做一套新衣服啦。你的旧衣服已经……"

"还能穿。非常结实,一个破洞都没有。"

"可是褪色了……"

"都穿了五年了,颜色肯定不会和新的一样。衣服穿久了自然不会好看,等你活到我这么大年纪就知道了。"

"可是爸爸,既然这样,为什么不给自己定做一套新衣服呢?"

"我穿这件就挺好,干吗要做新的呢?要是别人看不上,别看就好了。不过话又说回来,和我这个老教授来往,又有谁会在意穿着打扮呢?"

第二天,父亲在楼梯上冲我哥哥喊话:"安德烈,听着,安德烈,还记得我那个朋友裁缝瓦洛佳的地址吗?我还是决定把它翻新一下。"

"什么?!"

"把上衣翻新一下。"

"买件新的不就得了!"

"买,买,买……你就知道买,生下来就没过过穷日子。可我上学的时候,穷得靠几个铜板交学费,但凡能用的,都舍不得扔掉。"

相信我,这绝非吝啬。

然而,确切地说,这也是一种吝啬。一种崇高意义上的悭吝。

这是寒门子弟特有的吝啬。贫穷的父母操劳一生,省吃俭用。凡是父母舍不得花舍不得用的,儿子也不忍心花在自己身上。

因此,这种吝啬是儿子对父母的敬重。

这是一个穷学生的吝啬。过去,他一贫如洗。如今,他觉得自己每一样开销都仿佛会给当代的贫困学生带来损失。

因此,这种吝啬是对自己青年时代的忠诚。

这是一个庄稼人的吝啬。他知道,让土地诞生财富是何等艰辛。

因此,这种吝啬是对土地的忠诚。

这是一个苦行僧的吝啬。对于他来说,肉体永远是多余的,而灵魂永远是贫乏的。这位苦行僧在物与本质之间做出了抉择。

这是一个忙于事业的人的吝啬。每一个献身事业的人都是如此,因为他知道,每一样开销首先意味着时间的浪费。

因此,这种吝啬是对时间的珍惜。

这是一个活在精神世界的人的吝啬。他只追求精神的富足,除此之外别无所求。(正如列夫·托尔斯泰与一切俗世利益决裂,这不是"空想",而是心之所需。因为对于作家来说,管理财产比散尽家财要困难得多。因为一张平平常常、朴实无华的桌子比光洁亮丽的写字台更有用,写字台那数不清的抽屉里塞满多余的杂物,也会让头脑被废物填满。瓦格纳一生对奢华装饰的痴迷在我心中始终是个谜,他的天才反倒没令我如此不解。)

因此,这种吝啬是精神的富足。

(若问为何我如此熟谙悭吝的种种内涵,因为我从父亲那里继承了诸多品行,悭吝就是其中之一!倘若我明天赢得一百万,我才不会买什么貂皮大衣,我要买一件朴素的羊皮衣,最普通的款式,就是咱们的农民穿的那种。最普通的熟羊皮,绝不买名贵的羊羔皮。这种皮衣既暖和,又耐磨,不会令人妒忌,不会难为情,也不会招来非议。)

归根结底,这是一位给予者的吝啬。吝啬,为的是能够施舍。

因为直到生命最后一刻,他仍在施舍,因为他生命的最后一息也献给了施舍的善举。临终前,他心中充满遗憾,感叹自己不能多活几年,不能亲自出钱,用教授、馆长、荣誉监护者三重职务的工资完成博物馆石柱的改建。批评家们都说，这些石柱太细了，与高度不成比例。

……此外，他又援助过多少穷学生、穷学者和家境贫寒的亲戚啊！

不过，我们应当知道，他的乐善好施是在一点一滴、精打细算的基础上进行的。譬如，他塞给一个大学生二百卢布作为去意大利的路费，不忘叮嘱："乘有轨电车去车站，比坐马车快得多，也便宜得多，价钱差十倍。乘电车才五戈比，坐马车却要五十戈比呢！"

礼服给父亲"吝啬"的特质带来了最强烈的冲击。这是"荣誉监护者"的礼服（父亲因建造博物馆有功而得到这个头衔）。礼服的事不能靠翻新来解决，因为它还未制成。礼服注定是簇新的，比任何新衣裳都要显眼，因为它从头到脚都绣着金线！

"是挺好，不过这得花掉我七百卢布呢！"面对我们的祝贺，荣获新头衔的父亲是这么回答的。

"难道获得称号还要付钱吗？"

"称号不用付钱。是礼服。"

"什么！你要有一套礼服了吗？是银线缝的吗？"

"要是银线缝的倒好了……"

* * * * * *

接下来是试穿[①]，整个过程父亲都一语不发，面色阴沉。

"既然他是裁缝，就该让他自己看。这是他的事！"

不但如此，在我的记忆中，父亲从未正眼看过镜子里的自己。试穿在一片沉默中结束了。继而是父亲低沉的嘟囔声，有如狗熊唔唔的咆哮："七百卢布全拿来做衣裳了，简直是十足的敲诈！让我们

[①] 新衣服初步成型后，需经过试穿才能完成最终的缝制。

算算:呢子七十五卢布,金线银线一百卢布,再给裁缝五十卢布的工本费……啊,里子差不多还得花二十五卢布。你们看看,满打满算才二百五十卢布,这价钱已经够瞧的啦!再大方点儿,算三百卢布。那么剩下的四百卢布去哪儿啦?给谁了?"

"可是,爸爸,宫廷裁缝可不会像普通裁缝一样只收五十卢布的手工费。"

"什么宫廷裁缝,普通裁缝。世界上只有两种裁缝——坏裁缝和好裁缝。在我看来,只要能把胳膊腿塞进去,就是好裁缝!宫廷裁缝!说白了,为了个名号,为了'宫廷'这个词就得多付钱!"

* * * * * *

终于,礼服做好了。我们七手八脚地帮父亲把胳膊塞进袖子,把所有搭扣都扣好。

我们惊喜万分地赞叹起来:"多美呀!穿在你身上多漂亮啊!快好好看自己几眼!"

父亲用近视眼特有的目光朝镜子投去惊慌失措、满怀疑虑的一瞥,随时准备转移视线。

"好看!好看得过了头!(接着便开始了自己的老生常谈:)在自己身上花了七百卢布!太丢脸了,真是奇耻大辱!"

"这可不是花在自己身上的,是为了博物馆呀,爸爸!"

父亲立刻警觉起来:"等等,等等,等等……你说什么?"

"为了博物馆呀!为的是给你的博物馆增光添彩。你的新博物馆要配你的新礼服才行。大理石博物馆,金线绣的礼服才能给它增光。"

"你真是能说会道,跟你妈妈一个样。我不管遇到什么难题,她靠一张嘴就解决了。"

"这可不是嘴上说说,爸爸。是亲眼所见。博物馆白色的楼梯,你站在楼梯上方,站在两根大理石柱中间,穿着深蓝色的礼服,披金挂银……你看,这花绣得多妙!叶子……小树枝……"

"不是金的就好了!"

"可是这看上去简直不像金的!瞧,只有一点儿金线,根本看不出来,还有些发绿呢。样子既朴实,又优雅!"

"也对,好像并不是那么扎眼。可是看上去怎么……跟圣像画似的!"

接着叹了一口气:"既然是为了博物馆……"

收容所

因博物馆事务需要,父亲常去德国,总是在某个收容所下榻。这里是可亲可敬却一贫如洗之人的避风港。

"大家六点钟听到钟声就起床了。"

"你呢?"

"我也是。起得早身体好。然后女人们擦地板,男人们刮胡子。"

"你也是吗?"(父亲下巴上没有大胡子,唇上却留着一撮克列孟梭式的小胡子。)

"我也是。然后,大家齐唱赞美诗。"

"难道你也唱吗?"

"我也唱。"

"可是,爸爸,怎么可能呢?你唱歌走调呀。"

父亲赞同地说:"没错,我是有些走调,不过我小声唱,谁也听不到我的声音,我只是略微张张嘴。"

"可他们是新教徒呀!"(这话是我们的家庭教师说的,她特别憧憬修道院的生活。)

"的确,唱的是新教的赞美诗。不过他们的歌声很好听,歌词也很美。唱完赞美诗,大家一起喝咖啡,还加了牛奶……然后就各自离开,晚上才回来。"

"爸爸,这该不会是救世军①吧!"

爸爸说:"可能吧,不过我不大相信,因为这么久了我还没见过一个穿救世军制服的人呢。"

桂　冠

博物馆揭幕当天。在这个盛大的日子里,一大早便不得安宁。门铃响了,是博物馆的信差?不,听声音是个女人。

父亲被门铃吵醒了,很快便出现在大厅的门槛上。他照例披着那件旧长袍,灰中透着些许青色,这是连天阴雨的颜色,是青铜时代的色泽。一位美丽高挑的贵妇穿过重重门廊,迎面走来。这是一位非常美丽的女子,个子很高,一双碧绿的大眼睛镶嵌在深邃的眼睑中,长长的睫毛投下浓黑的暗影,如卡门一般美丽。肤色黝黑,脸上泛着赤褐色的红晕,这也和卡门很是相像。

这是我们全家共同的朋友。是我那老父亲的博物馆的挚友,也是我幼稚的童年诗作的知己;是长大成人的哥哥忙于钓鱼、彻夜不眠时的伙伴,也是我的小妹妹在成年战场上初战告捷时的同盟。她是我们每个人的朋友,也是全家人的友伴。母亲去世后,我们便躲

---

① 救世军:一个国际性的宗教慈善组织,成立于1865年。

在她友谊的庇护之下。她就是莉迪亚·亚历山德罗夫娜·T,娘家姓加弗里诺,一半乌克兰血统,一半那不勒斯血统。她身上流着公爵夫人的血液,还有一颗浪漫的灵魂。

父亲认出了来客,急忙说:"上帝呀,真抱歉,莉迪亚·亚历山德罗夫娜!看我这身打扮……我不知道是您,还以为是信差呢……请允许我,我……(父亲窘迫地指了指身上的长袍。)"

"不,不,不,我亲爱的,敬爱的伊万·弗拉基米罗维奇!这样才好呢。在这个重大的日子里,您的长袍活像罗马托加①。瞧,地地道道的托加,甚至还像希腊长袍。太像了。"

"可是……(父亲更加惶恐了)我,您知道,我还不太习惯……"

"请您相信,这是真正的智者的托加!何况,几个钟头之后您就会光彩照人地出现在我们面前啦。我这么早来拜访,就是想第一个向您送上祝福,祝贺这个伟大的日子,祝福您一生中最美好的一天,当然也是我一生中最美好的日子。没错,对我也是如此,虽然我一辈子注定无法创造些什么。我注定没机会拥有创造者的幸福。正是因此,我才对您如此敬爱。一下子就爱上您了,而且会爱您到生命的最后一息。因为您是创造者。没错,创造者。对您一生的功绩,对您的劳动成果,我应当第一个表达感谢。以俄罗斯之名,也以我个人的名义,我给您带来了——这个。"

摆在目瞪口呆的父亲面前的,是一顶桂冠。

"别,请您,别这样……"

"请您戴上它,现在,马上,当着我的面儿戴上。把它戴在您俊美崇高的前额上吧!"

"前额?莉迪亚·亚历山德罗夫娜,亲爱的,我真是说不出的感

---

① 托加:古罗马男式长衣。

动,可是……桂冠……给我?! 这,说真的,简直有点不像话!"

(父亲对外表总是漠不关心,当然想都没想过,一个披着睡袍的人领取桂冠是怎样一副模样!)

"不,不,不,您别争啦!"来客满口央求,两眼含泪,"给您戴上桂冠,是我应该做的,哪怕就戴一小会儿!"

我父亲怀着羞怯的感激之情,把两只手都朝她伸了过去。她便利用这个机会,狡黠地做了一个地道的意大利手势,把桂冠戴在,不,把桂冠按在我父亲头顶,让它低低地压在父亲的前额。

父亲退让着:"请您别这样! 别这样!"

她央告着:"噢,不要摘下来! 您戴着正合适!"

接着,她怀着满腔的激情和满心的赞叹(据我所知,赞叹是最伟大的激情!),亲吻了我父亲的额头。一位三十五岁的美丽女子亲吻着一位年近七十的老人,亲吻着他戴着桂冠的前额。

片刻之后(桂冠已经摘下,小心翼翼地摆在桌上),这位满怀热望的女客依旧站在那里,紧紧握着父亲的双手,说:"我想让您知道,这是一顶罗马桂冠。我从罗马订购的。一棵栽在木桶里的小桂树,我亲手用树枝编成了花冠。没错。就算您出生在弗拉基米尔省,罗马也是您青年时代的故乡(对我也是如此!),您有一颗罗马的灵魂。唉,要是您妻子能活到这一天,该是何等幸福! 她也会给您送这样一件礼物的!"

我父亲逝世于 1913 年 8 月 30 日,从博物馆揭幕那天算起,刚好过去一年零三个月。我们把桂冠安放在他的灵柩中。

1936 年

未婚夫

他不是我的未婚夫,也不是阿霞的,而是我们共同的未婚夫。不过,总的来说,他没有成为任何人的未婚夫,因为我俩谁都不想嫁给他。我们还有一个大姐,可她已经出嫁了。就算她没有出嫁,肯定也不想嫁给他。谁会想要他呢?可能只有那些感情麻木的姑娘才会接受他吧。他很年轻,说不上漂亮,却也仪表端庄。对,仪表端庄(把那些"好"的形容词随便捡几个用在他身上,大概都合适:彬彬有礼,言行审慎,善良正统,一切的一切,全都合适,除了品行高尚。他不具备这项品质,也正是因此……),就像人们说的,"聪明""有教养""有文化",出身良好,大有前途……事情的关键就在于这所谓的"前途",因为这前途将由我们来编织——让父亲两个未出阁的女儿中的一个来担此重任。他正是为了这个前途来求婚,不,算不上求婚,甚至连献殷勤都算不上,他只会围着我们打转。绝了!团团转,活像一只缠着屠夫讨肉的猫。不过,这是一只饱食终日的猫,甚至吃得有些撑了。他高大、健壮,而且,天哪,总是一副汗流浃背的样子,全身淌着无形的汗水,仿佛汗水在皮囊下面奔涌,就像土壤深处的地下水。总之,他整个人都和水有着密切的联系。首先是眼睛。

他的眼睛如水一般空洞无物，虽然初次见面会给人留下一种诚实的印象，但也仅此而已。只是两汪蓝色的清水，诚实得令人无法忍受。你会觉得注视着你的是两个诚实的、空荡荡的孔洞。孩提时代，这样的眼睛被称作天使的眼睛，长大后，则被称为诚实的眼睛。为什么这样的眼睛在女人身上被叫作人鱼的眼睛，长在男人身上就成了诚实的眼睛？的确，它们总被认为是诚实的保障，但却往往属于那些最善钻营的人。凭着这样一双眼睛，他们步步高升，成为好学生，当上乘龙快婿，然后坐上院长的高位。"有这样一双眼睛的人不可能……"不，有这样一双眼睛的人才干得出来，他们无所不能。这种眼睛的绝招便是直直盯住你的眼睛，眨都不眨，像保龄球击倒木柱一般击溃你的目光，而且一定要把你的全身都打量一番。这种人给人的另一种感觉是：嘴上说一套，眼睛里又是另一套。眼睛里写着他们的本性，而且绝非善意。"我可知道！"知道什么？知道你身上藏着某些龌龊的本质，可你对自己的龌龊还一无所知呢。于是，你惊慌失措，开始自省自查。如果你生性脆弱，那么就肯定上了钩。无论如何，你都会被这双眼睛早早地击垮，因为这双眼睛的本性是权力。这是一双法官的眼睛，是审讯者洞察秋毫的眼睛。既是审讯，那就意味着恣惠和逼供。强迫你承认一切！承认什么？！承认你和我一样（正如昨日的苦役犯摇身一变，开始审讯昔日的盟友）。这是一双同谋者的眼睛，躲避这双眼睛简直是徒劳。假若你想把它们读透，那么只会越陷越深，倒不如直接相信。奇怪的是，这双被知识分子视为"诚实"的眼睛，在普通人之中恰恰被称作无耻。你从来都不会听到人们用这个词来形容黑眼睛，只用来形容浅色的眼睛，尤其是蓝眼睛。这样的蓝眼睛势必有着黑色的睫毛，白纸黑字般写着一个真理："当心！"总而言之，这双诚实的眼睛，看上去清澈如河水。

我们和未婚夫见面的场所也与水有关，我们相会在奥卡河畔。未婚夫的父母在塔鲁萨小城有一座小别墅。我和阿霞第一次走进这座别墅时，便立刻心生疑虑：这里太过……到底是哪里不对劲？啊，原来是太过安逸了！未婚夫的父亲挺着圆圆的大肚子，深蓝色的缎纹上衣紧紧绷在上面，一条手工捻成的带流苏的腰带把上衣勉强束在腰间。他用蜜糖般甜腻的声音邀请我们"喝点儿掺了蜂蜜的茶"，甚至仿佛在求我们"赏光"。未婚夫的母亲有着一双同儿子一模一样的眼睛，只不过她的目光被"恪守妇道"的特质冲淡了，稀释了。一模一样的眼睛，只是颜色更为浅淡，似乎把所有的蓝色都注入到了儿子眼中，自己的双眸则被洗劫一空。她用一种莫名的姿态引我们到桌前，仿佛梦魇的召唤。她极力劝说我们吃点果酱，仿佛托盘里盛着的不是醋栗，而是货真价实的珍珠。此外，室内的陈设也颇为怪异。是的，正是这里的"陈设"——人被铺陈之物层层设计，重重围困：一把把椅子让人紧紧靠在上面，一个个沙发令人深陷其中，一张张桌子有如层层埋伏，将人囚禁起来。这一切汇集在一起，使人陷入深深的惊愕，继而麻木不堪，无从抵抗。房屋的装饰风格就更不用说了。与我家那座野草般平淡无奇的房子相比，这里的一切都刻意为之，是非常鲜明的"俄罗斯风格"：长柄木勺形状的盐罐，小阁楼形状的相框，树皮鞋形状的烟灰缸……就连主人说出来的话也如马车夫般殷勤谄媚，时而大喊"哎哟喂"，时而"嗨"地感叹一声，还夹杂着"老天赐福""天有不测风云"这样的农谚。如此看来，他家最显著的特征是对人太过谦恭。这种谦恭让我和阿霞立刻按图索骥，想到了托利亚那双诚实的眼睛。

从塔鲁萨回佩索奇内的路上，我们在绵延的山冈上跋涉。不停地上坡，下坡，仿佛随着波浪起伏不停。一路上我们都在说："到底是怎么回事，如此殷勤？倘若我们是公爵小姐，是两个老太婆，或是著名演员也就罢了……可是,瞧我们鸡窝一样的头发,瞧我们这两只胳膊肘,这副样子不可能讨他们喜欢……本来,应该讨厌我们才对。"

"应该一见面就把我们赶出去。"

"你发现没有?他们一直唯唯诺诺,一开口就满脸赔笑……"

"尤其是他父亲。"

"母亲也很过分。"

"托利亚却油光满面地坐在一边。阿霞,我敢发誓,他一直在舔嘴唇。准是对你眼馋啦!"

"这话可真恶心。就算他在舔嘴巴,也一定是看中你了,因为要想娶到我,他最起码还得等三年。可你呢,等一年就够啦。"

他与水的第三个密切联系体现为澡堂。不论是在塔鲁萨,还是在莫斯科,但凡应邀去他家做客,刚踏进门槛,他的姐姐尼娜就会说:"托利亚还没回来呢。(然后咬着耳朵悄声说:)他在澡堂呢。他让我别告诉你们,不过看在咱们是朋友的分上,还是说了为好。"

从澡堂回来时,他满面红光,说话的声音也仿佛被水汽蒸得软绵绵的:"您的头真像安提诺乌斯①一样美……"对于这绵软的恭维,只能用强硬的话语断然回绝:"您别说蠢话!"

"这家伙真是泡澡泡晕了。"阿霞怒气冲冲地说,"虽然我还从没见过泡晕了的人。他应该拿着搓澡刷子去给商人们搓背,不配给涅瑞伊得斯②写诗。难怪他父亲总是自吹自擂,说他普通市民出身,如今却成了级任学监③。"

---

① 安提诺乌斯:古希腊美男子。
② 涅瑞伊得斯:希腊神话中的女海神。
③ 级任学监:沙俄时代男子贵族学校中级任教员的助手。

"当然了，我赞成平等。"这位三年级女学生继续义愤填膺地说，"可是让我嫁给他，我可不干。宁肯嫁给我不爱的沙皇，也不嫁给我爱的教堂司事。何况这个家伙我也不爱。"

生日早餐更是一言难尽！我家白色的大厅里，节日的餐桌已由满头白发的德国女管家布置妥当。在一张张亲切的、泛着红晕的年轻脸颊中，阿纳托利那张蓄着淡褐色大胡子和唇髭的脸格外引人注目。他面色苍白，频频凝眸，向我们姐妹暗送秋波。

"玛丽娜！祝您那隐秘的梦想都能成真！阿霞，为我们的梦想干杯！"

"什么？？"

"看在上帝的分上，我的孩子们，不要吼叫得那么可怕！"

"真是个不错的年轻人。"他每次来访之后，我们的德国女管家都会总结一番，"文静，谦恭，举止得体。只可惜，脸色不太好。他应该多做体操，多吃些糖水熬黑李子。"

可我家的女仆凭着平民百姓特有的敏锐直觉，对阿纳托利忍无可忍。

"小阿霞，无论如何都不要嫁给他们这号人！他们虽然胖乎乎、白白净净的，还有一对蓝眼珠，可他们呀（小声说道）……都坏透了。不言不语的，可一定会把你往死里打。他们会阴阳怪气地掐你，甚至还会用大头针扎你。他们的灵魂最邪恶了。"

这位未婚夫像钟摆一样在我们姐妹之间犹豫不决，犹豫了整整一年，终于将目标从姐姐转到妹妹身上。没错，从姐姐转到了妹妹身上。从一开始就再清楚不过，两害相较取其轻，他自然青睐看上去更加无害的那个，也就是阿霞。她个子小，头发长，希望也更大。他与她之间似乎只隔着一面活动的、变幻不定的墙：夏天，隔在他们之间的是些乡下小男孩小女孩，冬天，则是些城里的少男少女。我和他之间却耸立着圣赫勒拿岛不可逾越的峭壁。因为他刚一开口:"玛丽娜,您的眼睛看上去真像森林女神……"我立即用坦诚的联想来回应他:"不过可怕的是,圣赫勒拿岛上没有一棵树,不,树还是有的,只不过不在拿破仑的栖身之处。若是您活在那个时代,您会杀死哈德逊·洛①吗?"这样一来,还怎能继续关于森林女神的谈话?在此我拿森林女神举例绝非偶然,因为未婚夫每次发话都是以森林女神、水仙女、美人鱼、女祭司开头的。古代神话中的女神和梅列日科夫斯基诗歌中的仙子他都想在我身上用个遍,但他绝望地发现,除了玛利亚·路易斯②的咒骂和前往易北河来看望他的瓦列夫斯卡娅伯爵夫人③的恭维,他什么回应都得不到。终于,未婚夫不再纠缠,望而却步。他还曾献给我长达四页纸的颂歌,还试图用诚实的目光死死盯住我,迫使我垂下眼帘。(是的,这就是他的目的!)不过,这些都是碰运气,是为了留后路,以便日后不时之需——万一阿霞真的不愿意……这十三岁少女真是好样的!——阿霞当真拒绝了他,说什么也不答应。

"阿霞,什么时候您才能离开那些干草棚和篝火堆呢?什么时候您才能不再屈尊和那些米什卡、格里什卡打交道呢?阿霞,您究竟什么时候才能长大呢?"

"在您眼里,我永远都长不大。"

"您什么时候才能醒悟呢?"

"您的事,我永远都明白不了。"

"您还是太年轻了!太年轻了!"

---

① 哈德逊·洛:将拿破仑流放至圣赫勒拿岛的英国总督。
② 玛利亚·路易斯:拿破仑的第二任妻子。
③ 瓦列夫斯卡娅伯爵夫人:拿破仑的情人。

"对于您来说,我永远都太年轻。"

回到莫斯科,托利亚的婚姻大计就更坎坷了,因为在塔鲁萨,毕竟风吹草动都会弄得满城风雨,仿佛谣言随着河水漂流,随时传到每个人的耳朵。仿佛奥卡河在亲自向未婚夫讲述,告诉他昨天他那十三岁的未婚妻又和谁一同划着破船在河上嬉戏,又和谁在沙滩上玩儿到凌晨三点钟,还扯着破锣嗓子大喊:"德兰士瓦,德兰士瓦,我的国家!"……而在莫斯科,一切踪迹都被暴雨冲刷干净,一切痕迹都被大雪深深掩埋。不过,第一个向他和盘托出的正是阿霞自己。

"我认识了一个现实主义作家,托利亚,他的眼睛太迷人了!一双黑眼睛,和普希金一样。"

"普希金的眼睛是蓝色的。"(有引文为证。)

"胡说,托利亚,您的眼睛才是蓝色的呢。他叫帕沙,我每次叫他都把重音放在'沙'上。"此外还说了很多,很多。应当指出的是,阿霞是个很好的姑娘,活泼可爱,性格独特,自有一种优雅气质。她有着无法估量的人性之善和女性之善,从不伤别人的心,只不过一遇到阿纳托利,这善意就无影无踪。

"要是您像《战争与和平》里的阿纳托利就好了。"阿霞打量着他的侧影,若有所思地说,"不过您真的很像列文[①],甚至不像列文,而是像……"

"您读这些严肃作品未免太早了……"未婚夫立刻打断了她。他压根儿不想听她说自己像谁。

"可读您这样的书就不嫌早吗?这些书最好永远都不要碰。"

* * * * * *

"爸爸,你觉得阿纳托利怎么样?"

---

① 列文:《安娜·卡列尼娜》中的人物。

"是咱们家新来的看院子的吗?"

"不是,爸爸!咱们家看院子的叫安东,而这位是个大学生,姓吉洪拉沃夫。"

"啊……他好像住得不是很远吧?(当我们以为这个问题已经无话可说的时候,父亲又加了一句:)他身上有股怪味儿……"

显然,这个评价来自他的奴颜媚骨。他总是一脸谄媚地围着父亲打转,在谈话中时不时抛出一段拉丁引文或希腊引文,为了成为父亲未来的乘龙快婿不遗余力,可父亲却对他给予如此评价。此外,父亲心地淳朴,纳他为婿真是想都未曾想过,不仅因为他的年龄与我和阿霞相去甚远,更重要的,是气质不符。

时间一年年地过去了,虽是短短几年,却足以改变一切。命名日的榛子树不知长大了多少,门框上每年记录身高的标记也刻得越来越高。我们按部就班地升入最高年级。突然有一天,从塔鲁萨给我们送来一封信,由邮差亲自送到佩索奇内,是给阿霞的,是托利亚的手书。我们把信拆开,看见密密麻麻的蝇头小字中间有一只被压扁的肥嘟嘟的毛毛虫。

"混账。"阿霞冷冷地说。

"简直是他的自画像。"我补充道。

毛毛虫下方写了一行字:"请您珍重自爱,为了您,也为了我。"

"厚颜无耻。看他写的,好像我已经和他确定关系了!"阿霞大笔一挥,当场在信的背面做了回复:"把您的宝贝还给您,望您知会,我这儿已经没有任何属于您的东西了。"

"珍重,阿霞!他会因为这条毛毛虫记仇的!"这条毛毛虫(当然,它是意外被夹到信里的)预示着不可挽回的后果,因为它仿佛一道粗大的笔迹,浓墨重彩地向阿纳托利指出了这桩婚事的不可能性。这是诀别的最后一笔,也是最后一道分界。这个冬天,阿霞在滑冰场认识了鲍里斯·T,很快就嫁给了他。

* * * * * *

很多年过去了。1921年春天,阿霞刚刚从费奥多西亚①回来。自1917年起,她就一直困在那儿。最后一年极其困苦,采薇而食。归来时她骨瘦如柴,衣衫褴褛,但依旧活泼,充满活力。

"玛丽娜,我要去博物馆工作。"

"你疯了吗!现在阿纳托利是馆长。"

"阿纳托利,是馆长?!没跟我们结婚就当上馆长了?这家伙可真走运!"

"不仅没跟我们结婚,而且听天由命,娶了个最普通不过的小家碧玉。"

"听天由命,小家碧玉?我这就去博物馆看看!"

回来后立刻讲了起来:"我到了博物馆。他坐在爸爸的桌子后面,都没站起来。'您回来很久了吗?''昨天刚到。''您有什么事?''想在博物馆找个工作。''已经没有空缺的职位了。'于是我就很和气但意思很明确地对他说:'或许您能帮我找到一个?托利亚,您还是要想想办法。''好吧,我想想,不过,万一真有了空缺的职位,您可不能……''我绝对不嫌这嫌那。'就在这时候,玛丽娜,他妻子走了进来,没敲门就进来了,就像在自己家一样。又年轻,又漂亮,当年咱们可比她差远了!真的很漂亮,小手小脚,穿着带花边的白裙子,简直像个洋娃娃。她翩翩地走进来,像小鸟一样啾啾地说了些什么,又翩翩地走了出去。他甚至都没介绍我们认识,何况他都没让我入座。别提啦,我从头到尾都站着,欣赏着发生的一切。"

一个星期后,打字机打出一张馆长签字的通知,阿霞被聘为图

---

① 费奥多西亚:乌克兰城市,位于克里米亚。

书管理员编外助手,薪金为……具体数字可能记得不准,我只知道,薪水少得可怜。就这样,阿霞在父亲创建的博物馆里当了十年编外人员,比馆长阿纳托利任职的时间长九年半。不知为何,没过多久,阿纳托利便响应呼声,匆匆让出了馆长的位置。不过,他毕竟在这个位置上待了一段时间。

现在阿纳托利成了一名作家。他的书都用最好的纸张,大红切边,亚麻布封面,硬壳精装。书的题材都是些国外轶事,写作方法为搜集概括。他没娶我为妻,却也成了作家。只是,瞧吧,这是怎样一位作家啊!

1933 年 9 月

你的死

每个人的死都必然汇于他者的死亡之列,维系着下一个死亡的开始和上一个生命的终结,即便是最为出类拔萃之人也是如此。我说的是你的死,赖内①。

每个人站在灵柩前都不能不思绪万千:"我哀悼过的上一个死者是谁,这之后我又将在谁的遗体前驻足?"这样一来,你生命中的一个个死者之间便建立了某种联系。只有当你有了这样的意识,这种联系才会存在;每种不同的意识当中,死者之间的联系也迥然不同。譬如,在我的意识中,你在死者 A 与死者 B 之间踏入幽冥之国,而在另一个失去你的人的意识之中,你在 C 与 D 之间死去,如此等等。我们意识的总和便是包围你的死亡序列。

现在来谈谈这联系的种类。在最糟糕也是最常见的情况下,这是一种表面的、基于地点和次序的联系,说简单些是一种日常的联系,说得再简单些,是以墓地为基础的联系,是根据相邻的墓穴和编

---

① 赖内·马利亚·里尔克(1875—1926):奥地利著名诗人。于 1926 年 5 至 12 月与茨维塔耶娃通信。

号偶然建立的关联。这关联毫无意义,因而也算不上联系。

举个例子。X和Y生前没有任何关联,死时也没有任何交集。死亡和生命是他们仅有的共同点,当然,我们对此不做考虑。这两个共同点也不足以使他们结亲,于是他们的棺材便会从我们的坟墓之列中消失,一列坟墓合并成两个对我们来说有着重要意义的墓穴。经过这样的选择,我们的死亡序列逐渐成形,我们的死也逐步确立。说到联系,我只想谈谈这些死亡序列,因为它们最终构成了我们自己的死。

每个人的死都会使我们返回到死亡本身,每个死者都会将先他死去的所有人带回到我们面前,同时也把我们返还给这些亡人。倘若后来人无一死去,那么我们迟早会把先逝者遗忘。从一个棺椁到另一个棺椁的圆环,便是我们忠于死者的保障。在记忆中,在自己的坟墓序列中,有着某种死者共存的现象。因为我们生命中的每个死者,无论他们长眠在哪里,无论是在莫斯科,在新圣女公墓,还是在突尼斯,或者别的什么地方,对于我们每个人来说,都安息在同一片墓地中——在我们心灵深处,随着时间的流逝,他们的坟墓最终合并为同一个充满兄弟之情的墓穴。我们的墓穴。众多死者安眠在同一个墓穴,同一个死者又被安葬在众多死者之列。那里,你生命中的第一个坟墓与最后一个汇合,在你的墓碑上交汇,坟墓的序列合并为一个圆环。不仅地球(生命)是圆的,死亡也是一个圆。

我们亲吻每一位死者,通过我们的嘴唇,他们彼此亲近,彼此向对方伸出被我们吻过的双手。通过他们被吻过的双手,我们也彼此亲近,彼此亲吻。这是一个不死的圆环,是永恒的保障。

就是这样,赖内,你使我同所有失去你的人亲近。而我,作为回应,也使你与我曾经失去的人亲近,尤其是最亲密的那两个。

死亡带我们越过一座座坟墓,如同越过汹涌的海浪,将我们返还给生命。

＊　＊　＊　＊　＊　＊

你的死，赖内，在我的生命中一分为三，剥裂成三层。一个在我心中为你的死埋下种子，另一个让死亡尘埃落定。一个是前奏，另一个是正曲。时光稍稍逝去，出现了三和弦。我站在未来对你说，你的死，赖内，于我注定是三位一体般的存在。

让娜·罗伯特小姐[①]

"阿丽亚，在法国女人那儿玩得怎样？"

"妈妈！太奇怪了！最奇妙的是我们竟然去了，因为除我们以外，别的孩子只来了两个，我们要是不去，就只剩她俩啦。两个女孩子，一个成年了，另一个刚识字。要是不去她可就白忙活了。您知道吗，我吃了一惊——她家的房子真是太奇特了：楼梯是大理石的，铺着地毯，锃光瓦亮的栏杆，还挂着好多小铜铃……在这样的楼梯上走真是开心，不过当然了，她一点也不开心，因为她住在七楼，可她年纪那么大，说不定已经有七十岁啦。

"室内的陈设也很奇特：墙上挂着好多画和镜子，壁炉上也摆着，到处都是纪念品，有手编的，有针织的，各式各样，每一样都有题词，都是学生们送的。还有好多书，妈妈！整面墙都是！很多都是

[①] 让娜·罗伯特小姐是茨维塔耶娃之女阿丽阿德娜（即阿丽亚）和亚·扎·图尔让斯卡娅之子奥列格（即廖里克）的法语老师，在里尔克去世不久前死去；而本文第二部分的主人公瓦尼亚·古奇科夫死于里尔克之后。本文及《中国人》《人身保险》记述的均是茨维塔耶娃1925年侨居法国后的经历。

关于《罗兰之歌》的,还有《艾莫尔的四个儿子》,好多类似的书。最奇怪的是,她家有两架钢琴,摆在同一个房间里。她那么穷,所以显得更奇怪啦。因为要是有钱人家,就没什么好奇怪的。有钱人家什么东西都很多,餐巾、餐刀……只要兴致来了,一下子就能买两架钢琴,再买两架也不奇怪。可让娜小姐就不一样了,真弄不明白。不过,也许情有可原,是因为喜爱。(妈妈,我现在有了一个奇怪的想法,要是她夜里突然变成个巨人,是不是就可以毫不费力地弹两架钢琴了?一个人长四只手,一个人弹两架琴,对吗?)

"而且屋里冷得可怕。两个壁炉都燃着,可还是像街上一样冷。"

"你好好说。从头说起,从一进门开始讲起吧。"

"一进门,让娜小姐就让我和廖里克坐下来看一本关于巴黎的书,这书又大又旧。然后,门铃接二连三地响了,她之前的女学生陆陆续续前来拜访,她们穿着皮大衣,从十七岁到四十岁的都有。还来了一些学生的母亲。让娜小姐总是看上去慌慌张张的,一直端着茶杯在厨房跑来跑去,我还给她帮了一会儿忙。对啦!妈妈,我还是没换掉那个小盒子,多么奇妙呀!记得吗?您说过:重要的是糖果,而不是小盒子。您说得不对,妈妈,小盒子也很重要——圣诞礼物用得着。把糖果装在小盒子里就是一件礼物,没有小盒子,就只是一堆糖果。而且小盒子总是被留下来,可以装信笺,装小彩带,什么都能装。她可高兴啦,还想把小盒子送人,可我劝她留下来带着上路,因为明天她就要去乡下看望妹妹们了。廖里克给她带去了橙子和苹果,而且还想在商店给她买些棒棒糖,不过没买成。他说,十法郎就能买好多好多。可是他妈妈不许他买。她把橙子送人了,苹果自己留下了。大概也想给妹妹们带去。这样她就可以带着很多礼物去探亲啦。

"妈妈,她大概特别穷,比我们想象的还要穷。也许,她所有的钱都用来租房子,还有给她的那些妹妹啦,因为她家招待客人的食物除了小饼干,什么也没有。能供挑选的饮料也只有可可和茶。她有个年轻的堂妹在帮她干活,也穿着皮大衣。可她自己总是穿着那件黑衣服,脖子上缠着丝绒绦子,上面挂着圣女贞德的圣像,是银质的。您还记得吗?她大概和您一样,觉得既然是在自己家里,女主人就不应该打扮得太显眼。不过也有可能除此之外她一无所有,至少,除了这件黑衣服,我还从没见过她穿……"

"然后呢?"

"然后一个胖胖的家伙加入了我们。起先我以为是个小女孩儿,可是后来发现这个小女孩儿脸上搽着粉,还涂着浓浓的口红,这下我可没谱了。不管怎样,我们决定逗着她(就是这个家伙)玩儿,逗着逗着,不到五分钟她就溜了。大概是因为那个刚识字的小姑娘一会儿说她像块儿黄油,一会儿说她像个肉球,我们也不甘落后。然后,屋子里黑了下来,让娜小姐给我们看埃菲尔铁塔,铁塔一忽儿远一忽儿近,我们一直都是这种感觉。不管从哪个角度看都是这样。

"妈妈,我特别想吃东西,可是我控制住了自己,只吃了一块小饼干。廖里克也只吃了一块。那个小姑娘把剩下的全吃光了。"

"接下来我们就开始准备回家,可是让娜小姐谁也不放,因为大家还没跳舞。廖里克和我以为看别人跳舞就行了,可是没想到,我们自己也得跳。"

"你跳得怎么样?"

"大家怎么跳,我就怎么跳。让娜小姐跳得特别好,跳得可轻快了,不过当然啦,舞蹈都是很久以前的。廖里克一看跳的不是匈牙利舞,就立刻皱起眉头,说自己头晕了。不过她还是和他跳了一回。

她和每个人都跳了一回,累得够呛。对了!还有最重要的。客厅里的沙发上挂着她年轻时候的画像。她躺在草丛里看书,旁边放着一个苹果。她穿着粉红色的带绦边的裙子,特别好看。那时候她也很瘦。她现在这么瘦是因为年纪大了,当时可是因为年轻。现在她的鼻子长长了。画像是她妹妹画的。不是那个疯疯癫癫的妹妹,是另外一个,有点古怪的那个。她不喜欢把垃圾清出房间,总是扫在一起,保存起来。不过这幅画画得可真棒。"

"告别的时候呢?"

"噢,可好了,跟每个人都一一告别。我们互相吻别,我对她表示感谢,她也很感激。收到您的书她非常开心,不过我觉得,她并没有仔细看题词,不知道题词是写给她的,可能只是想日后读一读。不过,要是她明天坐火车的时候看到,肯定会更高兴的。告别的时候我又一次邀请她来看咱们的圣诞树,她说一定会来。到时候我们给她什么礼物呢?送手套还是送信纸呢?"

* * * * * *

送手套还是送信纸呢?可钱不够了。似乎在有意为难,钱总是会碰巧不够!总是不够买下那最后一件礼物。

或许,送她一个记事本?有些记事本非常便宜。或许,尽管不想如此却也不得已而为之,在枞树晚会开始前的最后一刻,两手空空地前往?仅仅是喊来看圣诞树,仅此而已。人们在什么场合才送礼物呢?说来这种场合一般只送礼物给小孩子……经过一番愚蠢的自我劝解和一堆虚弱无力的借口,还是得出清晰的结论:礼物是要送的。依旧回到那个问题:送手套还是送信纸呢?

继而得知,小男孩的母亲已经买了一副手套:"又暖和又结实。可怜的让娜小姐,她的旧手套已经破烂不堪了。我去她家拜访之后,看到她家那么冷,就总想着给她送些暖和的东西。希望她不会受伤。"(从俄罗斯人手中得到礼物简直是耻辱！不过无所谓了,送礼物的也穷得像乞丐。)

手套已经有了,那么只能送她些信纸。"五到六法郎就能买到,不会超过七到八法郎,最贵也就十法郎。得买颜色不太鲜艳的,适合她这种上年纪的夫人……"

(说她"上年纪",是因为她随时随地都会颤颤巍巍地唠叨起来。说她是位"夫人",因为她可是让娜·罗伯特小姐!)

这些非常精致,这些精致得无可挑剔,这些是最精美的,这些再精美不过了……(分别是六法郎……九法郎……十二法郎半……十八法郎。)

礼物盒一个接一个,堆得越来越高,纸壳碰撞,发出轻微的声响。这个太显眼,这个又太不起眼,这个不大好看,这个又太贵了,再来一个,依然很贵。在这种情况下,店掌柜总是会忽然大叫起来:"啊,我忘了,还有一个!"于是拿出了最后一个,正合心意。(这仿佛在检验我们鉴赏力的精确性,也是对他作为店掌柜的些许考验……)

一只天蓝色的盒子。亚麻布做的,盖子上布满天蓝色的小花。非常质朴,一点也不滑稽。盒子边沿没有锯齿,也不像英国货那样粗糙……这样的盒子很常见,也很合适。

"没有比这更合适、更精致的啦,而且一点也不贵。太太,四十页纸,还有四十个信封。又好又实惠。"

回到家,刚一进门就大喊起来:

"阿丽亚,给让娜小姐买好礼物啦!"

* * * * * *

盒子上写着:"送给让娜·罗伯特小姐的俄罗斯圣诞礼物——阿丽阿德娜。"这样一来,它已经不是商店里普普通通的盒子了,因

297

为它现在有了署名。小盒子躺在圣诞树下,躺在一个粉红色纸包的旁边——那是廖里克的礼物。枞树晚会马上就要开始了,让娜小姐马上就要来了。她去过俄罗斯,不过从那时起(那是五十年前),她有没有参加过俄罗斯的枞树晚会呢?此外,直到最后一刻,大家还在车站旁边的花店里买装饰圣诞树的小玩意儿,无暇再次对让娜小姐发出邀请。何况她根本不是来专门参加枞树晚会的,而是和往常一样来上星期四的法语课。这是她节日假期(法国圣诞节)后的第一堂课。她来上法语课,恰巧赶上了枞树晚会。"廖里克,你什么都别说,直接带她进来就行,明白吗?或者告诉她,我们今天在楼下上课,因为楼上没生炉子。"总之,枞树晚会上,让娜小姐遮蔽了孩子们的圣诞树。(正如一位不知自己即将去天国的教徒替翘首以盼的天使们遮蔽天空。)

"应该马上就要来了。还差十分钟?哦,还有整整十分钟。"

"现在该来了吧。几点了?她从不迟到。"

"也许她今天才回来,所以迟到了?你确定第一堂课是在今天吗(孩子们交头接耳)?"

"她说是5号。"

"可5号是昨天,为什么她昨天没来?她跟我说的是星期四。"

"跟我说的是5号。不过今天是星期四,也就是说她马上就来啦。"然而那两件礼物就这样留在了圣诞树下。

* * * * *

日子一天天过去了,让娜小姐还是没有来。起先大家有些不安,后来习惯了这种不安的状态。一次又一次,让娜小姐都没有来,对这幢房子老老少少的住户来说,她的缺席逐渐成了日常生活的副歌,随着一次又一次的反复吟唱,意义次第衰减。(副歌总是这样自给自足,将意义剥离,如同日复一日的生活。)当初人们因为让娜小姐没来而感到惊奇,如今倘若让娜小姐真的来了,大家才会惊讶。就这样,人们的惊讶从出发点转移到了作用点。在新的作用点上获得新的惊讶。(是这样的,赖内,以前我们感到惊讶,惊诧于这样的人怎会活着,现在我们惊讶,感叹这样的人怎会死去。)

  人们很少注意动词的形式,所作所为也很少自知,常犯些类似的错误。起先是定向的、单次的表达方式:"让娜小姐没有来。"一次,两次,三次,一次次地计数。继而是代表经常性的现在时:"让娜小姐总是不来。"这是怎样的结果,怎样一条道路啊。让娜小姐就这样消失了。起先对于我们来说,她的消失只是偶然,现在却成了常态。在午餐或晚餐的餐桌上,在盘盘盏盏之间,总会有大人或小孩用业已不再惊讶的口吻说上一句:"让娜小姐没来。"人们像是对这句话等待已久,立刻按照习以为常的方式开始了合唱般的回应:也许是生病了?可要是生病了,总归会写信来的;也许是妹妹病了?那样的话肯定也会写信的;也许是孤身一人,不知道写给谁才好?这样的话就不会给别人送礼物啦;也许……

  也许是让娜小姐得了什么病,一直未能痊愈。

  这些人都很清醒(男孩的祖母、伯母、伯父和母亲,以及女孩的父亲、母亲,他们都很清醒)[①]。这些人都见过世面,有的来自苏俄,有的曾在军队服役,都是些旅居国外的侨民。最重要的是,这些人骨子里有一种浴血的骄傲,凭着这种骄傲,你可以一眼将这些流亡者认出。这些人用孩子替代了自己,用孩子们的明天(唉,这会是怎样的明天呵!)代替了自己那摇摇欲坠、千疮百孔的今天。这些人是

---

  ① 侨居巴黎时期,茨维塔耶娃一家与挚友亚·扎·图尔让斯卡娅一家住在同一幢房子里。图尔让斯卡娅给予茨维塔耶娃许多帮助,并在诗人死后整理了大部分档案和资料。

时间的弃儿(他们永远缺少时间),因此总是全方位地残酷对待孩子们的童年。这些人对孩子们的时间精打细算,而童年时光总是匆匆流逝。对此,孩子们略带羞愧,因为就连那些好孩子也终日无所事事。当然,这是相对而言,尤其是女孩子,她既要哄自己的小弟弟,又要把复习功课当成消遣。功课复习完,瞬间又忘掉了,书本取出来没多久便又放回原处。让娜小姐还是没有来。

这幢房子似乎衰弱了,似乎疲软下来。这幢房子里谁也不会行色匆匆,也无处可去。牛奶端上桌,因为让娜小姐马上就要来了……餐厅收拾好,因为让娜小姐马上就要来了……应该洗洗头,让娜小姐马上就要来了……把煤搬到地下室,不然让娜小姐就要来了……

房子里很冷,只有两个房间生了火。让娜小姐一来,布局整个儿地改变了。既然这里是教室,那么餐厅就该在那边,缝衣室得另找个地方,如此等等,游牧一般大动干戈。

人们渐渐明白了,原来这个身材瘦小、无声无息、无影无形的让娜小姐(她常常从后门进,悄无声息,于是常有这样的对话:"让娜小姐来了吗?""嗨,已经走啦。")才是这座房子的动力和骨架,虽然它由于两个家庭共同居住而看似庞大,虽然它由于这些俄罗斯住户而看似坚强。

这些把赌注押在孩子身上的人又做了些什么?六个大人嘀咕了一阵儿,可谁也没想出好主意。"得给让娜小姐写封信。"起先言之凿凿,后来却疑虑丛生,越发觉得这样不可行。毫无用处,毫无希望。让娜小姐没有离开,而是去串门了。不,不对,她消失了。

第一个开口的是女孩的母亲,但依旧闪烁其词。当时的情形是这样的:女孩的母亲从餐具橱里拿了一把刀(总共只有两把),背对着男孩的伯母;男孩的伯母则在大餐桌上叮叮当当地摆弄一把剪刀。因此接下来的问题有如暗算①。

"谁也没去法国女人家看看吗？"

"法国女人家太远了！"

"她来这儿不嫌远,我们倒嫌远了？"伯母沾沾自喜的俏皮话中隐藏着尖刻毒辣。

"她不嫌远,对我们来说确实很远。"女孩的母亲冷冷地说道。

"可还是应该去看看,应该去。"伯母唠叨着。她看上去有些难过,因为她的俏皮话没有命中要害,而不是因为这种闻所未闻的粗鲁回答。

"可还是应该去看看,应该去……"

"是应该什么时候……"不过这话她没听见,因为只是嘟囔了几句。

因此,最先开口的还是男孩的祖母。

"或许病得很重,或许已经不在了。"她前瞻后顾地说道,带着老人特有的顺从和平静的忧伤。

不过,"已经不在了"毕竟意思不够明确……这天傍晚,在吃法式午餐②也就是俄式晚餐的时候,男孩的母亲率先开了口：

"既然到现在还没消息,那她要么是得了重病,要么是去世了。"

这座房子终于醒了过来。

死亡的共鸣,赖内,你是否想过这个问题？在一座房子里,你久病缠身,被严酷的沉疴折磨得筋疲力尽。终于,你睡着了。此时,似乎是时候思索一下这种寂静了。不在此时思索,又更待何时？这是怎样的寂静啊！这寂静刚刚开始！

---

① 俄语中"暗算"的字面意思为"背后一刀"。
② 法语的"晚餐"(又有"正餐"之意)直译为俄文意为"午餐"。

301

倘若房子里的人正走向死亡,那么这房子定是一片死寂。倘若房子里的人已经死去,那么这房子会骤然喧响。前者在沉睡,房子的各个角落都浸满死亡之水。死亡潜入每一道缝隙。地板的每个沟槽都是一个小小的墓穴。前者浸满死亡之水,后者则被生命之水淹没。盛满生命之水的滴漏蓦地摔碎了,每一个碎片上,每一个伤人的碎片上,都残留着生命。垂死的房子里无人哭泣,人们隐藏着自己的泪水,而死者的房子里,人们痛哭失声。这里的第一声喧响便是涕泗横流的悲声。

赖内,你是否想过死亡的生命本能?那时筋疲力尽,双腿无力,此时双手却一下子满是事情,手足无措。双手总是安静的,双脚却喧哗聒噪。举个例子,有什么能比捧满清水的双手更安静?然而,双手盈满的状态又是如何达到?有何用处?从何而来?今天下午五点钟他才最终了却尘缘,"远离了一切悲伤、愤怒和牵挂。"[①]终于,祈祷完毕!人们回答我(不是你,赖内,是别的人)说,这不是为他祷告,而是为他的躯壳祈祷。够了!每个人都讳莫如深,他们又何尝不知,葬礼上的这些神甫、棺材匠、摄影师只不过是我们不让自己的双手闲下来的借口,是我们立下的规范,为了体面,为了向世人宣布:我在!是我们对生命的彻底的认同。我们抓住不放的不是死者,而是棺材匠。我们急切地为死者拍摄照片,与其说是为了珍藏死者的影像,毋宁说是想要偷换,用一张照片替换死者生前的形象(用死的追忆替换生的折磨),使自己相信,我们迟早会将死者忘却。一张底片,便是我们为遗忘立下的字据。珍藏?不,是埋葬!

划清生死的界限,料理后事。修修这儿,动动那儿。费一番心思,让死者的容颜保持原样。操劳之中带着羞愧。面前发生的一切

---

① 东正教祈祷词中的句子。

仿佛都未曾发生。赖内，我想对你说的也是如此，只不过换种说法。既已终结，便无所谓发生。

驯服一切未知，同时也将死亡驯化，将爱驯服。一贯的言不中意，如同唱歌走了调。这是我们面对死亡时爱的畸形。

……对于这种多神教式的死后的爆发，还有另外一种更为简单的解释。死神总是降临在垂死的房子里，当死者逝去，死神早已离开。死神离开这座房子，比躯壳和医生走得更早，甚至先于灵魂。死神第一个踏出门去。这座房子虽依旧沉浸在痛苦之中，却由此如释重负，感叹一声："终于走了！"感叹谁的离去？不是深爱着的死者，而是死神。由此，人们庆祝死亡的离开。古人的思维更简单，他们举行悼亡酒宴，在宴会上豪食畅饮（既然死者已经不吃不喝，那么我们就替他们大快朵颐！），而我们今人，吃与喝都成了悼念，成了一种传递和重复，直到麻木不仁，直到无声无息，直到让最后的繁文缛节变成人尽皆知的陈规。彼处是死亡的饕餮，此处是死者的絮语。死亡降临之后，房子高声喧响。这就是我要说的。

只有出殡之后，这座房子才真正被寂静笼罩（这种寂静有如七月正午熊蜂不绝于耳的嗡嗡声）。那时已经没得吵闹。唯一能做的只有扫墓。

我们沿着墓地的小径逡巡，读着墓碑上的铭文，把坟墓委托给墓园看守，并抽个空子，为死后的自己挑选一块栖身之地……

正如过去的屋主听说新的住户去了别墅，便来到门前驻足片刻，或是绕着房子转上几圈，在四周久久徘徊……

* * * * *

就这样，这座房子醒了过来。既然它苏醒得如此明显，那么可以断定，之前它确是睡着了。整整三个星期以来，男孩的祖母、伯父、伯母、母亲、女孩的父亲、母亲，包括女孩自己、男孩本人，这里的所有住户都仿佛给房子施了魔咒,使它沉睡不醒。

既然房子已经苏醒,那么便可以断定,她死了。

"妈妈,我现在就给法语老师写封信。"

给法语老师的信①

亲爱的让娜小姐:

您让我们白白等了那么久。每个星期的星期一、星期三、星期四和星期六我们都在等您,可您一直没来。

我的作业已经写完了,功课都学完了,奥列格的功课也都做好了。我们邀请您来圣诞节的枞树晚会,您忘了吗?我想您已经忘了,因为上上上个星期四我们过节,可您没有来。圣诞节我收到许多本书,有龙沙②的长诗,马罗的文集,寓言诗,《列那狐的故事》《玫瑰传奇》,还有《罗兰之歌》。我们给您准备了两件礼物,一件是奥列格的,一件是我的。

亲爱的让娜小姐,您能来我们这儿的时候,请写信告诉我们。吻您。

阿丽阿德娜

* * * * * *

"那天晚上她太累了,太累了。我一直想对她说:'您干吗让自己这么忙?还要跳这些舞……让我们回家吧,您坐在椅子上烤烤火,暖和暖和,休息一下。'可她不想让我们就这么回去,活动都提前安排好了,不能不跳舞就回去,大家要看画书,吃点心,然后跳舞。还有那些穿着皮大衣的太太们,真不知道她们从哪儿钻出来的,干

---

① 书信全文为法语。
② 皮埃尔·德·龙沙(1524—1585),法国诗人,七星社的发起人。

吗要来呢,把整个房间都弄得冷冰冰的,特别特别冷。您不知道有多么冷。我们这儿已经很冷了,她家更别提了。我整个晚上都没能暖和过来……"

男孩的母亲和我沿着"锃光瓦亮的大理石楼梯"缓缓地拾级而上,楼梯缓缓地将我们引向一个又一个平台。在最顶层的黑色大门前,我们停住了。显然,楼梯已经到了尽头。门有两扇,一左一右。法语教师住在右边这扇门里。沉默片刻,我们敲了敲门。又沉默片刻,又敲了几下。再次沉默。再次敲门。敲门的节奏越来越舒缓,敲门声的间隙越来越长。敲门声仿佛凝滞在门的表面,没能穿透门板,传到另一边,抑或刚刚传过去,就被门后那片虚空(彼岸的虚空)吞噬了。无人应答。这扇门仿佛有意避而不答。

"我们还是去看门人那儿打听一下吧,这样下去站一个钟头也没用,问问看门人,也许她知道点什么。"说话声并非那种喃喃低语(任何怪异的事情都会使人情不自禁地窃窃私语),而是压着嗓门,是在熟睡的人身旁讲话时惯用的那种声音。

"也许应该敲敲那边的门?"左边的门立刻有人应答。门开了一条缝,先是露出一盏煤油灯,然后出现一张老妇人的脸。

"打扰了,夫人,您是否知道让娜·罗伯特小姐的下落?我们敲了门,可是没人应答。显然,屋里没人。我们的孩子是她的学生。"

"进来吧,进来吧。我很乐意谈谈这个人。我们做了二十八年的邻居啦。"

油灯移到一旁,光圈掉转方向,为我们引路。它的光芒想必会驱散心中的疑云。老妇人和我们两个随着灯光前行。

"请坐,请坐。我没太明白,您说,你们的孩子?……"

"是的,我们的孩子是她的学生。我们是外国人。我们的孩子跟着她学法语和其他课程。我们住在贝尔维①。"

"啊,原来如此。我知道她总是坐着默东②的小电车出门,原来是去你们那儿啦?贝尔维,一个美丽的地方,我们每个礼拜日都会去那儿逛逛。"

"没错。不过我们已经一个月没有她的消息了。她本来要去参加我们俄罗斯的枞树晚会,因为我们俄罗斯的圣诞晚会比你们的要晚。晚十三天……我们准备了礼物……"我们仿佛在用可靠的事实来祈求真相,掩盖未知。

"你们邀请她去参加你们的圣诞晚会?你们真是好心。"

"是的,不过她没有赴约。我们已经等了她两个礼拜了。我女儿给她写了信(说到这儿全然忽略了一个事实:信是今天早晨才写的,即使让娜小姐还活着,也不可能回信,信写完到现在才过去了没多久),但没收到回信。她究竟出什么事了?"

"她死了!你们竟然还不知道??"

* * * * * *

"她是23号死的,圣诞夜的前一天。前一天晚上她跑上跑下的,只披了一块小披肩。'您这样会得风寒的,让娜!'我还帮她拽了拽袖子。她一直在买这买那。原本准备第二天去看望她的妹妹。"

"可前一天,也就是22号,我们的孩子,还有这位夫人,就是男孩的母亲,还在她家做过客。没错,没错,就是22号,她邀请了所有的学生,还跳了舞……"

"这事我一无所知。什么时候,几点钟?"

---

① 贝尔维:位于巴黎西南城郊,1925年茨维塔耶娃夫妇携女儿阿丽亚和儿子穆尔侨居巴黎,与图尔让斯卡娅一家共同居住在贝尔维的韦尔大街31号。

② 默东:位于巴黎的西南城郊,茨维塔耶娃居住地贝尔维附近的车站就是默东站。

"大约四点钟,孩子们是七点钟离开的。她很活跃,说什么都要跳过舞之后再走。第二天就去世了?我真不明白。"

"是啊,23号早上。是得疝气死的,一种恶性肿瘤。可她从不扎疝气带,因为得请大夫来扎,可她不愿意。您懂我的意思。老病根了。你们来这儿的时候什么也不知道?那么请原谅,我把话说得太粗啦。"

"这么说,她去世已经一个月了?"

"一个月了,到今天刚好一个月。你们说,她还跳了舞?不过,也许就是因为跳舞才出的事。得了疝气,还跳舞,何况还没扎疝气带……"

"可她究竟是怎么死的?有人陪她吗?"

"一个也没有,孤身一人。三点钟的时候,她堂妹来了,她有时会来帮她料理家务。前一天晚上,让娜把钥匙给了她。她敲了敲门,没人应,就进来了,这才看见出事了。她就死在床边,穿戴得很整齐,戴着帽子和手套,显然是要去上课。临行前她还有一堂课,最后一堂了,可怜的让娜!她六十四岁了,还不算老。我们做了二十八年的邻居。我们是朋友,我叫她让娜,她叫我苏珊……那么多的不幸!……您大概知道吧?她妹妹……"

"有神经病?"

"没错,而且病发突然,谁也没料到。让娜,那么聪明,那么勇敢的姑娘,不得不赚钱养活两个人,不,是三个。三妹和那个得病的妹妹一同住在乡下,是她在照料病人。可在乡下能赚什么钱呢,何况她又是个艺术家。是啊,三妹是个艺术家,出色的艺术家。这给她的生活带来很大的打击。她本可以嫁人,生活得很幸福,可是……

"不过她们也来我家做过客……在一起的日子是多么美好!简直就像过节。我丈夫和女婿都是音乐家,让娜也懂音乐。你们看见她房间里的两架钢琴了吧？一架是她自己的，另一架让学生弹。她原本是音乐教师。于是我们开了音乐晚会，让娜弹钢琴，我丈夫拉小提琴，我家女婿吹长笛。对了，你们有没有熟人想要学音乐？无论如何，我先把名片给你们。"

名片上写着：

小提琴和长笛——
歌剧教授。

* * * * * *

这就是让娜·罗伯特小姐，她来俄罗斯小女孩阿丽亚家上课，连她是住在维勒特还是贝尔维都没有问。这就是让娜·罗伯特小姐，她不畏泥泞，风雨无阻。让娜·罗伯特小姐，她给孩子们上钟点课，一上就是两个小时。从1925年到1926年，一直只收七个法郎，她考虑的不是什么"法郎贬值"，而是金钱给我们这些俄罗斯知识分子带来的重压。让娜·罗伯特小姐，她拿到装着月薪的信封时，总是躲躲闪闪："也许你们现在正缺钱……"要么就说："不着急……"让娜·罗伯特小姐，她从不乘火车来，总是坐电车，不坐到贝尔维，而是坐到默东，为的是给我们这些俄罗斯知识分子省几个钱，每周来四次，每次都可以省下一法郎六十分。让娜·罗伯特小姐，她看见我们端上来的一小杯咖啡和一小块面包，总是一脸惶恐："哎，这是干什么？干什么？"她总把这杯咖啡喝完，却依照穷苦人的尊严法则，把面包留下。让娜·罗伯特小姐，她用法语为一个俄国侨民那一岁的儿子唱歌："万卡住在新村……"[①]她唱这首歌给他听，为的

---

① 此为俄罗斯民歌。

是不让他忘记俄罗斯,她还给他起了个名字叫"穆尔",取自法语"爱"。让娜·罗伯特小姐,去年我邀请她参加我们的俄罗斯晚会,她不仅来了,而且来得最早——

"有那么一瞬间,我仿佛听到了一首进行曲。这也许是战争的诗篇?我听到士兵们踏步走来,小号吹响,马蹄飞奔……因为我是个音乐家……太棒了,太棒了!"

让娜·罗伯特小姐,她头一次把上课的日子记混了:一堂是在星期三(5号),另一堂是6号(星期四)。

让娜·罗伯特小姐,她终究还是没等到那副新手套。赖内·马利亚·里尔克,让娜·罗伯特的故事你可满意?

* * * * * *

你可还记得你曾送给别人的一段赠言?现在我把它重新献给你:

> 你无暇理会旁人的质问,
> 只用温柔的目光,
> 凝视受难者的面庞。

* * * * * *

我偶然得知,你生前读的最后一本书是《灵魂与舞蹈》。

也就是说,你生命的终章便是让娜·罗伯特。

瓦尼亚

俄罗斯小男孩瓦尼亚死了。我初次听说这个小男孩是在今年夏天,在海边,听他姐姐谈起他的故事。那时我正坐在沙滩上,同一岁半的儿子玩耍。"我有个弟弟,"我的女伴突然开了口,"他的智力几乎跟您的儿子一样。只会说爸爸、妈妈、叔叔、谢谢、请……""他几岁了?""十三岁。""智力发育不全?""没错,不过他是个很好的孩子,非常善良。他叫瓦尼亚。"

"好名字,很有俄罗斯特色,也很少见,现在谁也不叫这个名字啦。"我尽力把自己的回答限制在名字这个话题上。

后来,我从一个熟人那里再次听说了瓦尼亚的事。那天晚上他曾和瓦尼亚的姐姐一道去瓦尼亚的母亲那儿。

"路上我有些担心,一直在想,该怎么和这样的孩子打交道呢?陪他玩儿吗?总感觉怪怪的,有点儿尴尬。不过,一见到他,马上就放下心来了。他刚一看见我,就笑开了,他高兴极了,'叔叔,叔叔!'地叫个不停。"

"个子有多高?"

"个子很高,完全正常。根本不像我担心的那样冥顽不灵。奶娘开始准备晚饭,对他喊:'瓦涅契卡[①],来摆桌子。'他就乖乖地去摆桌子了,只不过把盘子弄混了,把小碟子当成了大盘子。奶娘就责备他:'瓦涅契卡,你这是怎么啦?难道这也叫盘子吗?你是不是疯了?'奶娘真是不得了,一辈子都在照顾他。他们相依为命——他母亲,奶娘还有他。他是她们俩的依靠。

"我正和他母亲谈话,他突然叫起来:'叔叔!叔叔!'我回头一看,原来他静悄悄地走到了我身后,正望着我呢。笑得是那么善良,那么美好。我明白得很,他确实能给人带来欢乐。的确,他身上闪耀着光芒。"

---

① 瓦涅契卡:瓦尼亚的昵称。

又过了一段时间。有一天,我听说瓦尼亚病了,得了肺炎。

传言得到了证实。消息是从默东传来的,从一座红砖房里如一阵风般地传来。虽然不确定,但我还是隐隐地知道,那正是瓦尼亚家的房子。消息飞向两个方向,传到克拉玛的姐姐那儿,也传到贝尔维,传到我这里。确实病了。瓦尼亚卧病在床,他得病的消息却不胫而走。

又过去些时日,从默东持续传来消息。很快,我对未曾谋面的瓦尼亚的疾病习以为常,他的病逐渐成为生活秩序(尽管疾病是对生活秩序的扰乱)中理所当然的部分。

"您弟弟怎样了?"

"不大好,持续高烧,总是依赖樟脑……"

樟脑我见识过,父亲行将就木之时便依赖樟脑。在我心中,樟脑意味着死亡。

"再坐一会儿吧……"

"不了,得去我妈妈那儿了,弟弟的情况很不妙。"

想到瓦尼亚的母亲和奶娘,我心中涌起的不是同情——同情总可被其他情感取代,而是不可代替的痛苦。不过,我的念想总是断断续续。

赖内,我被你的死吞噬了。我将迄今遭逢的一切死亡之痛都归附在你的死亡之上:母亲那崇高的死,父亲那动人心魄的死,还有其他人的死,不一而足、形形色色的死。是归附还是比照?总之,提到瓦尼亚的樟脑,我自然而然地警觉起来。

两间屋子,一个厨房。一张小床。(也许是张大床,但既然他满口"叔叔"地喊,那么与他有关的一切必定是小小的!)奶娘很绝望。这是一种井然有序的绝望,在绝望之中将家常琐事和教堂仪式打点得井井有条。(母亲又该是怎样一种绝望?!)真是可怕,这里是默东,不是莫斯科(要是在莫斯科就好了……)。总是不由自主地想到异国的墓地,一想就胆战心惊,真是可怕……人们把他抬往默东……假如不是默东……假如那天没有带他到铺子里去就好了……假如……

"弟弟怎样了?……"

"很温顺,很乖巧,躺在小床上,跟小时候一模一样,真让人心疼……"

我得知的瓦尼亚生前的最后一件事,是他吃了鱼子酱。

"我今天吃了鱼子酱。本来是给弟弟的,他没吃完,我吃完了。他什么也吃不下,可突然喜欢上了鱼子酱……我们多开心啊……"

鱼子酱使我想起母亲弥留之际的香槟酒。当时她什么也不想吃,只想喝香槟。鱼子酱同样意味着死亡。

"明天您要去(某地)吗?"

"可能吧,我不确定,可能会待在妈妈那儿。弟弟的状况很不好,该做好准备了……"

在听说鱼子酱的事后又过去了两天左右,我们房子里的一位住户从街上回来,边走边说:

"古奇科夫家的小男孩还是死了。"

* * * * *

"两间屋子,一间厨房。"看不见那张小床,什么也看不见,除了重重叠叠的脊背。弥撒在一片幽暗中举行。我站在门厅通往第一间屋子的门槛上。灵柩仿佛相隔千里,遥不可及。

门铃接二连三地响,送别者接二连三地来。

神甫走了出来,人们让出一片空地。这是一片属于神甫的神圣的虚空。这是一个虚空的圆环,一个移动的圆环,非人手所造。这里没有任何人的位置,然而却容纳了所有人。这是容器的可伸展性,还是内容的可压缩性？因多余之物拒绝必需之物,以孤独者之名拒绝自己和所有。于是所有人都觉得天宽地阔。只管拒绝,一切还会更多。

"我给你们推荐这个唱诗班……"神甫说。

"为什么不是……"

"最好请这个……"

"为什么,难道他们唱得更好吗？"

问话声中透着一种固执。我惧怕这种固执,因为不想听到答案。

"我呢,意见跟您恰恰相反,我听说这个唱诗班唱得更好……"

"唱是唱得好,没错……（瞧！开始反驳了！）……只是请不起,而这个呢……"

一片幽暗之中,我与从旁经过的男孩母亲和奶娘亲吻致意。

"您是一路走过来的？累坏了吧？快请坐……"

带着善意,没有眼泪。

（俄罗斯人呵,在苦难面前总是不卑不亢！）

我为什么没有走上前去？虚伪的羞愧,虚伪的恐惧,愧于对初次谋面之人洒下泪水。因羞愧而恐惧,因恐惧而羞愧。真希望所有人都离开,好让我为他们哭泣,为她们二人讲讲你,赖内,讲讲我通过你的死知晓的一切。我知道,此刻,留在此地的我对于这两个遗落在世间的女人来说不可替代。我的位置是无可替代的,然而我是多么怯懦,就像书里经常写的那样,道了别,走出门去。

* * * * * *

"亲爱的瓦尼亚！"

这呼唤无声无息。这呼唤只能高声宣读,一如从前,一如我用内心的声音在心中默诵《灰暗的早晨》——勃洛克的《灰暗的早晨》。

"亲爱的瓦尼亚!"

倘若此时此刻你能看到我们齐聚一堂,看到这拥挤的教堂,你大概会问:"今天过的什么节?"我们便会回答:"是你的节日,瓦尼亚。我们庆祝的是你的节日。"

是的,瓦尼亚,今日正是为了你,我们才齐聚这座教堂。在这座教堂里,你总是默默躲在最不起眼的一隅,而今日,唯有你的位置最为显赫。此刻我仿佛看见你,就在这里,在左侧的小小角落,不起眼,却永不缺席。我看见你在祷告,画着十字,看见你容光焕发的脸庞,脸上带着笑……你是忠诚的信徒,是教堂永不缺席的常客。在我记忆当中,没有哪一次礼拜你会不在场。真的。你并不总是念那些祈祷词,有时你会把祈祷词忘记,于是你便用自己的话语祈祷,只重复一个词:上帝!上帝!

你是多么热爱这位上帝啊!你对他多么信任!

你难过的时候便呼唤我来。人们说,我来到这座房子是应了你的呼唤。瞧,我永远都不会忘记,不会忘记你在忏悔之前做了怎样一个手势,你稍稍欠身,抬起虚弱的手,示意在场的所有人都散开。围在你身边的都是亲人,你又能有怎样的罪孽?可你知道,忏悔仪式总是两个人之间的事,敏感的心使你成为虔诚的教堂之子。你跟我说得不多,不过,在宽恕罪孽之时,你是何等幸福,你的脸庞焕发出怎样的光彩,你再次抬手,召唤亲人们进屋。

亲爱的瓦尼亚,倘若你在高高的天上看见我们——你在天堂定会看见我们所有人,我们所有人都环绕着你小小的灵柩。你会看见我们的眼泪,看见我们的苦楚。瓦尼亚,你能否告诉我们,告诉我们你是否想重回我们身边?可是不,瓦尼亚,你不会回来,任何一个有幸目睹彼世美景的人都不会想要重回人间。你唯一会对我们诉说的,只能是感谢。你会感谢双亲,感谢他们给你这样的爱;你尤其会

感谢奶娘,将感激之情汇成一句话:

"谢谢你,我悲伤的老奶妈。"

……

为我们祈祷吧。

* * * * * *

母亲站在灵床的床头。也许是我的幻觉?每来一位告别者,她便稍稍掀起儿子脸上的遮盖,稍稍抬起,又重新盖上。每个人来都是如此。为什么要这样?为什么不简单一些……

问题不在简单与否,问题在于,母亲在向世界呈现儿子的遗容,把儿子的脸庞最后一次呈现在众人面前,为每个人单独呈现。儿子出生时,母亲说:"看一眼吧,还没见过。"儿子的葬礼上,母亲说:"看一眼吧,再也见不到了。"显现,掩藏,再显现,再掩藏,越藏越深,直至众人再也无法看见,直至棺椁盖上盖子,沉入地下,彻底从世间消失。

儿子重归母亲的怀抱。

这个举动中还隐藏着最纯粹的母爱。

* * * * * *

这是另外一种事物。既非肉体,也非岩石;既非蜡,也非金属,是另外一种事物。在一切熟知的事物之中,赫然出现了从未见过的物体。出现在面前的这张脸,我从未见过。此处的事物,实属罕见,仿佛另外一种物质。

特征鲜明:无可比拟,也绝不可能适应。无法摆脱,也无法习惯。一种纯粹的无法参透的表象(因此也是不可参透的思想)。不可分割,不可分解。刀砍不得,斧劈不得。死者的脸庞不是浇铸的模型,而是浑然天成的合金。

末端的所有粒子从四面八方汇集,汇成一个中心。

一经铸成,亘古不变。

当然,这听起来更像蜡,可这与蜡又有何干系。

对躺在此处的物质该如何回应?拒绝。

* * * * * *

我看了看这只手。我知道,这只手已无法抬起。生命有多重,我们知道,然而这不是生命,是死亡。手臂灌满的不是铅,而是死。这是死亡的净重。死亡灌注每一根手指。若要抬手,需得举起整个死亡的重量,因此这只手已无法抬起。

以上是眼之所见,而唇下感知到的则是:

首先,你的吻无法穿透他的寒冷。不是你的嘴唇(生命)在亲吻他的额头(死亡),而是他的额头(死亡)在触碰你的嘴唇(生命)。不是你太炽热,而是他太冰冷。是一种不可穿透性?毋宁说是高温稳定性。是高温稳定性?毋宁说是寒冷辐射。你伫立着,散发着热量,而他静躺着,兀自僵冷。这样的冰冷自然界中并不存在,它属于另一种自然。

一切皆可受热,金属,蜡,岩石,一切均可。一切都会有所回应。

一切都能变暖。

可他的额头拒绝温度。

* * * * * *

瓦尼亚·古奇科夫,让我们试着重现他活着的样子。

第一个特征是狭窄。狭窄的颧骨,狭窄的嘴唇,狭窄的肩膀,狭窄的双手。你若窄些,就不会拥挤。若不拥挤,就多些快乐。

你浅淡的额发自有它的光亮,绕过不存在之物的一切特质——温柔而严肃的少年的脸庞,此时此刻,我在倒流的时光中读着这张脸,让生命重现。

☼ ☼ ☼ ☼ ☼ ☼

这就是我要说的,赖内。关于你的死,我又该说些什么?

在这里我要对你说(也告诉我自己),在我的生命中,你的死并不存在,因为你,赖内,你不同于萨瓦①,不同于"三王客栈"②,你并未在我生命中出现③。你是过往,亦是将来。你在我生命中永存。"我是否相信萨瓦?是的,就像信仰天国,毫不逊色,也并无不同。"④我说过的话,你可还记得?

我还想对你说,我一刻都未觉得你是死的,而我是活的。(一刻都未觉得你的生命瞬息即逝。)假如你是死的,那么我亦是死了;倘若我活着,那么你定是活的。生抑或死,仅是说法不同,无所谓了!

然而我还想再对你说,赖内,你不仅未曾在我的生命中出现,你在整个生命中也未曾存在。是的,赖内,尽管你与生命处处相连,你与书籍,你与国家,你与地球上所有荒芜之地,你与你那无处不在的缺席,你让大半张地图都变得空旷,然而,生命中,你的确不在场。

你只是幻影。在我口中,这是最伟大的感激之词(并非对你而言,对所有人都是如此)。幻影,是灵魂对眼睛(也是我们对事实的热望)最伟大的宽容。一种绵延不绝、甘于忍耐的幻影,给予我们这些生者以生命和血液。我们若想看见你,便当真能看见;我们想读

---

① 法国的萨瓦省,靠近瑞士。1926 年 8 月 14 日茨维塔耶娃在致里尔克的书信中建议冬季在此地会面。

② "三王客栈",是法国旺代省的一家古老客栈。1926 年 5 月,茨维塔耶娃曾在旺代度假,与里尔克通信。

③ 茨维塔耶娃与里尔克自始至终书信往来,虽有见面之约,但里尔克先一步死去,因此二人从未见面。

④ 原文为德语,是茨维塔耶娃 1926 年 8 月 22 日给里尔克的信中的句子。此时二人已经约定在萨瓦见面。

你的书,你便写给我们;我们渴望你,你便存在了。他,我,旁人,我们所有人,还有整个土地,整个动荡不安的时代都离不开你。那是"与里尔克同在的岁月"……

你是通灵者吗?不。你本身就是幽灵,我们才是通灵者。

倘若一年前你走进我的房间,我定会惊愕万分。换言之,倘若你此时此刻走进我的房间,我也不会比一年前更为惊讶,甚至比那时要淡然,因为你以幽灵的姿态走进我的房间才……更自然些。

> 三面是墙,屋顶和地板——
> 似乎,这就是一切?
> 那么此刻,请你现身![①]

为你写下这些诗句时还是夏天。这岂非以众人之名写给你的诗句?我们用我们的意志,亦即我们意志的一切悲剧性的缺陷,用我们薄弱的心力,以及对你的全部祈祷,对你施咒,祈求你回到人间,将你留住,直到你非走不可。

你是我们时代的意志和良心,你与爱迪生、列宁恰恰相反,与列宁、爱迪生截然不同,你才是这个时代唯一的领袖。你不是肩挑重任的君主,却是责任之化身而君临天下。(曾经,我们——连同整个时代——就是这样将我们自己和我们的所有疑问都交予歌德,不管他情愿与否,都将他视为唯一的答案。我们就是这样把你视为责任之化身,因此,才把自己交付与你。歌德是光,你是血液。)

"躯体只不过是一种礼貌,为了不吓到那些看不见的东西。"对于生命将逝时的躯体,你是这样说的。这是一位病人的呓语吗?反

---

① 茨维塔耶娃的长诗《房间的企图》中的诗句。

正不是出自人类之口!

请你回忆一下自己的马尔特①,回忆一下那些人是怎样沿着巴黎的大街小巷行走,在他身后亦步亦趋。他们几乎整日游荡,他们向他祈求,求得的不是万物,而是他的所有。我们便是这样执着地跟在你身后,直到必须放手。请回忆一下马尔特吧,他隔着墙壁把自己的意志传递给邻人,传递给未曾谋面的邻人。这邻人可从未向他祈求过。马尔特却听见了他的哀号!

"谁与你亲近?谁最需要你?"关于亲人的解释我是在新教的神学课上得知的,于我而言,这种解释让这个词的含义达到了极致。

我们都是你的亲人。

我们都爱你,爱你的坦言,爱你的告白,爱你的忏悔,爱你的询问,爱你的夙愿,爱你的突发奇想,爱你的安谧,甚至爱你手上的伤口。通过这些伤口,你身上的全部血液都流走了。

血液,这个词已经提过。

你的败血症,我起初并不明白——怎么!他继《旧约》之后第一次道出了"血",就这样说了"血",径自说出了"血"!这不是论文,我不想证明他正是死于败血症,死于血液的分解,死于失血②。这是怎样的讽刺啊!不,并非全然是讽刺,而是我头脑发昏,第一次这样目光短浅。

倾尽自己的新鲜血液,为了拯救我们,拯救我们那败坏的血。

---

① 马尔特:里尔克笔记体小说《马尔特手记》中的主人公。
② 里尔克死于败血症。作者由此联想到耶稣的死。本段中的"他"指代耶稣,《圣经·约翰福音》中记载,耶稣受难后,"拿枪扎他的肋旁,随即有血和水流出来。"(19:34)以血液的分解来判定耶稣死亡。关于耶稣的死因众说纷纭,其中便包括血液分解异常。《圣经》中,新约以耶稣之血所立(见《路加福音》,22:20),耶稣用自己的血净化世人之血,故后文有里尔克用血拯救他人之说。

就这样,他将自己的血液倾注到我们体内。

停止吧。

我知道,在医学上,你患的这种病需要用换血来治。一位亲人,想要救你,为你献出自己的血,你的病便治好了。可你的病正是始于换血,你将自己的血献给我们所有人。病的是世界,而你——是它的亲人。这个献出自己血液的人,又如何来救?

与诗无关。"只是多余的血变了质。""白白损坏了这血。"群氓正是这么说。这些"白白"和"多余"的极限便是血液彻底坏死。便是死。你的死。

我不会原谅。生命对待日期总是模棱两可,带着侮辱,用12月29日取代了31日前夜,取代了你钟爱的1927年……对此我不会原谅,然而我仍要感谢,感谢生命那准确的形式和称谓……

赖内·马利亚·里尔克,每一位医生都可证实,死于血液的分解。

——死前你献出了自己的血。——

* * * * * *

赖内,尽管你的死极尽伟大,但你在我心中依然拥有比邻,两个普普通通的邻居,一左一右,这位置永远不变:

让娜·罗伯特小姐,一位法语教师,以及瓦尼亚·古奇科夫,一个备受委屈的俄罗斯小男孩。

此外,将他们的姓氏乃至首字母都抹去,只剩下——

让娜——(整个法兰西)

与

瓦尼亚——(整个俄罗斯)。

我并未刻意选择极具代表性的名字,也未曾帮你挑选完美的邻人。

* * * * * *

赖内・马利亚・里尔克,你在拉荣小墓园①的悬崖上独自安息。
在罗讷河上——孑然一身——
在我心中,在这个爱你的俄罗斯人心里,静静长眠。
长眠在让娜和瓦尼亚之间——他们都是圣人约翰。

1927年2月27日

贝尔维

---

① 拉荣小墓园:位于瑞士瓦莱州。1922年起,里尔克居住在西艾尔的穆佐城堡,1926年12月29日死后,葬在附近的这座墓园。

中国人

　　为什么我对外国人如此喜爱,喜欢得不分青红皂白？就连多疑的阿拉伯人和傲慢的波兰人也不例外,更别说血统相近的南斯拉夫人,教养相似的近邻德国人,习性相近、同样发着响亮卷舌音的意大利人,无须一一列举了。为什么会如此不加选择地喜欢？为什么在市场上听到带着外国口音的法语,不,确切地说是夹杂着法语的外国口音,就会咧嘴笑起来,心里也乐开了花？为什么明明不需要圆白菜,却像着了魔似的一定要去"外国佬"那里拿上一棵？甚至还会回转身买第二棵,仅仅是为了再听他用法语说一声"谢谢",他的发音在法国人听来是多么可怕哟！还有刀劈斧砍一般的"太太",有时只简单地说一句："再见,常来。"他的白菜成色并不好,可为什么在我心目中"外国佬"的货摊却好得不容置疑？为什么我的手会自动伸出去,越过货摊,握住阿拉伯小贩以及国籍不明的异邦人的大手？为什么当我看到贼头贼脑的法国报贩子在市场上高谈阔论,指手画脚,大肆谬赞法国沙丁鱼,却贸然诋毁葡萄牙沙丁鱼,我会深感屈辱,退避三舍？要知道他诋毁的并不是我——关我这个俄罗斯人什么事呢？然而,人们辱骂葡萄牙沙丁鱼的时候,也戳伤了我的心灵。

是我的心灵将我从本土人的圈子中引开,比拉我离开的守护天使更有力,也比法国警察更专断——法国警察也会拉我离开,只是方式有所不同。

(之所以对外国人如此喜爱)是否因为我们这些巴黎的外邦人生活得太过落魄?不,并非如此。首先,我在巴黎过得还不错(在身不由己的羁旅生涯中,巴黎并不比其他城市逊色);其次,我在市场上结识的亚美尼亚朋友显然过得也挺好。他管年轻姑娘都叫"小妹妹",管上年纪的都叫"老妈妈",从不叫"夫人",就连打扮得最为雍容华贵的贵妇也不例外。这就说明,问题不在于生活是否落魄,我的爱也并非"同病相怜"。

这种爱的原因在于,我们当中的每一个都可能被喊作"外国佬",任何人都可能这么喊,酒鬼,五岁小孩,随时都能,我们却不能这样喊回去。因为在地图上,除祖国之外,不论在哪一点,我们都无法站稳脚跟,纵使是广袤的草原,也还是站不稳:脚下无根,大地摇晃……因为即使是星星之火也会引燃对方的愤怒,这个民族总是满腔怒火,理所当然地恼羞成怒,总是呼号呐喊,向对方发射不公的炮火。因为我们当中的每个人,纵使他习惯挑拨是非,纵使他生性如恶狼,在这片土地上也会变成克雷洛夫寓言中的小羊,无论如何都显然有罪——我们把溪水搅浑了。因为当小船遭遇风暴,势必要将某些人扔下去,最终被抛弃的一定是我们,被无辜地顺理成章地踢下船去。因为我们所有人,无论是非洲人还是北国人,都同病相怜,将我们维系在一起的不是悲惨的遭遇,而是危险的处境。因为,尽管我们都蒙受上帝的恩泽,但在异国的土地上,我们还要承受来自异乡人的愤怒。这是群氓的愤怒,群氓何时都有,愤怒亦永恒不变。因为仇恨是亘古的,仇恨是暴戾的。我喜欢外国人,因为无论何时何地,他的头总是卑微地缩进双肩,或者恰恰相反,在同样的场合下总是高高扬起头颅。

不是"过得不好",而是随时都有落魄的可能。

人们会问:"那么,莫斯科是什么情况?"的确也有类似的情况,而且不止一次。

"咦,资产阶级,还戴着帽子呢!"(从眼神看,这人满怀阶级仇恨。)"可我是在莫斯科出生的,你是从哪儿冒出来的?"我带着生于莫斯科的全方位的优越感,成功扳回了一局。"我是在莫斯科出生的。"——这制胜的理由谁也扳不倒,我脚下的这片土地谁也夺不走,纵使是今日,纵使隔着万水千山,纵使被千万条禁令放逐到异国他乡。人们可以将我杀死,但休想夺走这片土地!

我说过:因处境危险而同病相怜,然而事实终究并非如此。某些时候,祖国比异邦更危险,甚至比一切可能的悲惨境遇更加险象环生。祖国带来的是实实在在的死亡。为了逃避死亡,多少流亡者都已逃离。我们因处境危险而同病相怜,但这危险不是肉体上的。这是对屈辱的恐惧,而非对死亡的恐怖。我们所有人都缩着头,然而面对隐形的凌辱者的挑衅,我们当中的某些人还是会将头颅扬起。凌辱,外国人的词典里没有这个字眼。

我们因饱受屈辱的尊严而同病相怜。

一次,我去邮局寄手稿——字是印刷体,不过是手写,显然,应当寄挂号信,邮费约三法郎。虽是手写,但是印刷体,也就是说,还是应当按"印刷品"来寄。我忙于这些昧良心的复杂勾当,很是胆怯,不禁与一篇构思好的小说的开头失之交臂。不过,我马上又邂逅了新的开头:一个中国人正趴在小窗边,拿着些小物件指手画脚。

"德利亚伊,德利亚伊。"在他童声般尖细而迅疾的语流中,我分辨出这几个音节。"他说什么?"邮局女营业员用法语问另外一个。"这是个日本人(另一个说),他说的是日语。"然后,她像跟两岁小孩说话似的一板一眼地说:"这个多少钱?"边说边拿着一个亮闪闪的小玩意儿在他眼前晃,这玩意儿是个小钱包。看他一头雾水,便把话再缩短一些,像对一岁小孩说话似的:"这个——多少?""德利亚伊,德利亚伊,德利亚伊!"中国人越发没底气。"这是个中国人,他说的是'三'。"我对那位迷人的邮局营业员解释道。她一直死死抓着那个钱包。"这位夫人懂中文,告诉我们他说的是'三'。"这位营业员小声向自己的同事说。她的同伴同样容貌姣好,同样对这些小物件充满贪婪的渴望,她公然离开了自己的小窗口,把身子探到这边的柜台,把玩着另一个同样诱人的小钱包。"我不懂中文,但是懂德语。"我坦诚地说,并自我陶醉地开始了语文学的解释,"用德语说是'德莱伊',用我们的语言说是'特利'。(对方皱起眉头表示疑问。)我是俄罗斯人,我们和德国人是邻居。""那您告诉他,夫人……"女营业员带着莫名的激动和敬意说。"俄罗斯人?"中国人突然对我说,"莫斯科?列宁格勒?哈拉朔!"①"这么说,您会俄语?"我抛下女营业员,兴高采烈地扑向中国人。"莫斯科去过,列宁格勒去过,全都哈拉朔!"这位中国人天生其貌不扬,却满面荣光。"他知道俄罗斯!"我激动地对女营业员说,"我们是邻居,简直是同胞……""那么请您告诉他,两块!两块!"女营业员已经晕头转向,为了把事情弄明白,居然伸出两根手指,伸到我面前。"我懂了,两块。(我又用德语对中国人说:)这位女士给两法郎。""德国话!德国的!柏林!"中国人的脸上绽放出一个大大的微笑,这微笑如洪水般将他原本细小的眼睛彻底淹没了。尔后,随着微笑的消失,眼眸又恢复了光泽,用德语说:"两个——不,不行,三个,三个。""两法郎他不卖,三法郎才行。"我如实转达,只是有些担心,担心他会空手而

---

① 俄语"好"的音译,此处模仿中国人不标准的发音。

归。"也许他还会让步。不过,我得提醒您,这是个中国人,中国人都说来话长。"

趁着女营业员们像笼中小鸟一般叽叽喳喳交头接耳的当儿,我把左手戴的一只镯子给中国人看。镯子上刻着一只神秘的鸟儿,凌厉地展开双翅,脚爪同样凌厉地抓住迎风摇曳的神秘树枝,这树枝宛如鸟儿水中的倒影。"西那①!西那!"中国人欢叫着,一面伸出肤色发黄的手指,拘谨地抚摸手镯上大块的银子。"从一个'西那女人'那里买的,在莫斯科,战争时期。""战争时期?买的?"中国人几乎笑出声来。然而,亲爱的人啊,即使我们几乎能以同胞相称,即使你能够懂得我的意思,我也不会把这手镯的来历讲给你听。确实是买的,仅此而已。我走在阿尔巴特街上,迎面撞到一个中国女人——确实是撞到,如同撞在一根柱子上。她身穿蓝色的粗布衣衫,其貌不扬,面容罕见,满身银饰。我立刻被吸引住了,因为我生来就爱银饰,爱大大的戒指,而此时此刻(1916年),比起各式各样的戒指,我更爱这样的诗行:

你把自己的银戒指
冰冷地贴上我的双唇……②

接下来的诗句保留着民间古老的文法,保留着词尾的字母"ы":

而我,一个接一个地亲吻,

---

① 即"中国",此处模仿德语发音。
② 勃洛克的诗歌《灰暗的早晨》中的诗句。

亲吻你的戒指,而非手指……①

我之所以被吸引,因为这正是古老的、民间的、大大的戒指,镶着小小的方牌,每个方牌都能刻下一切想要镌刻的文字。这些戒指都很大,但每根手指都能戴,因为它们不是焊接的,而是活口的。我掏出一枚卢布,径直伸到中国女人鼻子底下。这枚卢布也是银的,比戒指还要大:"卖吗?""不不不不。"中国女人的声音尖细而有穿透力,仿佛被刺伤了。我沉默片刻,忍不住又掏出一枚卢布。一番讨价还价之后达成协议:我把身上带的卢布全给她,她把自己的戒指都给我。有的方牌是空白的,有的方牌已经刻满文字,我只能希望这是护身符,而不是诅咒。然而,我已走出大约五十步远,却用眼角的余光瞥见一道银色反光,是一个大大的银环,这闪光一秒比一秒更让人难耐,最终变得无比炽热,将人灼伤。我这才意识到,她有一只无比美好的手镯,上面刻着鸟儿,我却没有买。我被那些戒指和卢布弄得手忙脚乱,没有细看她身上的全部银饰,最终也没开窍。于是我追了回去,可中国女人已经不见了。我在阿尔巴特广场上搜寻了一圈,又在普列契斯金斯基大街和沃兹德维任卡大街上寻觅,她始终不见踪影。

几天后,又是在阿尔巴特街,竟然又遇到了她,我简直不相信自己的眼睛!我第一眼就看向她的手腕——镯子安然无恙!(整个莫斯科除了我,谁又会想要什么银镯子呢?)我掏出一张十卢布的票子:"卖吗?""不不不不……"我又掏出一张五卢布,在她瘪瘪的鼻子前晃来晃去。"是?"她口齿不清地嗫嚅着,不像人语,宛如树叶婆娑之声,仿佛没有任何含义,仿佛不是我没听明白,而是根本就空洞

---

① 同为《灰暗的早晨》中的诗句。

不可理解,仿佛猫儿舔舐着碟子。说罢,她竟然一把抓过我手中的钱!现在我想拿到镯子,然而,哦,多么惊讶,多么莫名其妙,多么绝望!心一下子凉了下来——她并没有把镯子给我,甚至不允许我碰一碰:"不不不不不……"说到钱,依然是:"不不不。"我的钱就这样凭空消失了,不,莫非是被她吞掉了?"把镯子给我!"我极尽所能地严厉喝道。她完全视而不见(如泥偶般面无表情),把戴着镯子的手臂夹到腋下,并用另一只手紧紧护住(眼看她就要走了!就要逃了!我则目瞪口呆,呆若木鸡)。"不不不……"此时,来了一记铁拳,无言的重重的一拳。我转身一看,是一名士兵。这名士兵就站在一旁,观望着这场好戏。"这个,瞧见了吧?"看到了,她紧闭的双眼睁开了,睁得大大的,以一个迅疾而顺从的手势,把镯子褪到手上,给了我。我戴上了。"啊,你这个细眼睛的黄脸婆!"士兵挥舞着拳头,已经开始寻开心了,"拿了钱,还抓着镯子不放?让我教训教训你这混账东西……"不过这污言秽语被他的哈哈大笑声淹没了,因为中国女人已经逃之夭夭,跑得飞快,如跳梁小鬼般抬起中国女人特有的小得出奇的泥娃娃般的小脚,小心翼翼地迈着迅疾的小碎步,溜走了。"你真是昏了头,上帝原谅!我的小姐!怎么能这么干呢?怎么能和这些没良心的外国佬做买卖?东西还没到手就把钱给了。给了她十五卢布吧?""是十五卢布。""看来你的钱是多得数不过来了。这种破玩意儿,上帝原谅!(又说了脏话),就是一个卢布,别说一个卢布,半个卢布都……"

  刻着飞鸟的手镯直到今天我还佩戴着,那些刻着咒符的戒指却并未给我带来好运,终于,在霉运连连的一天,我毅然决然地将它们摘下。即便它们没有受到诅咒,但是这些几乎能以同胞相称的人们啊……只有上帝才知道,也许有些东西对于中国人是福,对于俄罗斯人却是祸。

"不不不不……"中国人嗫嚅着,"奈伊,奈伊!"①""两法郎他不卖。"女营业员懊丧地说。"那就给两法郎五十分。""我丈夫会怎么说?""就跟您丈夫说是两法郎买的。""您觉得合适吗?""我看挺好。买了吧,要不我就买了,我全都买下。"眨眼间,小钱包被七手八脚地抢光了,被买走的还有一个紫红色的大肚子满清官员,一枝漏斗状的花,是杜鹃,还是玉兰?还有小轿子,以及饭团一样的东西。我拿到了挑剩下的最后一个小玩意儿,很是粗糙,甚至不是中国货,而是日本风格:两个纤细而蹩脚的日本小人儿,头上戴着类似梳子的东西,肚子瘪瘪的。我出于友好,又翻了翻他带来的旧货,根本不抱什么希望。有漆黑如镜的卷烟盒,打开盖子,咔哒一声,弹出一只金色鹳鸟,把卷烟送到你眼前;有金色烟袋锅,啊,还有一个惊喜!——装在金色小盒里的中国卷烟。"这个多少钱?"我问中国人。"你拿的这个,两块。""是好烟吗?""好烟!"中国人的眼睛眯成一条缝,圆圆的鼻孔变得扁平。"这是什么?"女营业员饶有兴致地问。"中国烟。便宜。""闻起来像玫瑰花。"营业员嗅了又嗅,沉浸在幻想之中,"大概是一种很美妙的非同寻常的玫瑰烟草。"我替中国人帮腔:"您也买下吧!""噢,不了,不了,我丈夫只抽'茨冈'②,您知道,男人吸玫瑰烟草会恶心的。""您可以试试我的!"女营业员一脸惊恐:"这怎么行!这可是您的!""我想请您尝尝,(转向另一位女营业员)还有您。""不,"第一位女营业员坚定地说,"我可不允许别人因为我而糟蹋东西。""可我终究还是要打开的!""在家当着您丈夫的面再打开吧,可千万不要因为我……""您就成全我的美意吧。"我恳求道,"我自己也抽,我们都抽一支,中国人也抽。""我真是感激不尽,不过这

---

① 模仿中国人不标准的德文发音,意为"不"(Nein)。
② 茨冈:法国香烟牌子。

不行。"为了表示更大的决心,女营业员拖着椅子向远处躲了躲。"我可打开了!"

我打开了盒子。噢,真令人惊讶!盒子里不是排列整齐的白色或者"玫瑰"卷烟,而是状如黑色三角马赛克的粗糙的东西,挤挤挨挨地压在一起。我犹疑地伸出手去:"可这要怎么抽?"女营业员用手指捻了捻,突然尖叫起来:"这是煤渣吧!(边说边举起被染得像黑皮革一样的手指)你看!"她严厉地对中国人说:"瞧您卖给太太的是什么东西?"中国人把鼻子探向烟盒,深吸一口气,一脸满足地说:"好!"

"这是放在烟袋锅里的。"一位邮递员走过来说,"我岳母碰巧就抽这种烟。点起来香得很。""我也有中国的烟袋锅。"女营业员不无自豪地说,"只不过从没点过。""那您就拿着吧!""什么?""拿着这些煤渣,拿去点烟袋锅。""可我丈夫……""白送给您了,帮我个忙吧,我没有烟袋锅,拿回去又有什么用呢?总不能在炉子里当煤球点了吧?"玩笑开得很成功,大家都笑起来,不过手上还是犹豫不决。"您就拿着吧。"邮递员一副万事通的模样,"夫人,您是俄国人吧?我了解俄国人,他们总是想一出是一出,而且不能容忍任何反对意见。我说得对吗,夫人?""完全正确。"我严肃地说,"最主要的是,如果他们脑子里冒出一些想法,却不能实施,就宁肯把脑袋丢掉,懂了吗?"

我最终还是把"玫瑰烟草"塞到了羞怯的女营业员手中。随后,我们一同走了出来——中国人、我儿子和我。我们在车水马龙的十字路口等了许久。"不不不。"中国人对着来来往往的车辆直摇头。终于,我们过了马路。他往右走,我往左走。我们握手道别。需要指出的是,他握手时和我们一样,紧紧握住,而不是像法国人那样畏缩不前。已经走出几步远,忽然听到"哎,哎,哎,呀,呀,呀……"的声音。尽管声音很弱,依然能听出是高声叫喊。我回过头去,只见黄皮肤的他顶着马鬃一样的头发跑了过来,边跑边挥舞着什么。是一朵插在细木棍上的小花。他把这朵花塞到我儿子手中。

"给,给,我的——你的……"我说:"拿着吧,穆尔。"然后对中国人说:"谢谢,多少钱?"他直摆手,激动而无声地笑着:"不不不不……你的给啦,我的给啦……我的给啦,我的你的给啦……啦——啦——啦……"随后,他冲着天空扬起自己木刻一般的脸:"多好的俄国人!……多好的莫斯科!……"

"多好的中国人呀。"我儿子嗅着手中的玩具,说,"可为什么邮局的小姐不敢从您那儿拿那些煤?""因为在这个国家,陌生人从不给别人东西,给了就会让人害怕。""可中国人也是陌生人……"男孩成功地把手中带着斑点的皱纹纸吹成了既不像花,也不像鸟,既不像梨,也不像宫殿的东西。他说:"妈妈,比起法国人,还是中国人和俄罗斯人更相似。"

1934 年

人身保险

大家坐在一起和睦地吃晚饭,也可能是午饭。晚饭抑或午饭,只是称谓不同的问题,因为吃的总是同样的沙拉。可以这么说,将俄式晚餐与法式午餐结合起来,合成一道一成不变的罗马沙拉。饭桌旁坐着父亲、母亲和儿子。

"妈妈,法国人多么富足。"儿子突然说。

"法国人不富足,富足的是俄罗斯人!"妈妈激愤地说,"一般说来,'富足'这个词往往用来形容国家。"

"为什么呀?"儿子惊讶地说,"国家怎么可能富足?它根本没有脚呀。"

这时,传来一阵敲门声,母亲还没来得及弄懂儿子每日例行的文字游戏(技艺堪称炉火纯青),便起身前去开门。门槛外漆黑的阴影中站着一个高个子,手中拿着帽子。

"对不起,夫人。"他的声音很年轻,"我是调查员……"

母亲后退一步,把来客让进屋。年轻人跟在她身后走进厨房,在饭桌、餐具桌、煤气炉、灶台、洗菜池和用餐的人们的椅子之间找到一席之地,仿佛在汹涌的潮水中觅得唯一一块旱地,在千沟万壑中找到坚实的方寸之土。他右脚跨过左脚脚背,两腿交叉,勉强立足。

"嗯?"母亲眼都没抬,只挑起眉头表示询问,便又坐下来吃沙拉了。

"抱歉,我打搅了您的午饭,我是调查员,是来……"

("来收税的!"母亲暗自想道,"不久前已经来收过一次,也许又想起了被绑架的将军,难道要把所有俄罗斯人都登记一遍?")

"这是我的名片。"年轻人边说边把名片递到她眼前,又随即收了回去。(就像大人给孩子们展示明天即将带给他们的"惊喜"——拿出一本带照片的小书在孩子们眼前一晃,一秒不到就收了回去。这让她觉得,若是她来得及细看,上面的照片首先可能是她本人,其次才可能是递名片的人。)

"可他为什么不说'警察',也不出示证件?"她思索着,在想象中替他做了一个出示证件的手势,"可说到底,为什么要逮捕我们呢?"

"我是保险公司的。"她头顶上响起他的声音,仿佛是为了证明什么。

终于听到了这决定性的字眼(她已经习惯听对方说"警察"),她停止进食,开始等候下文。

"我来纽叶尔芒,"头顶上的声音接着说,"来查看房子的火灾安全情况。"

("天哪!"她暗自想,"我这儿的电线太糟糕了,全都是接头,还经常爆炸!这纽叶尔芒又是什么?")

"您大概不懂法语。"他用试探的口吻说,显然想用这句话引起在场人的注意,提醒他们从他进门的那一刻起就没和他搭过话,不仅没说过一个字,连一声都没吭。按常理,他本该问:"您大概丧失了语言能力?"

"噢,不!"母亲喊道,她被这生动的问法刺激到了,彻底回过神来,"我们法语说得很好。不过,抱歉,请问您找我们有什么事?"

333

"您问,我找你们有什么事?"这个声音讪笑着,"我已经跟您说啦,我来纽叶尔芒。"

"一定是失业工人!"她想,"显然,他要去纽叶尔芒,路上帮人修炉子糊口。应当成全。"于是终于抬起了眼睛。

"我们不是很富裕。"她怯生生地说,"我们的炉子也都清理过了,不过还是……"说着,她一下子停住了,因为她看到眼前这位年轻英俊的小伙子面色红润,胡子剃得干净,脸洗得白净,这根本不是失业工人的脸,更别说锅炉修理工了。在把视线移向盘子的过程中,她分明看到一条崭新的樱桃红领带和整洁的灰色西装。

"这就是为穷人准备的!"这位"纽叶尔芒人"兴奋起来,"有钱人——我才不管呢!就算全家都死绝了,他们的生活也不会被毁掉。这是为穷人,为那些靠双手劳动为生的人准备的。"

"你说的'这'究竟是什么?"她稍稍振作起来,问道。

"人身保险,难道我之前没跟您说吗?"他精神大增,"我来纽叶尔芒(这时,她恍然大悟,根本不是什么纽叶尔芒,他把最后一个音节发成了"芒"①),主要是想推荐给用双手养活自己的穷人。"

(他的目光落在了丈夫瘦削纤长的手指上:)"您丈夫是艺术家吗?"

"不是。"丈夫好不容易挤出一句话。

"真不是吗?"他又向妻子确认。

"不是。"妻子说。

"有意思。"他若有所思地说,"我还以为他是个艺术家呢。我还是跟您说吧,因为您丈夫看上去好像不懂法语。是这样的,这对靠双手劳动养活自己的人格外重要。您想象一下,夫人,假如有一天

---

① 卖保险的说的可能是:"Je passe annuellement."意思是:"我年年来。"俄文版原注。

您突然遭遇不幸,失去了您的丈夫。"他真是毫无顾忌,仿佛说的不是旁边这位活得好好的、正大嚼特嚼的丈夫,而是某个用来打比方的人物,她从没见过,也无所谓失去。"只剩下您孤零零一个人,带着三个年纪尚幼的孩子,最小的那个还在吃奶呢。"

"我没有还在吃奶的孩子。"她回答,"您看,我这个男孩已经九岁了。"

"可别人家有呀,您可不能说别人家也和您家一样。"调查员亲切地纠正道(仿佛在开导一个考场上答题出色但有些信口雌黄的学生),"我认识一个女人,她有六个年幼的孩子,可她丈夫从建筑工地上摔了下来……"

"嚯!"她惊叫起来,被这恐怖的一幕吓得不寒而栗,"多可怕!从高处摔下来的吗?"

"从七楼。"调查员说,把身体的重心移到另一只脚上,"我亲自给她发的保险金。您觉得她会不高兴吗?"

"多么可怕!"她再次惊叫起来,不过这次感到了截然不同的恐惧,"多可怕,竟为收到这种钱而高兴!"

"可她有好几个孩子。"调查员语重心长地说,"六个年幼的孩子,她高兴的不是孩子父亲的死,而是孩子们终于有钱了。假如您,夫人您不幸失去了丈夫……"

"您听着!"她喊道,"您已经第二次说到我丈夫的死了,这很令人反感。当着活人的面我们绝不这么说。我们是外国人,这么跟您说吧,我们是俄罗斯人(说着站起身来,走到另一个房间,取了一支烟),俄罗斯人的耳朵不能容忍这样的话,俄罗斯人只能听人谈论自己的死。就这样!"

"夫人,"年轻人的声音已经移到走廊上了,"您没明白我的意思。我要说的绝对不是您一定会失去您的丈夫,我只想说,这样的不幸可能会发生在您身上,发生在所有人身上。"

"您现在已经说了三次了!"这个年轻女人勃然大怒,抽着烟径直朝他走去,把他逼回厨房,"我不想再听这些。如果这就是人身保险,我可以告诉您,我不想为他人的生命买保险。"

"可要是先生本人想为自己买保险呢?"

"不给别人买,也不给自己买,我们骨子里没这种习惯。何况,我们没钱,我们可能要搬到别的公寓去了,而且……"

"可我的保险恰恰是为即将搬家的人推荐的。搬家的时候也可能发生种种不幸,您的立柜,比如说,您的立柜已经用了二十年了,带穿衣镜的衣柜,您懂吗?突然倒了……"

("多么可怕!"她甚至惊得闭上了眼睛,"怕的就是衣柜,这衣柜当初恰恰是因为不结实才给我们的……")

"我们不怕立柜倒下来。"她斩钉截铁地说,"我们自然会想方设法不让它倒下来,不过就算柜子倒了,这也是命,懂吗?每个俄国人都会这么回答您。"

"俄国人总是一口一个'不'。"年轻人晃着膝盖,若有所思地说,"在默东(我就住在默东)有一座房子住的全是俄国人,他们不会说法语。一敲门,就会有一位先生或太太走出来说:'不。'听到这我转身就走,因为我知道他们听不懂我的话。确实,很少有人像您这样明白,夫人。还是回头说保险吧……"

"最好别!"她发自内心地激动地喊道,"我们有充足的理由不买保险。第一点,我们特别穷,不管怎样,我们是不会买的,我坦诚地警告您,您尽管来我们这儿跑,但是您会一无所获,您尽管写信,但是我们一封都不会回。第二点,对于我们来说是最重要的一点,因为我们当中某个人的死得到钱,我们,我丈夫和我,对这种念头十分厌恶。"

"先生的想法也和您一样吗?"调查员问,"他好像不懂法语。"

"他懂得恨,而且和我想的完全一样。(然后,为了适当缓和气氛,消解愤怒,我又说:)等我儿子长大了,结了婚,也许会考虑……可我们这代人不一样,我们这一代太多愁善感了……(见他这回没懂,又补充道:)我们——'容易感伤''迷信''宿命论',您大概听说过吧?听说过斯拉夫灵魂吧?"

"听说过,我还和母亲一起看过一部这样的电影。一个俄国老将军,戴着毛皮高帽,在一座大教堂里举行东正教婚礼,他发现自己年轻的妻子爱的是一个穷军官,就立刻独自去了西伯利亚,还从雪橇上给他扔下一个钱袋子。我母亲都哭了……(他沉思良久,说:)你们的情感赋予了你们尊严,希望你们的儿子令你们笑口常开。他胃口一直这么好吗?"

("应当请他坐下才对。"她脑子里闪过一个念头,"现在他俨然算个客人了,可是椅子放哪儿呢?或者,干脆给他一支烟……")

"我们兄弟之中,我排行第十五。"调查员沉浸在思绪中,用异样的、做梦一般的腔调继续说着,"我后面还有两个。我二十六岁,我母亲五十二岁。她有十七个孩子,两个得了肺炎。她的肚子被剖开过两次,不,三次,因为第二次一块纱布落在里面了……她看上去简直像我姐姐,和您一样苗条。我们有时会嘲笑她,开她的玩笑。"

"多棒啊,十七个!"她带着一种半信半疑的热情惊叹道,"都活着吗?"

"没有,只有我还活着。我最小的哥哥——他活了三十四岁——去年开着汽车撞到了树上。"

"那……其他人呢?"她怯生生地问。

"其他人?都死于各种不幸。有淹死的,有摔死的,还有的被活活烧死。"

337

("圣女贞德。"小男孩用几乎听不到的声音嘟囔着。)

"……我还不能结婚,您懂吗?我得把终身大事尽可能往后拖,尽可能往后……有这样的母亲——根本不能……噢,我们的家教很严,要是我现在胆敢忤逆我父亲,我铁定会挨一耳光,当然了,我心甘情愿。我父亲六十二岁,二百一十斤。"

"可您的父母,大概不是巴黎人吧?"

"不,是巴黎人。母亲是巴黎人,父亲是诺曼底人。您瞧瞧我,我一点也不瘦小(他一直像铁塔般耸立在她头顶),可我是全家最发育不良的。别的都像巨人!可既然只有我幸存下来,就不应当结婚,不能结婚,也不能死于非命,因为我要是走了,三个人就全完了……母亲的个子和身材都和您很像,这样的母亲往往会有这样的儿子。噢,您不了解我母亲,不管我下班回来有多晚——哦,我总是遇到各种麻烦,几点回来都有可能,不管是十点、十一点、十二点,还是夜里一点,她都会爬起来给我热饭。今天她也会在伊西莱穆利诺①出来接我。难道我能结婚吗?我二十六岁了,可我从没有,您知道吗,一次都没有丢下她自己去看电影,或者不带她自己去坐小游船。我们总是一起去玩儿。难道我能结婚吗?"

"您真是个孝子!"她发自肺腑地感叹着,不由地将目光移向自己的儿子,仿佛在询问他的意见,"愿上帝保佑您健康,也保佑您母亲和父亲!"

"是啊,健康对于我来说至关重要,我可不能死。希望您的儿子能令您笑口常开。孩子,你长大想做什么?"

"服兵役②,然后当一个飞行员。"

---

① 位于巴黎西南郊区。
② 茨维塔耶娃之子穆尔于1944年2月应征入伍,同年6月战死沙场。

"不行,千万不能当飞行员,你妈妈肯定得不停地往天上看,地面上的不幸已经够多啦。不过服兵役就是另外一回事了。现在这个年纪最好了,一生中最好的时光,以后可不会再像今天这样幸福啦……好吧,夫人,祝您能在您儿子身上得到幸福。如果我什么地方伤到了您,请原谅……您爱自己的丈夫,您有自己的家,保险对您来说没什么用,对我来说也是一样,现在我能理解您了……"

于是,他握住门把手,之前他已经好几次悄悄把手放在上面,这次是真的要走了。临走前他深深鞠了一躬:"非常感谢,抱歉打扰了您。"

"你们真是疯了!"丈夫突然暴跳如雷,像野兽一样从桌边跳起,"因为你们我都迟到了!"

"那您为什么不出去呢?"她问,自己也意识到问得虚伪。

"为什么?因为你们把门堵住了,我简直像困在陷阱里了。"

"我不小心把番茄吃光了,对不起妈妈,我听得太入迷了,把您那份儿也吃光了。"儿子说着,把茶壶嘴贴到嘴边,"呵,好渴!您瞧,他可真能说,听得我喉咙发干……"

传来一阵敲门声。

"抱歉,夫人,我只想再告诉您,今天我要和母亲一起去看电影……"

终于把丈夫送走了,也就是说,松开握在手中的手,继而握住门把手,在他身后把大门砰地关上,然后,安顿好儿子,让他在床上沉入梦乡,就像石头沉入水底。唯有这时,她才缓缓地回过神来。方才的一切就像一场惊心动魄的幻梦,她的心在剧烈的跳动中猛然跌落,如同那个从工地坠落的死者。她来到桌旁,顺手拿起一个信封,在背面演算起来。他排行第十五,二十六岁,母亲五十二岁,那么只可能是十五岁就嫁了人,一个接一个地生,生下十七个儿子,一天也

339

没闲着。这种情况是有的……很难,但,还是有可能……比方说,如果接连三次生的都是双胞胎,可能性就更大了(当然,死时也得成对,一下子淹死两个,再摔死两个,再有两个活活烧死,这样死亡的次数也会少些)……然而,如若十七个孩子除他以外全部死于非命,而且死法各式各样,每个人都有独特的遭遇,终究还是……加之他说话时无拘无束、官腔十足的语气,如同背诵一张价目表……再比照他提到母亲,提到她出来迎接他时的语气,就更不对劲了。

这究竟是怎么回事?她不明白。然而,即便一切都是诡奇的灵感奔涌迸发的结果,即便一切都是当场虚构,可这些关于自己,关于母亲十七个孩子中唯一的幸存者,关于无比忠诚的孝子的谎言难道不也动人心弦吗?这难道不是关于最好的自己、关于真正的自我的美好幻想吗?这难道不是未实现的幻想的真切呼号吗?难道不是赤子之心潜藏的爱的全部流露吗?

二十六岁,身材高大,仪表堂堂,不仅在我眼中,在巴黎大街小巷的所有人看来都魅力十足。可他却对一个尚未衰老,甚至可以称得上年轻的陌生女人讲述这一切,而且是在走廊昏暗的阴影之中!讲他至今仍会挨父亲的耳光,挨得心甘情愿。难道这就是当代年轻人的梦想?或者说,是一个守旧的年轻人的梦想?

"或许吧,"她继续想着,"我不敢肯定……也许,这十六个孩子压根儿是不存在的。也许,既然他们不存在,也就没有那十六次死亡。也许,那个扇他耳光的诺曼底父亲也不存在。他可是二百一十斤重啊,每记耳光都用尽全身力气!或许,最有可能的,也是最关键的一点——这父亲并不存在。"

但母亲是存在的。

1934 年 6 月

马的奇迹
（一个真实的故事）

她很漂亮也很愚蠢，越是漂亮，就越是愚蠢。他爱她。他没有什么可给她的，除了一个空缺的委员职位。于是他便让她当了马戏团委员。

就这样，漂亮的尼娜开始担任各种例行会议和临时会议的主席，怀里抱着个漂亮的娃娃。当她不得不发言的时候，便把娃娃托付给邻座，总是给左边那位（那是心脏的位置）。这人是个马术师，匈牙利人，虽然不及右边那位强壮，但更年轻。娃娃也青睐左边的，因为他没有大胡子。不过，他也爱右边这个威力无边的邻座，因为他身上有个叫作"夹鼻眼镜"的小物件，闪闪发亮，在他那因近视而显得诚实可靠的双眼之间晃来晃去。娃娃拧了拧这位委员的鼻子，又扯了扯匈牙利人漂亮的头发，于是，在两个男性保姆的照看下，这个机灵的小孩就有了两项新的爱好。

此时此刻，她丈夫又在做什么呢？别忘了我们的故事里也有丈夫的戏份，不过这一幕里没有他。他正在城市的另一头，在一座宅子门前的草地上。这曾是昔日的伯爵索洛古勃一家的宅邸，现在成了"艺术宫"①。他在写诗,确切地说,是在咀嚼一首诗的构思,万一什么时候有了时间,万一灵感来了……总之,最终在美妙的一天,"一切都会尘埃落定"。然而,这首诗却始终没有"落定"……尼娜的丈夫置身事外,待在城市的另一头。这选择堪称明智,因为那个忙着玩儿夹鼻眼镜和头发的娃娃已经没有多余的手去玩儿他棕红色的大胡子,当然也没有兴趣。需要说明的是,尼娜丈夫的胡子是棕红色的,他让胡须自然生长,从不干预,正如上帝从不干预蓬勃的野草。不过他的胡子生长得比野草快得多,也长得多。诸位尽可想象一下此时的画面:大胡子映衬着青草地,青葱的底色上一团棕红的色块,祖母绿宝石上燃烧着熊熊火焰。这,便是做着白日梦的尼娜的丈夫。他沉浸在幻想之中,时不时啜饮瓶子里的液体——革命砸碎了所有的杯子,而修补一切的复辟时代还未来临。他像婴儿吮吸奶瓶一般急切地饮着瓶里的酒,甚至比婴儿还要饥渴,也许是火一般的胡须使他干渴难耐。随后,瓶子空了,我们的"巴巴罗萨"②就像一个真正的俄罗斯富商的儿子那样,为这空瓶感到沮丧,为所作所为感到悔恨,于是窃窃地祷告起来。祷告什么?为一切祈祷,甚至还祈祷亡灵的安宁。倘若阳光太过灼热,他便离开草地,穿过一扇小门,到昔日的公爵索洛古勃家曾经的家庭小教堂里去。如今,这儿业已变成神像博物馆,馆长和唯一的访客就是他。在这儿,他照料大大小小的圣像和十字架,一摆弄就是几个小时。

夜幕降临,我们的巴巴罗萨会把身下的青草地毯和头顶的炽热阳光换成一把普通的椅子和一支孤零零的蜡烛,坐在桌旁,独对酒

---

① 即俄罗斯画家弗·索洛古勃(1848—1890)的宅邸,位于莫斯科波瓦尔大街,1920年成为"艺术宫",展出索洛古勃家族历代收藏的画作。

② 意大利语音译,意为"棕红色胡子的人"。俄文版原注。

瓶。这酒瓶刚喝空就又倒满了,刚倒满就又喝空了。他会跟所有愿做听众的人讲述同一个老掉牙的故事,这是他平生遭遇的唯一的故事:他是如何将美人尼娜抢到手的。

"朋友,知道吗,克里米亚的夜晚漆黑漆黑的,啥也看不见(说着对着瓶子"咕咚咕咚"喝了两口)。那路呀,你想想,全是下坡路……(瓶里的酒也一点点矮了下来)……当然啦,也有上坡路,不过都通向山顶。那悬崖可吓人啦,顶上蹲着秃鹫,能把人眼睛啄出来。就是说,既然决定要去……呵,我也记不清要去哪儿了,反正必须得往山下走。反正得去能跑路的地方,因为我已经把她抢到手啦。嘿,想起来了。那些下山的路呀——你笑什么?——都通向大海,那些上坡的呢,明白吗?都通往山里。既然我们决定坐船,就必须得去有水的地方……可司机喝了个烂醉……喝了个……烂醉。汽车飞也似的跑……尼娜就在里头呢……尼娜也跟着汽车飞驰而去,为了我把父母都抛下啦……(他一阵感动,对着酒瓶"咕咚咕咚"畅饮一通。)就这样,汽车带着尼娜一路狂奔,尼娜也一路狂奔,她在车里坐着哪……你能想象不,汽车跑得那叫一个快!夜晚漆黑漆黑的,这山路看上去也像在狂奔,车轮子都追不上啦,司机喝醉了,烂醉,夜可真黑啊!"

故事里的汽车跑得越快,讲故事的人讲得就越慢;故事进展得越迅速,说故事的就越偷工减料。

"你想想……尼娜就在车里……司机喝醉了……夜……这个黑呀……到处都坑坑洼洼,就像挖了许多坑似的……跑哇……跑哇……汽车铆足了……"("……劲儿。"吐出最后一个字,讲故事的已经半张着嘴睡着了。)

此时的尼娜正打扮得花枝招展,把一只戴满戒指、五指张开的手放在那个威力无边的男人手上,另一只手将一朵红花抛过包厢红色的边沿,抛向匈牙利马术师。这位马术师又一次被荣耀、鲜花、微笑和汗水包围。

那个机灵的娃娃则躺在包厢深处睡着了。

* * * * * *

每天清晨,我们这些隐没在昔日富人区的平民,都会用欣喜的目光追随着尼娜。她坐着金黄的马车,由两匹毛色金黄的小马拉着,宛如一轮冉冉升起的太阳,从一排排百年老椴树之间驶过。

马车那两个硕大的轮子如金灿灿的太阳一般滚动着。诗人若是看见了,一定会说:"这是奥罗拉①的马车。"

我们则说:"看哪,马戏团的委员。"要么就说:"看哪,巴巴罗萨的老婆……"总之,不管是不是诗人,大家都道出了一个深刻的思想:"这人真幸运,在这样的世道都有十条腿来伺候她一个……"

我们不嫉妒,因为我们不管祖上是斯基泰人②,还是萨尔马特人③,还是斯拉夫人(不管是奴隶,还是鞑靼人,还是蛮族),都不善妒。总之,我们俄罗斯人不是善妒的民族。美从身旁飘然而过,美与我们同在,我们便心满意足。

(难道我看见这一幕,就得心旌荡漾,非要在自己那货真价实的脑袋瓜里想象出一个坐在马车上的诗人,想象出两匹毛色金黄的小马和两个金灿灿的车轮? 想象出一个留着棕红色大胡子的丈夫,还有一个戴着"夹鼻眼镜"的委员,一个棕色头发的匈牙利马术师? 再想象出一个不知父亲是谁的娃娃? 不,还是让万物各得其所,让我们各司其职。)

于是,每天清晨,波瓦尔大街都会变成多神教的天庭,尼娜则变

---

① 奥罗拉:古罗马神话中的曙光女神。
② 斯基泰人:公元前7世纪至公元3世纪居住在黑海北岸的部族。
③ 萨尔马特人:古高加索和伏尔加河流域的游牧民族。

成奥罗拉。

然而,正是在这条街上,有一座安谧而古老的圆顶白色大教堂,为纪念受难大公鲍里斯和格列伯兄弟而建。在这里,一位倔脾气的老神甫每天清晨都坚持做礼拜。

同样,每天清晨,这里的红军都径自在这座白色教堂前吹吹打打,用整齐的踏步声和鼓乐声来回应老神甫的礼拜。

一个阳光灿烂的五月,一个礼拜日的清晨,饥肠辘辘的莫斯科万人空巷。人们涌到街上,贪婪地嗅着椴树的芳香,畅饮天空的蔚蓝,尤其想要吸一口音乐,正是那个军团演奏的音乐,这乐声定会令人心旷神怡。还有那美丽的骏马,不,是两匹美丽的骏马,那样金灿灿的毛色,那样驯顺,驾驭它们的是主人那高超的手,如若不然,便是主人情妇的手。

可今天我们的两匹小黄马究竟是怎么了?难道是巴巴罗萨的大胡子使它们激动万分?还是椴树的芬芳使它们晕头转向?总之,它们没有在艺术宫旁边停下,没有停在等候那个清晨出门造访的威力无边的官员的汽车旁,而是向库德林广场猛冲过去,绕着广场转了一圈又一圈,一圈比一圈更迅疾。无论是尼娜声嘶力竭的尖叫,还是她业已瘫软的双手拉动缰绳的声音,都已经听不见了。

旋转吧,旋转吧,我的小木马!可活的马儿应该走直线才对。这些小马是发疯了吗?它们歪着脖子,在古老的广场那古老的卵石地面上飞旋,褐色的鬃毛迎风飘扬,对身后的二轮马车和车上的女客没有丝毫宽容。车上的人已双脚麻木,战战兢兢地伸着胳膊,头发比马鬃还要凌乱。

真是在劫难逃!你尽可以当你的马戏团委员,尽可以向匈牙利马术师抛掷鲜花,尽可以哺育你的娃娃,或许它也是个匈牙利人,可这一切并不意味着你会成为骑术精湛的匈牙利女人,甚至不会成为合格的骑手。

艺术宫的诗人惊叹不已："这是地狱般的疾驰！""宫殿"里的画家直呼大名："法厄同①。"平民百姓一如既往地袖手旁观，并得出自己的判断："这下完蛋了，尼娜！"那位威力无边的官员充分展示出自己的无能……匈牙利马术师也不见了踪影……突然，万籁俱寂，接着一声呐喊："巴巴罗萨！"

他，棕红色胡子的巴巴罗萨，真的从青草覆盖的坟茔中复活了。有血有肉的巴巴罗萨，长着胡须的巴巴罗萨，以非人的姿态跳跃着，手里握着个巨大的银十字架，径直举到马脸前，在它们面前挥舞着。两匹马猛地停了下来。没错，两匹马猛地停住了。这还不够，它们还屈膝跪了下来，两匹马都像人一样优雅地跪了下来。不，这还不够，它们还鞠了躬，像人一样姿态优美地鞠了一躬。此时，那位委员和巴巴罗萨团结一致地，不，我行我素地向奥罗拉伸出了手。梨花带雨的奥罗拉终于破涕为笑。

周围的人群呢，我们这些看客既无心嫉妒，也无意嘲讽，只是大喊："真是奇迹！难道还能说上帝不存在吗？连马儿也相信上帝呀！"

我被这狂奔的势态，不，确切地说是这起狂奔事件深深地震惊了，竟没有立刻发现马儿停下的奥秘。事实上，马儿停止奔跑的那一刻与音乐停止的时间恰好吻合。在刚逝去不久的岁月里，这庄严的进行曲每日都会响起。在那段时光里，它们还是普普通通的教堂马匹，还用不着为高高在上的女委员拉二轮马车。

既然它们昔日曾向公众鞠躬，那么在今天的特殊形势之下，难道就不能向上帝行礼吗？

马儿仍在鞠躬，于是我们鼓起掌来。

1934 年

---

① 法厄同：希腊神话中的人物，阿波罗之子，驾驶太阳车从天空跌落，被宙斯用闪电击毙。